Ferner Strafzumessung

ANWALTSPRAXIS
DeutscherAnwaltVerein

Strafzumessung

Von
Rechtsanwalt und
Fachanwalt für Strafrecht
Wolfgang Ferner, Heidelberg/Koblenz

DeutscherAnwaltVerlag

Zitiervorschlag:
Ferner, Strafzumessung A Rn 1

Copyright 2003 by Deutscher Anwaltverlag, Bonn
Gesamtherstellung: Neunplus1 Verlag + Service, Berlin
Titelgestaltung: D sign Agentur für visuelle Kommunikation, Peter Korn-Hornung, Solingen

Bibliografische Information der Deutschen Bibliothek
Die Deutsche Bibliothek verzeichnet diese Publikation in der Deutschen Nationalbibliografie; detaillierte bibliografische Daten sind im Internet über http://dnb.ddb.de abrufbar.

Herrn Rechtsanwalt *Dr. Klaus Himmelreich,* Köln,
danke ich für die Anregung zu diesem Buch und die vielen Hinweise
und Ratschläge, die ich von ihm in den letzten Jahren erhalten habe.

Vorwort

Jeder Strafverteidiger träumt davon, durch eigene Nachforschungen und bessere Sachkunde die Ermittlungen zu beherrschen, durch hervorragende Kenntnisse der Strafprozessordnung, geschickte Befragung von Zeugen, durch ein flammendes Plädoyer das Verfahren herumzureißen und der Gerechtigkeit zum Sieg und dem Mandanten zum verdienten Freispruch zu verhelfen. Gefeiert von den Medien und einer großen Fangemeinde sitzt er abends daheim am Kamin, berichtet der Familie und vielleicht einigen Freunden über die geläufigen Siege und genießt die Früchte seiner Arbeit, Mühen und Erfolge.

Die Realität in den Gerichtssälen (und vielleicht auch in einigen Familien) sieht jedoch anders aus. Hat der Staatsanwalt sich in einen Fall verbissen, denkt er nicht an Einstellung, dem Richter scheint gelegentlich Freispruch ein Fremdwort zu sein und dem schüchtern vorgetragenen Plädoyer lauscht nicht einmal mehr der eigene Mandant. Die beteiligten Juristen unterdrücken aus Höflichkeit ein Grinsen, wenn der Verteidiger in aussichtslosen Fällen Freispruch beantragt – die Stammzuhörer sind nicht immer so rücksichtsvoll. Der Mandant will sich beim besten Willen nicht für die akademisch gefestigten Rechtsausführungen begeistern – er will wissen, was in dem Verfahren „rauskommt". Das Revisionsgericht interessiert sich offensichtlich immer weniger für die mehr oder minder geschickt vorbereiteten und vorgetragenen Rügen des formellen Rechts – Erfolg verspricht immer häufiger die Sachrüge, die Strafmaßrevision.

An dieser Stelle setzt das Buch an, Strafmaßverteidigung ist das Thema: Worauf muss sich der Verteidiger schon bei der Vorbereitung seiner Verteidigung, bei der Entwicklung seiner konkreten Verteidigungsstrategie einrichten? Welche Chancen hat seine Revision? Wie kann er sein Plädoyer aufbauen? Neben dem Grundsätzlichen der Strafmaßverteidigung haben wir auch die Besonderheiten des Verkehrs-, Steuer- und Betäubungsmittelstrafrechts herausgearbeitet.

Ergänzt wird das Buch durch das Internet. Dadurch soll es nicht zu einem „work in progress" werden, aber das Internet ermöglicht es dem Autor und dem Verlag, Aktualisierungen zeitnah vorzunehmen, Gerichtsentscheidungen auch nach Abschluss des Manuskripts zu bearbeiten und auch in sinn-

Vorwort

voller Weise Gerichtsentscheidungen zu berücksichtigen, die nicht in den allgemein zugänglichen Zeitschriften und Entscheidungssammlungen veröffentlicht wurden. Im April 2003 befindet sich diese Website zum Buch im Aufbau, es sind erst wenige Ergänzungen hinterlegt und eine überschaubare Anzahl von Entscheidungen eingearbeitet, aber bis Mitte des Jahres werden alle Entscheidungen des Buches, zu denen keine Fundstelle angegeben ist, eingearbeitet sein. Die Nutzer des Buches sind eingeladen, sich an der Gestaltung zu beteiligen: zum einen durch Übersendung von Entscheidungen, die wir anonymisiert veröffentlichen können; zum anderen können aber auch Kommentare zu Gedanken des Autors, Besprechungen von Entscheidungen etc. auf dieser Webseite hinterlegt und dem interessierten Nutzer zur Verfügung gestellt werden. Für Vorschläge sind wir offen.

Die Website finden Sie unter www.strafzumessung.de.

Für Seiten, bei denen ein Benutzer und ein Passwort abgefragt werden, tragen Sie bitte als Benutzer „Anwalt" ein und als Passwort „Strafzumessung".

Koblenz, Heidelberg, Rommersheim   Wolfgang Ferner
April 2003

Inhaltsverzeichnis

Vorwort	7
A. Einleitung	13
I. Strafverteidigung	13
II. Straftaten	15
III. Prozessuale Überlegungen	17
1. Ermittlungsverfahren	17
2. Vorbereitung der Hauptverhandlung	18
3. Hauptverhandlung	19
B. Grundsätze der Strafzumessung	21
I. Das System der Sanktionen	21
1. Geldstrafe	22
2. Freiheitsstrafe	23
3. Bewährung	26
4. Zusätzliche Geldstrafe (§ 41 StGB)	29
5. Verfall, Verfall des Wertersatzes, erweiterter Verfall	29
6. Einziehung	30
7. Berufsverbot (§ 70 StGB)	30
8. Entziehung der Fahrerlaubnis	31
9. Fahrverbot	34
II. Die Zumessung der angemessenen Strafe	35
1. Der gesetzliche Strafrahmen	36
2. Besondere Strafrahmen	36
3. Individueller Strafrahmen (Spielraum)	37
4. Bestimmung der individuellen Strafe	38
5. Nebenentscheidungen	38
6. Gesamtstrafen	38
a) Härteausgleich	40
b) Zäsur	41
c) Fortsetzungszusammenhang	45
7. Die Straferkenntnis	46

C. Die Kriterien der Strafzumessung ... 49
   I. Die Beweggründe ... 50
   II. Die Gesinnung ... 51
   III. Der aufgewendete Wille ... 51
   IV. Das Maß der Pflichtwidrigkeit ... 52
   V. Die Art der Tatausführung ... 52
   VI. Die Folgen der Tat ... 52
   VII. Das Vorleben ... 53
   VIII. Die persönlichen Verhältnisse ... 53
   IX. Das Verhalten nach der Tat ... 54
   X. Sonstige Zumessungstatsachen ... 54

D. Jugendstrafrecht ... 57
   I. Grundsatz ... 57
   II. Voraussetzungen der Jugendstrafe ... 57
   III. Jugendrecht bei Heranwachsenden ... 58
   IV. Besondere Kriterien im Jugendrecht ... 59

E. Plädoyer ... 61
   I. Die Vorbereitung des Plädoyers ... 61
   II. Der Aufbau der Argumentation ... 63
   III. Die Persönlichkeit des Mandanten ... 65

F. Rechtsmittel – Revision – Strafvollstreckung ... 69
   I. Das Wesen der Revision ... 69
   II. Die Sachrüge ... 69
   III. Kurze Freiheitsstrafe und Revision ... 71

G. Delikte des StGB ... 73
   I. Allgemeiner Teil des StGB ... 73
      1. Versuchte Anstiftung ... 73
      2. Verabredung zum Verbrechen (§ 30 StGB) ... 74
         a) Fehler der Abgrenzung ... 74
         b) Möglichkeiten der Strafmilderung ... 74
         c) Intensität der Vorbereitung ... 75
         d) Der minder schwere Fall ... 76

Inhaltsverzeichnis

II. Besonderer Teil des StGB 76
§§ 80–92 b – Friedensverrat, Hochverrat und Gefährdung des demokratischen Rechtsstaats
§§ 93–101 – Landesverrat und Gefährdung der äußeren Sicherheit
§§ 102–104 a – Straftaten gegen ausländische Staaten
§§ 105–108 a – Straftaten gegen Verfassungsorgane sowie bei Wahlen und Abstimmungen
§§ 109–109 k – Straftaten gegen die Landesverteidigung
§§ 111–121 – Widerstand gegen die Staatsgewalt
§§ 123–145 d – Straftaten gegen die öffentliche Ordnung
§§ 146–152 a – Geld- und Wertzeichenfälschung
§§ 153–163 – Falsche uneidliche Aussage und Meineid
§§ 164–165 – Falsche Verdächtigung
§§ 166–168 – Straftaten, welche sich auf Religion und Weltanschauung beziehen
§§ 169–173 – Straftaten gegen den Personenstand, die Ehe und Familie
§§ 174–184 c – Straftaten gegen die sexuelle Selbstbestimmung
§§ 185–200 – Beleidigung
§§ 201–206 – Verletzung des persönlichen Lebens- und Geheimbereichs
§§ 211–222 – Straftaten gegen das Leben
§§ 223–231 – Straftaten gegen die körperliche Unversehrtheit
§§ 234–241 a – Straftaten gegen die persönliche Freiheit
§§ 242–248 – Diebstahl und Unterschlagung
§§ 249–256 – Raub und Erpressung
§§ 257–262 – Begünstigung und Hehlerei
§§ 263–266 b – Betrug und Untreue
§§ 267–282 – Urkundenfälschung
§§ 283–283 d – Insolvenzstraftaten
§§ 289–297 – Strafbarer Eigennutz
§§ 298–302 a – Straftaten gegen den Wettbewerb
§§ 303–305 a – Sachbeschädigung
§§ 306–323 c – Gemeingefährliche Straftaten

§§ 324–330 d – Straftaten gegen die Umwelt
§§ 331–358 – Straftaten im Amt

H. Straßenverkehrsdelikte 171
§ 142 StGB – Unerlaubtes Entfernen vom Unfallort
§ 315 StGB – Gefährdung des Straßenverkehrs
§ 316 StGB – Trunkenheit im Verkehr
§ 21 StVG – Fahren ohne Fahrerlaubnis

I. Steuerdelikte 181
§ 370 AO – Steuerhinterziehung
§ 371 AO – Selbstanzeige bei Steuerhinterziehung
§ 373 AO – Gewerbsmäßiger, gewaltsamer und bandenmäßiger Schmuggel

J. Betäubungsmitteldelikte 187
§ 29 BtMG – Straftaten 188
   I. Die Strafrahmen 188
   II. Strafmilderung 188
   III. Absehen von Strafe 196
   IV. Strafschärfung 196
   V. Geldstrafe 197
   VI. Die kurzfristige Freiheitsstrafe 197
   VII. Regelfälle 199
   VIII. Unbenannte Regelbeispiele 199
   IX. Der Anbau geringer Mengen 200
§ 29 BtMG – Straftaten 201
§ 31 BtMG – Strafmilderung oder Absehen von Strafe 203
   I. Voraussetzungen 203
   II. Die Offenbarung 204

Literatur 209

Stichwortverzeichnis 211

A. Einleitung

I. Strafverteidigung

Strafverteidigung ist Beistand leisten in Extremsituationen: Die Belastung für den Mandanten hält während der gesamten Dauer eines Strafverfahrens an, von der Aufnahme der Ermittlungen, den Stationen und Situationen der staatsanwaltlichen Ermittlungen, über die meist vergeblichen Hoffnungen des Angeschuldigten im Zwischenverfahren und die Probleme in der Hauptverhandlung, eventuellen Rechtsmittelverfahren bis zum rechtskräftigen Abschluss des Verfahrens. Hinzu kommt die Ungewissheit über den Ausgang und im Falle einer Verurteilung die Erschwernis der Strafvollstreckung und die mit der Verurteilung nahezu unvermeidliche soziale Ächtung. **1**

Verantwortungsbewusste Strafverteidigung endet aber nicht mit der Rechtskraft eines Urteils – sie ist auch nicht nur prozessorientiert. Zu den Aufgaben eines umsichtigen Verteidigers gehört es auch, die sozialen Auswirkungen des Verfahrens für den Mandanten so gering wie möglich zu halten, im Falle einer Verurteilung die Strafvollstreckung zu überwachen und dem Mandanten hierbei zur Seite zu stehen. Aber auch im Falle eines Freispruchs gilt es für den Mandanten weiterhin tätig zu sein, sei es, Ansprüche nach dem StrEG geltend zu machen, sei es, andere negative Auswirkungen zu beseitigen oder wenigstens zu mindern. **2**

Strafverteidigung muss aus diesen Gründen möglichst früh beginnen, in jeder Phase des Verfahrens gut vorbereitet sein. Der Verteidiger muss auch stets die Rechte des Mandanten engagiert wahrnehmen können und wollen – sollte es in dieser Beziehung zu Störungen kommen, ist es eine fürsorgliche Pflicht des Anwalts, das Mandat zu beenden. Hierbei hat der Verteidiger aber auch die Rechte und Interessen des Mandanten zu wahren: Eine Niederlegung des Mandats zur Unzeit ist unzulässig, und überhaupt muss der Verteidiger schon den Anschein vermeiden, dass er dem Beschuldigten schaden will. Hierzu verpflichten ihn nicht nur der bestehende Mandatsvertrag und die Berufsordnung, auch die Selbstachtung sollte ihn veranlassen, in diesem sehr kritischen Moment die Interessen des Mandanten zu wahren. **3**

A Einleitung

4 Der Verteidiger muss zielorientiert handeln und dies setzt voraus, dass er zumindest für sich selbst jederzeit ein klares **Verteidigungsziel** formulieren kann. Das Verteidigungsziel ist das vom Verteidiger angestrebte Ergebnis des Strafprozesses bzw. des Ermittlungsverfahrens. Er muss dieses Ziel zwar aus der Sicht des Verteidigers bestimmen, aber es ist selbstverständlich, dass er sich hierbei immer an den Interessen des Mandanten orientiert. Die Verteidigungsziele müssen natürlich auch stets der konkreten Verfahrenssituation angepasst sein und vom Mandanten mit getragen werden.

5 Im Ermittlungsverfahren erstrebt der Mandant vorab die Einstellung nach § 170 StPO – nachgeordnet eine Einstellung nach § 153 StPO oder, falls die formellen Voraussetzungen gegeben sind, nach § 154 StPO. Auch eine Einstellung nach § 153 b StPO muss der Verteidiger in geeigneten Fällen prüfen und zur Sprache bringen. Ist eine Einstellung nach diesen Vorschriften nicht möglich, kann der Verteidiger versuchen, eine Einstellung gegen Auflagen entsprechend § 153 a StPO zu erreichen. Wenn der Staatsanwalt zu einem entsprechenden Abschluss nicht bereit ist, werden die meisten Mandanten einen Strafbefehl einer Hauptverhandlung mit sicherer Verurteilung vorziehen. Wie sämtliche anderen Prozesssituationen muss der Verteidiger diese Alternative jedoch vorab ausführlich mit seinem Mandanten erörtern.

6 In der Hauptverhandlung kann der Verteidiger einen Freispruch anstreben, solange die Prozesssituation und die Beweisaufnahme dies auch nur annähernd hergegeben. Aber auch bei laufender Hauptverhandlung ist es wichtig, stets die Möglichkeiten einer Einstellung einzuschätzen und im richtigen Moment anzusprechen. Wenn – aus welchem Grunde auch immer – eine Einstellung nicht zu erreichen ist, müssen die weiteren möglichen Rechtsfolgen realistisch eingeschätzt werden, um so das Bestmögliche für den Mandanten erreichen zu können. Ist ein Freispruch oder eine Einstellung nicht möglich, muss der Verteidiger in geeigneten Fällen das Absehen von Strafe mit Strafvorbehalt zur Sprache bringen. Selbst während einer laufenden Hauptverhandlung kann der Staatsanwalt noch einen Strafbefehl beantragen – auch dies sollte gelegentlich von dem Verteidiger erwogen und angeregt werden.

7 Sind Verteidiger und Beschuldigter einig über das Verteidigungsziel, ist es Aufgabe des Verteidigers, hieraus eine Verteidigungsstrategie und einen Verteidigungsplan zu entwickeln – dabei müssen sich die Beteiligten darüber im Klaren sein, dass diese Ausgangspunkte für die Verteidigung keine statischen Größen sein können, sondern sich jeweils dem Verfahrensverlauf anpassen müssen.

Klar ist auch, dass Verteidigung so früh wie möglich beginnen muss und sich spätestens dann mit der Frage einer Strafzumessung befassen muss, wenn das Ziel einer Einstellung nach § 170 StPO im Ermittlungsverfahren oder eines Freispruchs im Strafverfahren nicht mehr sicher erreicht werden kann. Das heißt aber auch, dass Fragen der Strafzumessung bereits im Ermittlungsverfahren beachtet und in geeigneter Form in das Verfahren eingeführt werden müssen. Hierbei darf der Verteidiger sich nicht scheuen, auch zu Fragen der Strafzumessung Beweisanträge schon im Ermittlungsverfahren zu stellen. 8

II. Straftaten

Im Jahr 2000 wurden in Deutschland nahezu 800.000 Personen wegen einer Straftat verurteilt. Das Statistische Bundesamt erfasst nicht die Anzahl der Freisprüche – auch nicht die Anzahl der Verfahren, die z.B. nach den §§ 153 ff. StPO eingestellt wurden. Die Gesamtzahl der Verfahren können wir aber sicher auf ca. eine Million schätzen. 9

Verurteilte 2000[1]   10

Art der Straftat	Verurteilte			
	insgesamt	Jugendliche	Heran-wachsende	Erwachsene
Straftaten insgesamt	732.733	49.510	73.487	609.736
Straftaten gegen Staat, öffentliche Ordnung etc.	19.398	1.276	1.951	16.171
Straftaten gegen die Person	86.892	10.338	10.198	66.356

Fortsetzung siehe nächste Seite

1 Statistisches Bundesamt, im Internet unter www.statistik.bund.de, Abt. Rechtspflege.

A Einleitung

Verurteilte 2000 *(Fortsetzung)*

Art der Straftat	Verurteilte			
	insgesamt	Jugendliche	Heran-wachsende	Erwachsene
darunter: Verletzung der Unterhaltspflicht	3.827	1	24	3.802
Sexueller Missbrauch von Kindern	2.249	139	111	1.999
Sexuelle Nötigung/ Vergewaltigung	1.877	228	185	1.464
Mord und Totschlag	700	41	56	603
Körperverletzung (auch schwere und gefährliche)	48.182	8.762	7.339	32.081
Straftaten gegen das Vermögen	302.615	28.472	29.620	244.523
darunter: Diebstahl und Unterschlagung	150.336	19.617	16.390	114.329
Raub und Erpressung, räuberischer Angriff auf Kraftfahrer	9.606	3.527	1.934	4.145
Urkundenfälschung (einschl. Falschbeurkundung und Verändern amtlicher Ausweise)	19.389	802	1.582	17.005

Fortsetzung siehe nächste Seite

Einleitung A

Verurteilte 2000 *(Fortsetzung)*

Art der Straftat	Verurteilte			
	insgesamt	Jugendliche	Heran-wachsende	Erwachsene
Betrug	65.012	580	2.881	61.551
Gemeingefährliche einschl. Umweltstraftaten	8.374	286	468	7.620
Straftaten im Straßenverkehr	209.894	4.770	18.317	186.807
Straftaten nach sonstigen Gesetzen	105.560	4.368	12.933	88.259
darunter: nach dem Betäubungsmittelgesetz	45.090	3.590	9.071	32.429
nach dem Ausländergesetz	19.336	57	874	18.405
nach dem Asylverfahrensgesetz	6.193	78	765	5.350

Die Staatsanwaltschaften in Deutschland schließen jährlich mehr als 4,5 Mio. Verfahren ab, davon etwa jedes 5. gemäß den §§ 153, 153 a StPO.

III. Prozessuale Überlegungen

1. Ermittlungsverfahren

Ziel der Verteidigung im Ermittlungsverfahren sollte es sein, eine Hauptverhandlung zu vermeiden. Die Regelung der §§ 153, 153 a StPO ist geeignet für geringfügigere Straftaten. Aufgabe der Verteidigung ist es, die Anwendung frühzeitig ins Gespräch zu bringen. Auch wenn die Regelungen der §§ 153 ff. StPO grundsätzlich für Straftaten minderer Intensität geschaffen wurden, können sie auch bei Vergehen mittlerer Kriminalität angewandt

11

werden. Die Regelungen sind geeignet bei erheblicher Verfahrensverzögerung, die nicht vom Angeklagten zu vertreten ist, bei nicht vorbestraften Angeklagten, bei massiver Einwirkung durch Polizeispitzel.[2] Möglich ist eine Einstellung auch nach § 153 b StPO, wenn die Voraussetzungen des § 60 StGB oder eine der beiden Möglichkeiten des § 46 a StGB vorliegen.

12 Insbesondere bei den Zumessungstatsachen hat der Verteidiger Möglichkeiten, die er auf jeden Fall nutzen muss: Er kann und muss den Mandanten beraten und auf die Strafverhandlung vorbereiten. Das heißt nicht nur, ihm die einzelnen Stationen des Ermittlungsverfahrens und einer eventuellen Hauptverhandlung zu erklären, ihm zu empfehlen, vor einer nicht zu vermeidenden Hauptverhandlung einmal einer Verhandlung (nach Möglichkeit mit demselben Richter des eigenen Verfahrens) beizuwohnen und mit ihm die Aussage zu üben und Fragen zu stellen. In vielen Fällen besteht auch die Möglichkeit, positiv Strafzumessungstatsachen zu schaffen, die sich für den Mandanten günstig auswirken können. In Verfahren, bei denen Alkohol oder Betäubungsmittel eine Rolle spielen, kann er den Beschuldigten zu therapeutischen Maßnahmen oder zum Besuch beratender Seminare veranlassen. Atteste über Drogenabstinenz können schon vor der Hauptverhandlung nutzen, allerdings in der Berufungsinstanz auch eine Festigung der Persönlichkeitsentwicklung dokumentieren. Aber auch schon für die erste Instanz kann und muss ein Verfahren des Täter-Opfer-Ausgleichs gem. § 46 a StGB vorbereitet und auf den Weg gebracht sein.

2. Vorbereitung der Hauptverhandlung

13 Zielt die Verteidigung eines Beschuldigten nur noch auf Fragen der Strafzumessung, sollte dies den Ermittlungsbehörden in geeigneten Fällen frühzeitig mitgeteilt werden. Je früher dies der Staatsanwaltschaft oder dem Gericht klar gemacht wird, desto größer dürfte die Neigung sein, Beweisanregungen und Beweisanträgen, die auf die Strafzumessung zielen, nachzugehen. Eigene Nachforschungen des Verteidigers sind zu diesen Fragen auch häufig möglich. Diese können das Vorleben und die soziale Integration des Beschuldigten betreffen, aber auch Auswirkungen des Strafverfahrens auf das vorhersehbare künftige Leben des Mandanten können auf diese Weise her-

---

2 *Bockemühl*, S. 1479.

ausgearbeitet werden. Insbesondere wenn der Verteidiger **die Hinzuziehung eines Sachverständigen** als notwendig erachtet, werden Staatsanwaltschaft und Gericht diesem Ansinnen näher treten, je früher der Antrag gestellt ist.

3. Hauptverhandlung

Strafzumessungstatsachen müssen ordnungsgemäß festgestellt werden, sie sind unbeschränkt der Beweiserhebung zugänglich.[3] Trotz der offensichtlich großen Bedeutung für den Mandanten und der Tatsache, dass angesichts der hohen Zahl von Verurteilungen nach Anklageerhebung ein Freispruch für den Angeklagten eher selten ist, spielt die Erhebung von Beweisen zur Strafzumessung in der Hauptverhandlung ein Schattendasein.[4] Es ist Aufgabe einer verantwortungsbewussten Verteidigung, Umstände und Tatsachen, die sie für die Strafzumessung für bedeutsam hält, von denen sie aber erwartet oder für möglich hält, dass das Gericht diese Tatsachen nicht zu Gunsten des Angeklagten wertet, durch entsprechende Beweisanträge zum Gegenstand der Hauptverhandlung zu machen. 14

Bei den nachfolgenden Überlegungen gehe ich grundsätzlich von Verfahren aus, die erstinstanzlich beim Landgericht beginnen, bei denen somit nur eine Tatsacheninstanz dem Verteidiger und Angeklagten zur Verfügung steht. Es ist eine grundsätzliche Frage, ob der Verteidiger bei erstinstanzlichen Verfahren vor dem Amtsgericht Beweisanträge, Unterlagen und Rechtsausführungen zurückhalten soll, um so noch unter Umständen neues Material für die Berufungsinstanz zu haben. Die konkrete Entscheidung wird sicher von der Person der beteiligten Richter und Verteidiger abhängig sein. Der Verfasser hat aber grundlegende Bedenken gegen ein solches Vorgehen und bevorzugt eine Verteidigungsstrategie, die nicht auf eine andere Tatsachenerkenntnis des Berufungsrichters setzt. Dies gilt insbesondere für Zumessungstatsachen. 15

---

3 BGH NStZ 1987, 405.
4 *Schlothauer*, Vorbereitung der Hauptverhandlung durch den Verteidiger, 1998, Rn 109.

B. Grundsätze der Strafzumessung

I. Das System der Sanktionen

Das System der strafrechtlichen Sanktionen unterscheidet zwischen Hauptstrafen, Nebenstrafen, Maßregeln der Besserung und Sicherung sowie sonstigen Folgen. Weniger belastende Maßnahmen sind die Möglichkeiten einer Einstellung nach den §§ 153, 153 a, 153 b, 154 ff. StPO. Die Hauptstrafen des Strafgesetzbuches sind die Geldstrafe sowie die Freiheitsstrafe, bei Letzterer die unbedingte Freiheitsstrafe sowie die Möglichkeit einer Strafaussetzung der Freiheitsstrafe zur Bewährung. 1

Als Nebenstrafe ist allein das Fahrverbot gem. § 44 StGB vorgesehen – die Möglichkeit, neben einer Freiheitsstrafe von mehr als zwei Jahren eine Vermögensstrafe festzusetzen (§ 43 a StGB), wurde vom Verfassungsgericht[1] für verfassungswidrig erklärt.[2] 2

Das Strafgesetzbuch kennt als Nebenfolge den Verlust in der Amtsfähigkeit, der Wählbarkeit und des Stimmrechts (§ 45 StGB) sowie als weitere Folgen den Verfall (§ 73 StGB), den Verfall des Wertersatzes (§ 73 a StGB), den erweiterten Verfall (§ 73 d StGB), die Einziehung (§ 74 StGB), die Einziehung des Wertersatzes (§ 74 c StGB) und die Einziehung von Schriften und Unbrauchbarmachung (§ 74 d StGB). 3

Keine Strafe i.S. des Strafgesetzbuches – von den Betroffenen gleichwohl so empfunden – sind die Maßregeln der Besserung und Sicherung (§ 61 StGB) Dies sind die Unterbringung in einem psychiatrischen Krankenhaus, in einer Entziehungsanstalt oder der Sicherungsverwahrung (§§ 63, 64 und 66 StGB), die Führungsaufsicht (§ 68 StGB), die Entziehung der Fahrerlaubnis (§ 69 StGB) und das Berufsverbot (§ 70 StGB). 4

---

[1] Urt. v. 20.3.2002 – 2 BvR 794/95.
[2] Entscheidungen, die nicht mit Fundstelle vermerkt sind, finden Sie unter www.strafzumessung.de.

1. Geldstrafe

5   Eine Geldstrafe kann nicht zur Bewährung ausgesetzt werden – allerdings besteht die Möglichkeit der **Verwarnung mit Strafvorbehalt gem. § 59 StGB**. Kann eine Geldstrafe nicht beigetrieben werden und ist eine Zahlung der Geldstrafe auch nicht gem. § 42 StGB im Rahmen von Zahlungserleichterungen möglich oder zu erwarten, die zwangsweise Beitreibung erfolglos, so ist die Geldstrafe in Form einer Ersatzfreiheitsstrafe zu vollstrecken. Dabei entspricht ein Tagessatz der festgesetzten Geldstrafe einem Tag Freiheitsentzug.

6   Gemäß § 40 Abs. 2 StGB wird die Höhe eines Tagessatzes als der dreißigste Teil eines monatlichen Nettoeinkommens errechnet. Das Gericht ist verpflichtet, das Einkommen zu ermitteln. Nach § 40 Abs. 3 StGB kann das Gericht das Einkommen schätzen, ist aber verpflichtet, Ermittlungen zu versuchen.[3] Bei der Höhe des Tagessatzes sind die persönlichen Verhältnisse zu berücksichtigen, so z.b. Unterhaltsverpflichtungen,[4] aber keine Abschreibungen.[5] Schulden sind nur selten zu berücksichtigen.[6] Inwieweit Vermögen zu berücksichtigen ist, ist fraglich.[7] Ist jemand nicht berufstätig, ist der Mindestsatz anzunehmen.[8]

7   Die „unbaren Vorteile" sind hinzuzurechnen. Unterhaltszahlungen und Unterhaltsverpflichtungen sind mindernd zu berücksichtigen.[9] Bei Sozialhilfeempfängern kommt es auf die Gesamtheit der Unterstützungs- und Fürsorgeleistungen an.[10] Ist eine sofortige Zahlung nicht möglich oder zumutbar, ist dem Verurteilten Ratenzahlung zu bewilligen. Der Richter kann von dieser Regel abweichen, wenn der Täter nur über Mittel verfügt, die in der Nähe des Existenzminimums liegen.[11]

---

3   OLG Düsseldorf NZV 1994, 324; BayObLG DAR 1986, 243.
4   OLG Celle NJW 1975, 1038.
5   OLG Hamm MDR 1983, 1043.
6   OLG Karlsruhe MDR 1977, 65; BayObLG DAR 1984, 238.
7   OLG Celle NStZ 1983, 315.
8   *Gebhardt*, S. 482.
9   Hanseatisches OLG VRS 101, 106.
10 *Tröndle/Fischer*, 50. Auflage, § 40 Rn 7.
11 So auch OLG Stuttgart NJW 1994, 745; OLG Celle NStZ-RR 1998, 272.

Grundsätze der Strafzumessung B

Die Festsetzung der Höhe des Tagessatzes erfolgt also in drei Stufen: 8

- Bestimmung der Höhe des Tagessatzes nach dem Einkommen
- Reduzierung des Tagessatzes bei Erreichen des Existenzminimums
- Bewilligung von Ratenzahlung schon im Urteil

Diese drei Elemente entziehen sich aber einer schematischen Betrachtung. 9
Die Möglichkeit der Reduzierung wird durch die Option Ratenzahlung relativiert – es bleibt aber Aufgabe des erkennenden Richters, ein gerechtes Maß zu finden, bei dem der erforderliche Charakter der Strafe als die Erfahrung eines empfindlichen Übels erhalten bleibt.[12]

Verliert ein Angeklagter auf Grund der vorläufigen Entziehung der Fahr- 10
erlaubnis seine Arbeitsstelle und wird ihm auf Grund dieser Umstände das Arbeitslosengeld für drei Monate gesperrt, so ist dies bei der Bestimmung der Anzahl der Tagessätze nach § 40 Abs. 1 StGB, § 46 Abs. 1 S. 2 StGB zu berücksichtigen.

2. Freiheitsstrafe

Das StGB unterscheidet zwischen lebenslanger Freiheitsstrafe und zeitigen 11
Freiheitsstrafen (§ 38 StGB). Das Höchstmaß der zeitigen Freiheitsstrafe beträgt 15 Jahre und auch bei Bildung einer Gesamtstrafe kann dieses Höchstmaß nicht überschritten werden. Das Höchstmaß von 15 Jahren kann jedoch überschritten werden, wenn nebeneinander auf mehrere selbstständige Strafen erkannt ist.[13] Die Mindeststrafe von einem Monat gilt nicht für Ersatzfreiheitsstrafen.[14] Kurze Freiheitsstrafen unter sechs Monaten sollen nur in Ausnahmefällen verhängt werden. Hierfür müssen folgende Voraussetzungen erfüllt sein:

- **Besondere Umstände** in der Tat oder Persönlichkeit des Betroffenen 12
müssen festgestellt werden. Diese können in der Bejahung besonderer krimineller Neigungen des Täters liegen oder mit zahlreichen Vorstrafen begründet werden. Es muss aber ein deutlicher Unterschied zu einem

---

12 BayObLG, Beschl. v. 25. 8. 1999 – 2 St RR 137/99 = VRS 1999, 51.
13 BGHSt 43, 216.
14 *Lackner/Kühl*, § 43 Rn 2.

durchschnittlichen Täter festgestellt werden.[15] Das Gericht kann auch die besonderen Umstände bejahen, wenn sie sich aus der Tat oder Persönlichkeit des Täters als Summe ergeben.[16]

13 ■ Die **Einwirkung** mit einer Freiheitsstrafe auf den Täter ist notwendig: Durch die Verhängung der schwereren Strafart, unter Umständen mit einer Aussetzung der Strafe zur Bewährung und damit verbundenen Bewährungsmaßnahmen, eröffnen sich andere Einwirkungsmöglichkeiten auf den Täter als durch Verhängung einer Geldstrafe.[17] Besteht jedoch keine Aussicht auf eine positive Einwirkung auf den Täter durch die Verhängung einer Freiheitsstrafe, scheidet die Verhängung aus diesem Grunde aus. Auch die voraussehbare Zahlungsunfähigkeit oder die Besorgnis, der Verurteilte könne die Geldstrafe nicht aus eigenen Mitteln aufbringen, ist kein Grund, eine Freiheitsstrafe anstelle einer Geldstrafe zu verhängen.[18]

14 ■ Die **Verteidigung der Rechtsordnung** erfordert die Verhängung der Freiheitsstrafe: Der Topos der Verteidigung der Rechtsordnung ist bereits wegen seiner Unschärfe ein problematischer Begriff und deshalb verfassungsrechtlich angreifbar.[19] Die Verteidigung der Rechtsordnung rechtfertigt die Verhängung einer Freiheitsstrafe, wenn wegen der Besonderheiten des Einzelfalles für das allgemeine Rechtsempfinden die Verhängung lediglich einer Geldstrafe schlechthin unverständlich wäre.[20] Die Verhängung einer Freiheitsstrafe muss für jeden erkennbar **unerlässlich** sein.[21] Unerlässlich ist die Freiheitsstrafe nur, wenn die Geldstrafe den spezial- oder generalpräventiven Zweck des Strafens offensichtlich nicht mehr erreichen kann.[22] Gegen die Anwendung des Begriffs „Verteidigung der Rechtsordnung" wird seit Jahren in der Literatur[23] geschrieben, allerdings ohne dass es zu einer Beanstandung des Verfassungsgerichts ge-

---

15 OLG Frankfurt StV 1995, 27; OLG Düsseldorf wistra 1997,151.
16 OLG Frankfurt VRS 42, 188.
17 BGHSt 24, 164.
18 *Lackner/Kühl*, § 47 Rn 3.
19 *Hassemer*, in: Festschrift für Coing, S. 493.
20 OLG Köln StV 1984, 378; BGHSt 24, 40.
21 *Xanke*, Rn 277.
22 OLG Düsseldorf StV 1986, 104.
23 *Naucke*, Verteidigung der Rechtsordnung, 1972; *Knoche*, Blutalkohol 70, 189; *Köhler*, JZ 1989, 697.

kommen ist. Bei der Entscheidung über die Strafaussetzung muss das Gericht eine Kriminalprognose gem. § 56 Abs. 3 StGB erstellen. Die Frage der Verteidigung der Rechtsordnung kann erst danach diskutiert werden.[24] Freiheitsstrafen unter sechs Monaten sollen nur ausnahmsweise verhängt werden. Die Verhängung einer Freiheitsstrafe von weniger als sechs Monaten ist nur zulässig, wenn sie auf Grund **besonderer Umstände** gem. § 47 Abs. 1 StGB, die in der Tat oder der Persönlichkeit des Täters liegen, die Verhängung einer Freiheitsstrafe zur Einwirkung auf den Täter oder zur Verteidigung der Rechtsordnung unerlässlich ist. Die Urteilsgründe müssen dann im Einzelnen die Umstände anführen, die zur Ablehnung einer Geldstrafe geführt haben.[25] Die Strafzumessung ist Sache des erkennenden Richters. Rechtsfehlerhaft ist sie aber dann, wenn die in den Urteilsgründen enthaltenen Ausführungen die Besorgnis rechtfertigen, dass der Tatrichter bei der Bemessung der Strafe gewichtige, sich aufdrängende Strafzumessungsgründe außer Acht gelassen hat.

15

Die gesetzgeberische Grundwertung gilt auch bei **Trunkenheitsdelikten**. Danach sind Freiheitsstrafen unter sechs Monaten grundsätzlich durch Geldstrafe zu ersetzen.[26] Eine ungünstige Täterprognose, insbesondere die deutliche Wahrscheinlichkeit für weitere Straftaten, kann allerdings kurze Freiheitsstrafen zur Tätereinwirkung gebieten, vor allem dann, wenn eine Geldstrafe im Zusammenhang mit einer maßregelnden Sicherung und Besserung nach der richterlichen Prognose in der letzten mündlichen Verhandlung nicht ausreicht. Eine schematische Erhöhung der Sanktionsfrequenz ist jedoch nicht angezeigt. Insbesondere wenn sich der Wiederholungstäter zwischenzeitlich Maßnahmen zur Korrektur seines Fehlverhaltens, wie Nachschulungskurse, Aufbauseminare o.Ä., unterzogen hat und einzelne Trunkenheitsfahrten von ihrer Motivationslage her nicht vergleichbar sind, so spricht dies alles gegen eine Freiheitsstrafe.[27] Dies eröffnet auch dem Verteidiger Möglichkeiten im Ermittlungsverfahren, gemeinsam mit dem Mandanten auf ein günstiges Ergebnis der Strafverhandlung hinzuwirken.

---

24 OLG Dresden VRS 1999, 75.
25 OLG Düsseldorf VRS 1984, 229; BGHR StGB § 47 Abs. 1 Umstände 2, 4.
26 *Xanke*, Rn 274.
27 OLG Köln StV 1984, 373; OLG Saarbrücken NStZ 1994, 192.

3. Bewährung

16   Die Aussetzung einer Freiheitsstrafe zur Bewährung ist möglich bei Strafen bis zu zwei Jahren. Dabei unterscheidet das Gesetz zwischen Freiheitsstrafen bis zu sechs Monaten, Freiheitsstrafen von mehr als sechs Monaten bis zu einem Jahr und Strafen bis zu zwei Jahren. Entscheidend ist dabei die festgesetzte Strafe, nicht ein eventuell noch zu verbüßender Strafrest bei vorangegangener Untersuchungshaft. Eine Freiheitsstrafe, die bereits vollständig durch die Untersuchungshaft verbüßt ist, kann nicht mehr zur Bewährung ausgesetzt werden.[28]

17   Voraussetzungen für die Aussetzung sind:

- **Eine günstige Prognose** – bei Strafen bis zu sechs Monaten ist die Aussetzung der Freiheitsstrafe zur Bewährung zwingend, wenn das Gericht bei der Urteilserkenntnis dem Angeklagten eine günstige Sozialprognose attestiert.[29] Aus dem Gesetz ergibt sich die grundsätzliche Regel, dass kurze Freiheitsstrafen zur Bewährung ausgesetzt werden sollen,[30] dies gilt auch bei zahlreichen Delikten und mehreren Vorstrafen[31] und insbesondere wenn die Verhängung der Freiheitsstrafe allein aus generalpräventiven Zwecken erfolgt.[32]
- Bei Strafen von sechs Monaten bis zu einem Jahr ist die Aussetzung zur Bewährung bei günstiger Prognose zwingend, es sei denn, die **Verteidigung der Rechtsordnung** gebietet die Vollstreckung.
- **Besondere Umstände** der Tat oder der Persönlichkeit des Täters: Nach § 56 Abs. 2 StGB kann auch eine Freiheitsstrafe von mehr als einem Jahr bis zu maximal zwei Jahren zur Bewährung ausgesetzt werden. Voraussetzung ist, dass der Tatrichter neben den allgemeinen Voraussetzungen der Bewährung auch noch besondere Umstände der Tat oder des Täters positiv feststellt. Notwendig ist eine Gesamtwürdigung von Tat und Persönlichkeit des Täters.[33] Es müssen Milderungsgründe von besonderem Gewicht vorliegen und eine Strafaussetzung darf trotz des erheblichen

---

28   BGHSt 31, 25; BGH StV 1992, 157.
29   *Kindhäuser*, § 56 Rn 8.
30   OLG Zweibrücken zfs 1993, 426.
31   BGH StV 1982, 366.
32   BHG bei *Tolksdorf*, DAR 1995, 128.
33   *Schmidhäuser*, § 56 Rn 16.

Unrechts- und Schuldgehalts der Tat nicht unangemessen erscheinen.[34] Verwertbar sind alle Umstände, die auch für eine positive Sozialprognose sprechen, insbesondere wenn diese ein ganz besonderes Gewicht haben. Eine günstige Prognose kann auch ein besonderer Umstand sein,[35] insbesondere wenn sie durch begleitende Maßnahmen, etwa eine Nachschulung für auffällige Kraftfahrer, gestützt wird.[36] Dies gilt selbst bei schwerwiegenden Delikten (Trunkenheit mit Todesfolge).[37]

Die Sozialprognose: Die Beurteilung einer günstigen Sozialprognose erfolgt ausschließlich unter **spezialpräventiven Aspekten**. Von dem Verurteilten muss zu erwarten sein, dass er sich in Zukunft, und zwar **zeitlich unbegrenzt**, straffrei führen wird. Hierbei genügt eine Wahrscheinlichkeit straffreien Lebens; nicht notwendig ist, dass jeder Zweifel ausgeschlossen wird.[38] Die Prognose (insbesondere auch die negative Prognose) muss auf **Tatsachen** basieren. Für die zu Grunde gelegten Tatsachen gilt der Grundsatz **in dubio pro reo**, allerdings nicht für die Prognosen – hierbei muss das Gericht die volle Überzeugung gewinnen, Zweifel gehen zu Lasten des Täters. Maßgeblicher Zeitpunkt für die Prognose ist der Zeitpunkt der Hauptverhandlung.[39]

18

Das Gericht muss sämtliche Umstände würdigen, die Rückschlüsse auf das künftige Verhalten des Verurteilten zulassen:

19

- die Persönlichkeit des Täters,
- sein Vorleben,
- die Umstände der Tat,
- das Verhalten nach der Tat,
- seine Lebensverhältnisse sowie
- die Wirkungen, die die Strafe und die Aussetzung zur Bewährung auf das künftige Leben haben werden.

§ 50 StGB gilt bei der Bewährungsprognose nicht – sämtliche Umstände, die für die Bestimmung der Freiheitsstrafe bestimmend waren, können und

20

---

34 BGHSt 29, 370; BGH NStZ 1986, 27.
35 BGH StV 1995, 20.
36 LG Aschaffenburg zfs 1988, 30.
37 BGH NStZ 1994, 336.
38 BGH NStZ 1986, 27.
39 BGH StV 1992, 13.

müssen für die Beurteilung der Prognose noch einmal herangezogen werden. Gesichtspunkte für eine **günstige Prognose** sind:

- erstmalige Verurteilung,
- straffreies Verhalten über längere Zeit nach der Tat,[40]
- eine Stabilisierung der Lebensverhältnisse, zu denen auch der Arbeitsplatz gehört,[41]
- Aufklärungshilfe,[42]
- besondere berufliche Nachteile des Täters[43] und
- besonderes Bemühen des Täters um die Wiedergutmachung des Schadens (insbesondere die Durchführung des Täter-Opfer-Ausgleichs).

21 Eine **ungünstige Prognose** kann gestützt werden auf:

- Vorverurteilungen, insbesondere bei zeitlicher und sachlicher Nähe zur jetzigen Tat,[44]
- Verheimlichung des Verbleibs der Beute,[45]
- Bewährungsversagen.[46]

22 Maßgeblicher Zeitpunkt für die Sozialprognose ist die Hauptverhandlung, sodass auch **nach der Tat eingetretene Umstände,**[47] eine eingetretene Stabilisierung der Lebensverhältnisse[48] sowie eingetretene berufliche Nachteile[49] sowie eine Persönlichkeitsveränderung[50] zu berücksichtigen sind.

23 Bei Freiheitsstrafen unter zwei Jahren wird die ganz überwiegende Zahl der Strafen zur Bewährung ausgesetzt. Auch wenn immer noch keine Zahlen für das gesamte Bundesgebiet vorliegen, sondern lediglich für die alten Bundesländer, hat sich die Tendenz in den letzten 20 Jahren nicht geändert: Bei Freiheitsstrafen zwischen einem Jahr und zwei Jahren werden mehr als 60 Prozent der Strafen zur Bewährung ausgesetzt, obwohl dies nach dem Geset-

---

40 BGHSt 6, 298; BGH StV 1991, 364.
41 BayObLG StV 1994, 186.
42 BGH StV 1983, 281.
43 BGH NStZ 1987, 172.
44 BGH StV 1990, 417.
45 OLG Karlsruhe MDR 1978, 71.
46 BGH NStZ 1988, 451.
47 BGHSt 29, 370; BGH NStZ 1983, 218.
48 BGH StV 1986, 529.
49 BGH NStZ 1987, 172.
50 *Detter*, StraFo 1997, 198.

zeswortlaut im Regelfall nicht erfolgen soll, da für die Bewilligung einer Bewährung **besondere Umstände** vorliegen sollen. Bei Freiheitsstrafen von nicht mehr als einem Jahr liegt die Quote der zur Bewährung ausgesetzten Strafen bei weit mehr als 70 %.[51]

4. Zusätzliche Geldstrafe (§ 41 StGB)

§ 41 StGB ermöglicht es, bei allen Taten, die mit Bereicherungsvorsatz verwirklicht wurden, neben einer Freiheitsstrafe zusätzlich eine Geldstrafe zu verhängen. Jede einzelne Strafe muss dann schuldangemessen sein, und es muss jeweils berücksichtigt werden, dass neben der einen Strafe noch die andere Strafe verhängt wurde. 24

Es müssen folgende **Voraussetzungen** vorliegen: 25
1. Der Täter muss in der Absicht handeln, sich einen rechtswidrigen Vermögensvorteil zu verschaffen, der auch einem Dritten zufließen kann.[52]
2. Die Geldstrafe muss unter Berücksichtigung der wirtschaftlichen Verhältnisse des Verurteilten angebracht und angemessen sein.
3. Durch die Tat muss eine Bereicherung erfolgt sein.[53]
4. Der Täter muss leistungsfähig sein.[54]

5. Verfall, Verfall des Wertersatzes, erweiterter Verfall

Hat der Täter für die rechtswidrige Tat etwas erlangt, ist dieses Etwas für verfallen zu erklären. Es muss sich hierbei aber exakt um den Gegenstand des Verfahrens handeln. 26

Die Instrumente der §§ 73 ff. StGB sollen den Gewinn, der aus einer Tat erlangt wurde, abschöpfen. Dem Täter, der aus der rechtswidrigen Tat etwas erlangt hat, soll der Vorteil durch den **zwingend anzuordnenden Verfall** wieder genommen werden. Scheitert der Verfall daran, dass der konkrete Gegenstand nicht mehr vorhanden ist, ist es möglich, den **Verfall eines be-** 27

---

51 Siehe auch *Schäfer*, Strafzumessung, Rn 126.
52 BGHSt 32, 60; BGH NJW 1993, 408.
53 BGHSt 32, 60.
54 BGHSt 26, 325.

stimmten **Geldbetrages** in Höhe des Wertes des Gegenstandes festzusetzen (Verfall des Wertersatzes). Liegen Umstände vor, die die Annahme rechtfertigen, dass der Täter Gegenstände, die er rechtswidrig erlangt hat, in der Zwischenzeit veräußert hat, so ist der erweiterte Verfall möglich. Für die Berechnung des Verfalls einer bestimmten Geldsumme ist das Bruttoprinzip maßgeblich, d.h. der Täter kann die Aufwendungen, die er tätigen musste, um die Tat auszuführen, nicht von dem „erlangten", dem für verfallen erklärten Geldbetrag abziehen.[55]

6. Einziehung

28 Wurden bestimmte Gegenstände bei der Begehung oder der Vorbereitung einer Tat benutzt, so können diese Gegenstände eingezogen werden. Möglich ist es auch, dass Gegenstände, die Ergebnis der Tat sind (z.B. Erwerb von Betäubungsmitteln), eingezogen werden. Die Einziehung ist aber nicht auf schwere Taten beschränkt. Die Einziehung eines Pkw droht nicht nur, wenn das Fahrzeug für Fahrten zum Einschmuggeln von Drogen in das Bundesgebiet benutzt wurde, auch bei **Trunkenheitsfahrt** droht die **Einziehung des Fahrzeuges**, § 74 b Abs. 2 Nr. 5 StGB.[56] Der Fahrer muss aber auf jeden Fall Eigentümer sein. Eine Einziehung scheidet also aus, wenn der Fahrer Organ einer Gesellschaft, z.B. Geschäftsführer einer GmbH, ist, selbst wenn er Alleineigentümer der Gesellschaft ist.[57]

7. Berufsverbot (§ 70 StGB)

29 Das Berufsverbot ist eine Maßregel der Besserung und Sicherung – es ist eine präventive Maßnahme, um zukünftigen Schaden durch wahrscheinliches rechtswidriges Verhalten des Täters für die Allgemeinheit abzuwenden. Voraussetzung ist, dass der Täter unter Missbrauch seines Berufs oder Gewerbes und unter grober Verletzung der damit verbundenen Pflichten Straftaten begangen hat und eine Gefahr zukünftiger erheblicher Taten besteht.[58]

---

55 BGH NStZ 1994, 124.
56 *Gebhardt*, S. 485.
57 BGH bei *Tolksdorf*, DAR 1997, 175.
58 BGH NStZ 1988, 176.

8. Entziehung der Fahrerlaubnis

Häufig ist der Verteidiger mit dem Ansinnen seines Mandanten konfrontiert, auf jeden Fall eine Entziehung der Fahrerlaubnis zu verhindern. Der Mandant misst in diesen Fällen den Erfolg der Verteidigung an der Entscheidung des Gerichts über seine Fahrerlaubnis. Der Mandant erwartet daher ein besonderes Engagement seines Verteidigers, um diese negative Folge, die von ihm als besonders schwere Strafe empfunden wird, zu vermeiden. Eine Auseinandersetzung mit den Fragen des § 69 StGB ist daher notwendig und in der Hauptverhandlung lohnt sicher eine Diskussion der neueren Entwicklung der Rechtsprechung des Bundesgerichtshofs. 30

Die **Voraussetzungen** der Entziehung der Fahrerlaubnis: 31

- Es muss eine **rechtswidrige Tat** vorliegen. Die rechtswidrige Tat muss durch gerichtliches Urteil festgestellt werden, ein Schuldspruch ist nicht erforderlich. § 69 StGB ist daher auch anwendbar, wenn es wegen nicht auszuschließender Schuldunfähigkeit in der Hauptverhandlung zu einem Freispruch gekommen ist. Basiert der Freispruch auf anderen Gründen als festgestellter oder nicht auszuschließender Schuldunfähigkeit, scheidet eine Entziehung der Fahrerlaubnis aus.
- Die Tat beruht auf einer **Pflichtverletzung**: Die Tat muss im Zusammenhang mit dem Führen eines Kraftfahrzeugs und unter Verletzung der besonderen Pflichten eines Kraftfahrzeugführers begangen sein. Hierzu zählen alle **Verkehrsdelikte**. Im Zusammenhang mit dem Führen können aber alle Straftaten stehen; es muss allerdings ein **tatsächlicher Zusammenhang** zwischen der Tatausführung und dem Führen des Kraftfahrzeugs existieren.
- **Ungeeignetheit** zum Führen von Kraftfahrzeugen: Maßgeblicher Zeitpunkt zur Beurteilung der Ungeeignetheit ist der Zeitpunkt des Urteils. Zu diesem Zeitpunkt muss eine charakterliche Ungeeignetheit des Betroffenen festgestellt werden. Katalogtaten des § 69 StGB indizieren die Ungeeignetheit.

Über die Katalogtaten des § 69 StGB hinaus, das sind Verstöße gegen §§ 315c, 316, 142, 323a Nr. 1–3 StGB, kann auch bei schweren Straftaten nicht ohne weiteres von einer charakterlichen Ungeeignetheit ausgegangen werden. Maßgeblicher Zeitpunkt für die Beurteilung der Geeignetheit des Mandanten ist der Zeitpunkt unmittelbar vor der Entscheidung in der Tatsacheninstanz. Nur bei Begehung einer der in § 69 Abs. 2 StGB aufgeführten rechtswidrigen Taten ist er in der Regel als ungeeignet anzusehen. Wird die Entziehung auf die Begehung anderer als der in § 69 Abs. 2 StGB bezeichneten Straftaten – hier: nach §§ 249, 250 StGB – gestützt, so ist regelmäßig eine Gesamtabwägung erforderlich und die fehlende Eignung des Täters zum Führen von Kraftfahrzeugen näher zu begründen.[59]

32 In der Vergangenheit begründeten viele Gerichte die Annahme, ein Angeklagter sei zum Führen von Kraftfahrzeugen ungeeignet, allein damit, dass er seine Fahrerlaubnis „zur Begehung mehrerer Taten eingesetzt hat, indem er mit seinem Fahrzeug die Betäubungsmittel abgeholt hat". Dabei ist nur der rechtliche Ausgangspunkt der Gerichte richtig, dass § 69 Abs. 1 StGB nicht nur bei Verkehrsverstößen im engeren Sinne, sondern auch bei sonstigen strafbaren Handlungen anwendbar ist, sofern sie im Zusammenhang mit dem Führen eines Kraftfahrzeugs begangen werden und sich **daraus die mangelnde Eignung zum Führen** von Kraftfahrzeugen ergibt. Anders als bei der Begehung einer der in § 69 Abs. 2 StGB aufgeführten rechtswidrigen Taten begründet jedoch allein der Umstand, dass der Täter ein Kraftfahrzeug zur Begehung von Straftaten benutzt hat, nicht bereits eine Regelvermutung für seine charakterliche Unzuverlässigkeit zum Führen von Kraftfahrzeugen.

33 Der Bundesgerichtshof hat jedoch immer eine **nähere Begründung** der Entscheidung auf Grund einer umfassenden Gesamtwürdigung[60] verlangt, es allerdings teilweise als ausreichend angesehen, wenn festgestellt wurde, dass bei der Durchführung von **Betäubungsmittelgeschäften** unter Benutzung eines Kraftfahrzeugs die charakterliche Zuverlässigkeit „in aller Regel" verneint wurde, und selbst ausgeführt, dass nur unter ganz besonderen Umständen ausnahmsweise etwas anderes gelten könne.[61]

34 Diese Rechtsprechung traf auf Widerspruch, da damit einer spezifischen Deliktsgruppe im Ergebnis die gleiche Wirkung wie den Katalogstraftatbeständen des § 69 Abs. 2 StGB beigemessen wurde.[62]

---

59 St. Rspr., vgl. nur BGHR StGB § 69 Abs. 1 Entziehung 5 und 6.
60 St. Rspr., vgl. BGHR StGB § 69 Abs. 1 Entziehung 5 und 8; BGH Urt. v. 5.11.2002 – 4 StR 406/02 (Fahrerlaubnis).
61 BGHR StGB § 69 Abs. 1 Entziehung 3; BGH NStZ 1992, 586; BGH NStZ 2000, 26.
62 BGHR a.a.O. Entziehung 6.

Die Maßregel nach **§ 69 StGB dient nicht der allgemeinen Verbrechensbekämpfung**; vielmehr setzt der nach dieser Vorschrift erforderliche Zusammenhang zwischen Straftat und dem Führen eines Kraftfahrzeugs voraus, dass durch das Verhalten des Täters eine erhöhte Gefahr für andere Verkehrsteilnehmer eintritt.[63] Ihre Verhängung und die Dauer der Entziehung hängen daher nicht von der Schwere der Tatschuld, sondern ausschließlich von der Ungeeignetheitsprognose ab.[64] 35

Ergibt die Anlasstat keinen Hinweis darauf, dass der Angeklagte auch die **allgemeinen Regeln des Straßenverkehrs** verletzt hat oder zumindest unter Inkaufnahme ihrer Verletzung die Straftat begangen hat, so entfernt sich die Entziehung der Fahrerlaubnis von ihrer Rechtsnatur als Maßregel der Besserung und Sicherung und gewinnt den Charakter einer Nebenstrafe, die sie jedoch gerade nicht ist.[65] 36

Dies zeigt auch ein Vergleich mit der Regelung des **Fahrverbots** in § 44 StGB, das Nebenstrafe ist und dessen Anordnung – insoweit nicht anders als § 69 Abs. 1 StGB – daran anknüpft, dass der Täter eine Straftat „bei oder im Zusammenhang mit dem Führen eines Kraftfahrzeugs oder unter Verletzung der Pflichten eines Kraftfahrzeugführers begangen hat"; die Verwendung eines Kraftfahrzeugs bei der Begehung einer (auch schwerwiegenden) Straftat für sich allein begründet noch nicht die für die Maßregel nach § 69 Abs. 1 StGB weiter vorausgesetzte **fehlende Eignung**. Eine Beschränkung der strafrechtlichen Entziehung der Fahrerlaubnis auf die Fälle einer Negativprognose in Bezug auf Belange der Verkehrssicherheit erscheint zudem mit Blick auf die Bedeutung der Teilnahme am motorisierten Straßenverkehr in einer auf Mobilität angelegten Gesellschaft unter dem verfassungsrechtlichen Gesichtspunkt der allgemeinen Handlungsfreiheit[66] angezeigt. 37

Vor diesem Hintergrund hat das Bundesverfassungsgericht in seiner jüngsten Rechtsprechung zur – allerdings verwaltungsrechtlichen – Entziehung 38

---

63 LK-*Geppert*, 11. Aufl., § 69 Rn 34; ebenso *Hentschel*, Trunkenheit, Fahrerlaubnisentziehung, Fahrverbot, 8. Aufl., Rn 582.
64 BGHSt 15, 393, 397; BGHR StGB § 69 a Abs. 1 Dauer 2 und 3; BGH, Urt. v. 22. 10. 2002 – 4 StR 339/02 (Fahrerlaubnis 2).
65 BGH, Urt. v. 22. 10. 2002 – 4 StR 339/02 (Fahrerlaubnis 2).
66 Vgl. dazu u.a. *Herzog*, 30. VGT 1992, 25 ff.; *Ronellenfitsch*, DAR 1992, 321 ff. und DAR 1994, 7 ff.; *Sendler*, DAR 1990, 404 ff.

der Fahrerlaubnis die diese Maßnahme rechtfertigenden charakterlich-sittlichen Mängel dann als vorliegend erachtet, „wenn der Betroffene bereit ist, das Interesse der Allgemeinheit an sicherer und verkehrsgerechter Fahrweise den jeweiligen eigenen Interessen unterzuordnen und hieraus resultierende Gefährdungen oder Beeinträchtigungen des Verkehrs in Kauf zu nehmen".[67]

39 Auf die strafrechtliche Entziehung der Fahrerlaubnis nach § 69 StGB bei Nicht-Katalogtaten im Sinne des § 69 Abs. 2 StGB übertragen, verlangt dies deshalb **konkrete Anhaltspunkte** für die Gefahr, der Täter werde seine kriminellen Ziele über **die im Verkehr** gebotene Sorgfalt und Rücksichtnahme stellen.[69]

40 Dies alles gilt auch für Betäubungsmitteldelikte jeder Art. Eine Entziehung der Fahrerlaubnis kommt nur in Betracht, wenn sonstige Umstände im Hinblick auf eine unzureichende Bereitschaft des Angeklagten, den Konsum von Haschisch von dem Führen von Kraftfahrzeugen zu trennen oder in anderer Weise Verkehrssicherheitsinteressen zu vernachlässigen, konkret erkennbar sind.[70] Dabei ist für den Tatrichter, wenn er solche Tatsachen feststellen will, der Zeitpunkt des Urteils und nicht jener der Tat maßgebend.[71] Dies gilt umso mehr, wenn in der Hauptverhandlung Beweisanträge dahin gehend gestellt werden, dass der Mandant jedenfalls zu diesem Zeitpunkt keine Drogen mehr konsumiert![72]

9. Fahrverbot

41 Fahrverbot ist die einzige im Strafgesetzbuch bestehende Nebenstrafe. Sie tritt neben Geld- oder Freiheitsstrafe.

---

67 BVerfG pvr 2002, 308.
69 *Hentschel*, Trunkenheit, Fahrerlaubnisentziehung, Fahrverbot, 8. Aufl., Rn 582.
70 Vgl. hierzu BVerfG a.a.O.; zu diesem Gesichtspunkt BGH bei *Tolksdorf*, DAR 1998, 169 Nr. 15 und BGH NStZ 2000, 26, 27.
71 St. Rspr., BGHR StGB § 69 Abs. 1 Entziehung 4 m.w.N.
72 BGH, Urt. v. 5. 11. 2002 – StR 406/02 (Fahrerlaubnis).

II. Die Zumessung der angemessenen Strafe

§ 46 StGB bestimmt, dass Grundlage für die Zumessung der Strafe die Schuld des Täters ist. Die **Zumessungsschuld** des § 46 StGB ist nicht identisch mit der schuldhaften Verwirklichung eines Tatbestandes.[73] Im Strafgesetzbuch werden einige allgemeine Grundsätze der Strafzumessung konkretisiert, ohne den vorhandenen Meinungsstreit über Sinn und Zweck des Strafens zu entscheiden.[74]

42

Die Strafzumessung im engeren Sinne besteht aus der Ermittlung des anzuwendenden Strafrahmens, der Bestimmung der Strafart und der Entscheidung über eine eventuelle Strafaussetzung der Freiheitsstrafe zur Bewährung bzw. der Verwarnung mit Strafvorbehalt oder dem Absehen von Strafe. Demgegenüber erfolgt die Entscheidung in der Praxis häufig umgekehrt – der Vorsitzende stellt die Frage, wenn für ihn klar ist, dass nur eine Freiheitsstrafe in Betracht kommt, ob der Angeklagte „reinkommt" oder noch eine Bewährungschance erhält. Andererseits stellt der Mandant seinem Verteidiger – jedenfalls wenn er eine Freiheitsstrafe als sicher erwartet – auch als Erstes die Frage, ob es noch eine Möglichkeit für eine Bewährung gibt.

43

Die Rechtsprechung hat versucht, den Vorgang der Strafzumessung in der so genannten **Rahmen- oder Spielraumtheorie** zusammenzufassen.[75]

44

Aus der Tat ergibt sich als strafrechtliche Konsequenz nicht eine punktgenaue Strafe, die die einzig richtige ist, sondern ein aus dem gesetzlichen Strafrahmen erkennbarer konkreter Schuldrahmen. Innerhalb dieses Schuldrahmens ist es Aufgabe des Tatrichters, unter konkreter Berücksichtigung aller Umstände und aller anerkannter Strafzwecke die richtige Strafe zu finden.[76] Auf Grund einer durch den Tatrichter vorzunehmenden notwendigen Bewertung der individuellen Schuld des Täters sind vielfältige Abwägungen erforderlich, die eine Punktstrafe ausschließen. Vielmehr ergibt sich bei der Bewertung der Tat aus dem gesetzlichen Schuldrahmen ein wesentlich engerer Rahmen, aus dem die individuelle Schuld des Täters zu bemessen und die schuldangemessene Strafe zu schöpfen ist.

45

---

73 *Schäfer*, Rn 309; *Maurach/Zipf*, § 30, 7.
74 So auch *Lackner/Kühl*, § 46 Rn 1.
75 BGHSt 7, 28; BGHSt 28, 359.
76 *Theune*, StV 1985, 162.

1. Der gesetzliche Strafrahmen

46 Der erste Schritt besteht also darin, den gesetzlichen Strafrahmen, der für die verwirklichte Straftat vorgesehen ist, zu bestimmen. Dieser Strafrahmen wird bestimmt durch die objektive Verwirklichung des gesetzlichen Tatbestandes ohne Berücksichtigung der besonderen Strafzumessungstatsachen.

2. Besondere Strafrahmen

47 In einem zweiten Schritt sind die Möglichkeiten der Eröffnung eines Sonderstrafrahmens zu prüfen. Das Gesetz sieht die Möglichkeit hierzu insbesondere bei den fakultativen Milderungsgründen vor, etwa bei der Verwirklichung des gesetzlichen Tatbestandes durch Unterlassen nach § 13 StGB, bei Vorliegen eines Verbotsirrtums gem. § 17 StGB, beim Versuch einer Straftat nach § 23 StGB oder bei Vorliegen der Voraussetzungen des § 21 StGB, der erheblich verminderten Schuldfähigkeit.

48 Ein besonderer Strafrahmen gilt auch bei der Verwirklichung besonders schwerer Fälle von Regelbeispielen (etwa § 243 StGB) oder den minder schweren Fällen – etwa dem minder schweren Totschlag gem. § 212 Abs. 2 StGB. Schon bei der Bestimmung eines Sonderstrafrahmens sind auch strafrechtliche und außerstrafrechtliche Nebenfolgen der Tat und der Verurteilung zu berücksichtigen. Denn die Strafe soll ein gerechter Schuldausgleich sein und die Schuldangemessenheit der Strafe soll die Wirkungen der Strafe auf den Täter, seine persönlichen Verhältnisse und die Auswirkungen von beidem für das zukünftige Leben des Täters berücksichtigen.[77] Hierbei sind unter anderem folgende Fragen zu berücksichtigen:

- Werden dem Verurteilten durch Einziehung Vermögenswerte entzogen?
- Wird ihm die Fahrerlaubnis entzogen, was den Verlust des Arbeitsplatzes zur Folge hat?
- Verliert er Versorgungsbezüge?
- Wurde er durch einen Polizeispitzel zur Straftat verleitet?
- Hat er als Ausländer mit der Ausweisung, Abschiebung oder sonstigen ausländerrechtlichen Konsequenzen zu rechnen?

---

77 *Schäfer*, Rn 489.

Eine Berücksichtigung aller Einzelheiten der Strafe in ihrer Gesamtheit und 49
die Wertung und Gewichtung aller rechtlichen und sozialen Folgen der Verurteilung kann in einer Gesamtschau zur Anwendung des Strafrahmens für den minderschweren Fall der Straftat führen.[78] In besonderen Fällen kann auch bei einer nur noch geringen Lebenserwartung oder einer besonders langen Verfahrensdauer ein gerechter Schuldausgleich erfordern, dass der Strafrahmen des minder schweren Falles angewandt wird.

3. Individueller Strafrahmen (Spielraum)

In einem weiteren Schritt ist die konkrete Tat von dem Gericht in den vor- 50
gegebenen und ermittelten Strafrahmen einzuordnen. Der Richter hat das Maß des konkreten Unrechts unter Berücksichtigung eines angemessenen Schuldausgleichs zu bestimmen. Dabei sind sämtliche Umstände (**Strafzumessungstatsachen**) zu berücksichtigen. Aus dieser Bewertung ergibt sich der in diesem Einzelfall anzuwendende konkrete, individuelle Strafrahmen (Spielraum). Innerhalb der Grenzen dieses Strafrahmens ist die konkrete Strafe vom Tatrichter zu bestimmen unter Bewertung sämtlicher Umstände der Tat und der individuellen Schuld. Bei diesen Überlegungen und Bewertungen spielt das Doppelverwertungsverbot des § 50 StGB keine Rolle – es erfolgt keine doppelte Verwertung strafmildernder Umstände, wenn bei der Festsetzung der individuellen Strafe innerhalb des konkret individuell anzuwendenden Strafrahmens sämtliche mildernden Umstände (und natürlich auch die strafschärfenden) noch einmal berücksichtigt werden. § 50 StGB soll lediglich eine mehrfache Verschiebung des Strafrahmens verhindern.

Der Verteidiger darf sich nicht scheuen, in seinen Ausführungen während 51
des Verfahrens und im Plädoyer immer wieder auf die strafmildernden Umstände hinzuweisen, die für die Bestimmung des gesetzlichen und des individuellen Strafrahmens maßgeblich sind. Die Argumentation ist umso leichter, je revisionsfester diese Tatsachen in das Verfahren eingeführt werden, sei es durch Dokumente, die verlesen werden, sei es durch Zeugenaussagen. Auch Beweisanträge, denen nicht nachgegangen wird, die aber bezüglich der zu beweisenden Tatsachen konkret strafmildernde Tatsachen bezeichnen, können Zumessungstatsachen wirksam in das Verfahren einführen.

---

78 BGH StV 1987, 389; BGH NStZ 2001, 312; BGH StV 2000, 31; BGHSt 35, 148.

B Grundsätze der Strafzumessung

4. Bestimmung der individuellen Strafe

52 Als vierter Schritt ist die auszusprechende Strafe aus dem individuellen Strafrahmen zu bestimmen. Dabei ist zuerst die Entscheidung zu fällen, ob der Tatrichter auf Geldstrafe oder Freiheitsstrafe erkennt. Danach sind in geeigneten Fällen die Möglichkeiten der §§ 59, 60 StGB zu erörtern. Scheidet eine Verwarnung mit Strafvorbehalt oder ein Absehen von Strafe aus, muss der Tatrichter dann die Höhe der Strafe herausarbeiten: die Anzahl der Tagessätze bei der Geldstrafe sowie die Berechnung der Höhe der einzelnen Tagessätze. Kommt für das Gericht nur eine Freiheitsstrafe in Betracht, so ist entsprechend den Vorschriften der §§ 38, 39 StGB die Höhe der Freiheitsstrafe zu bestimmen. Kommt der Richter zu einer Freiheitsstrafe, die zwei Jahre nicht übersteigt, ist eine Auseinandersetzung mit der Frage der Bewährung auf jeden Fall erforderlich. Setzt sich das Gericht mit dieser Frage im Urteil überhaupt nicht auseinander, liegt ein Erörterungsmangel vor, der in der Regel zur Aufhebung des Urteils auf die Revision führen muss.

5. Nebenentscheidungen

53 Erst wenn die Strafe bestimmt ist, soll über die Nebenentscheidungen beraten und befunden werden: Fahrverbot, Einziehung, Wertverfall usw. Sind die Nebenentscheidungen festgesetzt, muss der Richter nochmals anhand der Nebenfolgen überprüfen, ob es zu einer Verschiebung des Strafrahmens gekommen ist und ob in der Gesamtschau jetzt ein zuvor verneinter minder schwerer Fall angenommen werden kann. Danach muss noch einmal der individuelle Strafrahmen (Spielraum) geprüft werden, um anschließend zu bestimmen, ob die zuvor ermittelte individuelle Strafe unter Berücksichtigung der Nebenfolgen noch angemessen ist. Dieser Vorgang muss in komplizierten Fällen möglicherweise mehrfach durchlaufen werden, etwa wenn über Gesamtstrafen, mehrere Gesamtstrafen und Härteausgleich zu entscheiden ist.

6. Gesamtstrafen

54 Sind in einem Verfahren mehrere Straftaten zur Aburteilung verbunden, ist von dem Richter für jede schuldhafte Tat eine Einzelstrafe zu bilden. Im An-

schluss an die Bestimmung der Einzelstrafen bildet der Richter gem. § 55 StGB eine Gesamtstrafe. Dabei erfolgt die Bildung der Gesamtstrafe – außer in dem Fall der Festsetzung einer lebenslangen Haftstrafe – durch Erhöhung der höchsten Einzelstrafe, wobei durch die zu bildende Gesamtstrafe die Summe der Einzelstrafen nicht erreicht werden darf und bei zeitigen Freiheitsstrafen nicht eine höhere Gesamtstrafe als 15 Jahre festgesetzt werden darf. Bei der Bestimmung der Gesamtstrafe sind noch einmal sämtliche Umstände jeder einzelnen Tat sowie die Persönlichkeit des Täters zu berücksichtigen. Auch dies ist kein Widerspruch zu § 50 StGB, da diese Vorschrift lediglich eine mehrfache Verschiebung des gesetzlichen Strafrahmens verhindern soll. Auswirkungen auf die Verschiebung des individuellen Strafrahmens, nachdem der gesetzliche Strafrahmen bestimmt wurde, hat die Vorschrift des §§ 50 StGB nicht.

Eine Gesamtstrafe muss auch gebildet werden, wenn der Täter bereits zuvor zu Strafen (sei es Geldstrafe oder Freiheitsstrafe) verurteilt wurde und die Tat, die jetzt zur Verurteilung ansteht, vor der vorherigen Verurteilung begangen wurde. Wurde er zuvor zu einer Gesamtstrafe verurteilt, ist vor Bildung einer neuen Gesamtstrafe die vorherige Gesamtstrafe wieder in die erkannten Einzelstrafen aufzulösen. Die neue Gesamtstrafe wird durch Erhöhung der dann feststehenden höchsten Einzelstrafe gebildet – dabei kann die höchste Einzelstrafe aus dem früheren Urteil zu entnehmen sein oder durch das jetzt zu sprechende Urteil bestimmt werden. **55**

Der erkennende Richter hat kein Wahlrecht und keine Entscheidungsfreiheit: Liegen die Voraussetzungen für die Bildung einer Gesamtstrafe nach § 55 StGB vor, muss er eine Gesamtstrafe bilden – er kann den Mandanten nicht auf die nachträgliche Beschlussfassung nach § 406 StPO verweisen.[79] Dies hat nicht nur prozessökonomische Gründe, sondern auch die Erkenntnismöglichkeiten in der Hauptverhandlung sind bessere als in einem nachträglichen Beschlussverfahren. **56**

In einigen Sonderfällen, die allerdings so selten nicht sind, ist die besondere Aufmerksamkeit des Verteidigers gefordert: **57**

---

79 BGH, Urt. v. 24. 10. 2002 – 4 StR 402/02 (Gesamtstrafe).

B Grundsätze der Strafzumessung

a) Härteausgleich

58   Gemäß § 55 StGB ist auch mit früheren Verurteilungen eines Angeklagten eine Gesamtstrafe zu bilden, wenn er im konkreten Fall wegen einer Straftat verurteilt wird, die er vor einer früheren, anderen Verurteilung begangen hat. Die nachträgliche Bildung einer Gesamtstrafe ist aber nicht mehr möglich, wenn die Vorverurteilung bereits endgültig vollstreckt ist – die Geldstrafe bezahlt wurde oder die Freiheitsstrafe bis zum letzten Tag verbüßt ist. In diesen Fällen ist ein sonstiger Ausgleich zu schaffen.[80] Dieser Gedanke ist auch anzuwenden, wenn eine Gesamtstrafenbildung nicht möglich ist, weil die Vorverurteilung im Ausland erfolgte.[81] Allerdings ist nicht klar, wie der Richter vorzugehen hat, um diesen Ausgleich zu realisieren.

59   Eine Möglichkeit ist, zunächst eine **fiktive Gesamtstrafe** zu bilden, um von dieser dann die vollstreckte Strafe abzuziehen und so die individuelle Strafe zu bestimmen.[82] Der Ausgleich muss spürbar und erkennbar sein und kann sogar dazu führen, dass die gesetzliche **Mindeststrafe unterschritten** wird.[83] Allerdings gilt auch hier, wie überhaupt bei der Festsetzung der individuellen Strafe, dass eine exakte Richtigkeitskontrolle der Entscheidung des Tatrichters nicht möglich ist.[84]

60   Die Bildung einer nachträglichen Gesamtstrafe ist auch nicht möglich, wenn der erkennende Richter des ersten Urteils es versäumt hat, vor der Bestimmung einer Gesamtstrafe Einzelstrafen für jede Tat zu bestimmen.[85] Die Bildung einer neuen Gesamtstrafe ist dann unzulässig. In diesem Fall ist ebenfalls ein Härteausgleich für den Betroffenen zu berücksichtigen. Nach vereinzelten Entscheidungen soll es aber gleichwohl möglich sein, die frühere Gesamtstrafe, für die Einzelstrafen nicht bestimmt wurden, aufzulösen und dabei die niedrigstmöglichen Einzelstrafen der neuen Gesamtstrafe zu Grunde zu legen.[86] Diese Auffassung kann aber nicht richtig sein, denn dann wür-

---

80 BayObLG NJW 1993, 2127.
81 BGHSt 43, 80.
82 BGHSt 33, 131.
83 BGHSt 31, 104.
84 BGHSt 43, 80.
85 BGHSt 41, 374; BGHSt 43, 324; BGH, Urt. v. 15. 11. 2002 – 401/02 (Härteausgleich).
86 BGH NStZ 1999, 385; BGH NStZ 1999, 185.

de ein Richter in den von höchstrichterlicher Rechtsprechung dem erkennenden Richter eingeräumten „Spielraum" eindringen, was nach zahlreichen Entscheidungen des Bundesgerichtshofes ja unzulässig sein soll.

b) Zäsur

Die Gedanken der Zäsurwirkungen finden im Gesetz keine Stütze. Gleichwohl hat sich in der Rechtsprechung die Auffassung durchgesetzt, dass jede Vorverurteilung eine Zäsurwirkung dahin gehend entfaltet, dass nach der Vorverurteilung begangene Taten nicht in eine Gesamtstrafe mit den von der Vorverurteilung erfassten Taten oder noch davor begangenen Taten einfließen können. Dies wird mit dem von der früheren Verurteilung ausgehenden Appell an den Angeklagten begründet, sich diese Verurteilung als Warnung dienen zu lassen.[87] Diese hat zur Folge, dass nach der frühesten, unerledigten Verurteilung begangene Taten nicht in eine Gesamtstrafe mit der Vorverurteilung einbezogen werden können. Für diese Taten ist eine selbstständige Strafe zu bilden.[88] Die Zäsur kann auch mehrfach eintreten, sodass unter Umständen zahlreiche Einzelstrafen und Gesamtstrafen zu bilden sind. Nach der Auffassung des Bundesverfassungsgerichtes widersprechen diese Auffassung und diese Praxis nicht der Verfassung.[89]

61

Diese Praxis kann leicht zu Härten führen, weil dadurch nicht eine einheitliche Gesamtfreiheitsstrafe durch Erhöhung der höchsten Einzelstrafen gebildet wird, sondern unter Umständen eine größere Anzahl von Einzel- und Gesamtstrafen gebildet werden, deren Summe häufig höher ist als eine einheitliche Gesamtstrafe gewesen wäre und die sogar über die absolut zulässige Höchststrafe von 15 Jahren gehen kann. Aus diesem Grunde ist eine Tendenz der neueren Rechtsprechung festzustellen, dass auch bei Anwendung der Zäsurwirkung die Verhältnismäßigkeit staatlichen Strafens beachtet werden muss und ein Härteausgleich auch bei Anwendung der Zäsurwirkung vorzunehmen ist.[90]

62

---

87 *Tröndle/Fischer*, § 55 Anm. 9.
88 BGHSt 9, 383; BGHSt 32, 193.
89 BVerfG, Urt. v. 7. 5. 1999 – 2 BvR 2324/97.
90 BGHSt 41, 310; BGH, Urt. v. 15. 11. 2002 – 2 StR 401/02 (Härteausgleich).

B Grundsätze der Strafzumessung

63 **Gesamtstrafe und Zäsurwirkung:** Die Schwierigkeiten bei der Bildung von Gesamtstrafen unter Beachtung möglicher Zäsurwirkungen früherer Urteile werden an folgendem Fall[91] deutlich.

64 *Beispiel*
Der Mandant war vom Landgericht zum dritten Mal verurteilt worden, das Gericht lehnte die Bildung einer Gesamtstrafe ab; die Revision, die offensichtlich allein mit der Verletzung des sachlichen Rechts und nur mit einem Satz vom Verteidiger begründet worden war (!),[92] hatte wegen der verweigerten Bildung einer Gesamtstrafe Erfolg:

Urteil vom **10. 4. 2001**, rechtskräftig am 24. 1. 2002
Taten zwischen Juli 1997 und September 2000
Urteil vom **26. 9. 2001**, rechtskräftig am selben Tag
Taten zwischen 6. und 20. März 2001 und
Taten zwischen 20. April und 10. August 2001
Eine Gesamtstrafe wurde bislang noch nicht gebildet.
Urteil vom **22. 4. 2002**
Taten vom 14. und 21. September 2001

Das Gericht hat die Bildung einer nachträglichen Gesamtfreiheitsstrafe nach § 55 StGB aus den im anhängigen Verfahren verhängten Einzelstrafen und den Einzelstrafen aus dem zweiten Urteil vom 26. September 2001 unter Berufung auf die Rechtsprechung des BGH[93] mit der Begründung abgelehnt, der Mandant habe die ihm im vorliegenden Verfahren zur Last gelegten Taten zwischen den beiden rechtskräftigen Vorverurteilungen begangen, die wegen der Zäsurwirkung des ersten Urteils vom 10. April 2001 ihrerseits gem. § 460 StPO auf eine Gesamtfreiheitsstrafe zurückzuführen seien.

Das Gericht beruft sich zur Begründung seiner Rechtsauffassung zu Unrecht auf die Entscheidung des Bundesgerichtshofs.[94] Danach ist die Bildung einer Gesamtstrafe gem. § 55 StGB dann ausgeschlossen, wenn der

---

91 BGH, Urt. v. 24. 10. 2002 – 4 StR 332/02 (Gesamtstrafe).
92 Es ist eine offensichtlich nicht auszumerzende Sitte, unüberlegt, möglichst noch bevor das Urteil zugestellt wurde, Revision gegen ein Urteil des Landgerichts einzulegen mit dem Satz: Ich lege gegen das Urteil des Landgerichts Revision ein und rüge die Verletzung des formellen und materiellen Rechts.
93 BGHSt 32, 190 ff.
94 BGHSt 32, 190 ff.

Grundsätze der Strafzumessung   B

Richter, der früher entschieden hat, eine Strafe, die in einer noch früheren Verurteilung ausgesprochen worden ist, in eine Gesamtstrafenbildung hätte einbeziehen können.

In diesem Fall geht von der ersten Vorverurteilung eine Zäsurwirkung aus, die zur Folge hat, dass die Strafe aus der späteren Vorverurteilung und die Strafe, die im anhängigen Verfahren für eine Tat ausgesprochen wird, die zwischen den Vorverurteilungen begangen worden ist, nicht mehr Gegenstand einer Gesamtstrafenbildung sein kann. Eine nachträgliche Gesamtstrafenbildung im anhängigen Verfahren scheidet wegen der sog. Zäsurwirkung des ersten Urteils[95] mithin nur dann aus, wenn die Taten aus der zweiten Verurteilung zeitlich vor der ersten Verurteilung begangen worden sind. Dies ist vorliegend jedoch nur zum Teil der Fall. Die im zweiten Urteil vom 26. September 2001 ausgeurteilten Taten liegen nämlich zeitlich zum Teil nach der ersten Vorverurteilung vom 10. April 2001.

Die für diese Taten verhängten Einzelstrafen werden deshalb von der Zäsurwirkung des ersten Urteils nicht erfasst und können noch Gegenstand einer nachträglichen Gesamtstrafenbildung im anhängigen Verfahren sein. Dies hat zur Folge, dass die Einzelstrafen aus dem Urteil vom 10. April 2001 und diejenigen Einzelstrafen aus dem Urteil vom 26. September 2001, die für Taten vor dem 10. April 2001 verhängt worden sind (Tatzeitraum vom 6. März 2001 bis zum 20. März 2001), auf eine Gesamtstrafe zurückgeführt werden können. Die übrigen Einzelstrafen aus dem Urteil vom 26. September 2001 (Taten aus der Zeit vom 20. April bis 10. August 2001) sind gesamtstrafenfähig mit den Strafen für die Taten im anhängigen Verfahren, da diese zeitlich vor dem zweiten Urteil begangen worden sind. **Im vorliegenden Fall sind deshalb zwei Gesamtstrafen zu bilden. Die Bildung dieser Gesamtstrafen hätte die Strafkammer vornehmen müssen.** Sie war verpflichtet, die im anhängigen Verfahren ausgesprochenen Einzelstrafen und diejenigen Einzelstrafen aus dem Urteil vom 26. September 2001, die Taten nach dem 10. April 2001 betreffen, unter Auflösung der im Urteil vom 26. September 2001 gebildeten Gesamtfreiheitsstrafe und unter Berücksichtigung der Zäsurwirkung des ersten Urteils gem. § 55 StGB auf (zwei) neue Gesamtstrafen zurückzuführen. Da insoweit die Voraussetzungen des § 55 StGB vorlagen, durfte das Landgericht diese Entscheidung nicht dem Be-

---

95 Vgl. *Bringewat*, Die Bildung der Gesamtstrafe, 1987, Rn 233.

schlussverfahren nach § 460 StPO überlassen.[96] Nach dem Grundgedanken des § 55 StGB, dass der Verurteilte so gestellt werden soll, wie er bei gleichzeitiger Aburteilung aller vor dem zweiten Urteil begangenen Taten stünde,[97] aber auch aus verfahrensökonomischen Gründen zur Ersparung einer weiteren Gesamtstrafenbildung im Verfahren nach § 460 StPO ist es geboten, diese Möglichkeit der Gesamtstrafenbildung auch auf die (noch nicht erledigten) Strafen aus dem ersten Urteil zu erstrecken. Andernfalls ergäbe sich eine Entscheidung, die der materiellen Rechtslage nicht entspräche und die im Wege eines späteren Beschlussverfahrens nach § 460 StPO wieder korrigiert werden müsste. Dies erscheint nicht zuletzt angesichts der gegenüber dem Beschlussverfahren nach § 460 StPO weiter gehenden Erkenntnismöglichkeiten im Rahmen einer Hauptverhandlung nicht sachgerecht.[98]

65 **Lösung:** In der Hauptverhandlung vom 22.4.2002 hätte das Landgericht die Gesamtstrafen aus dem 1. und 2. Urteil auflösen müssen und mit den Einzelstrafen für die Taten vom 6. bis 20. März 2001 sowie den Einzelstrafen des ersten Urteils eine erste Gesamtstrafe bilden müssen; es hätte sodann mit den verbliebenen Einzelstrafen des 2. Urteils und den Einzelstrafen für die Taten vom 14. und 21. September 2001 wegen der durch das Urteil vom 10.4.2001 eingetretenen Zäsur eine weitere Gesamtstrafe bilden müssen. Bei der Bildung dieser Gesamtstrafe hätte das Landgericht auch einen Härteausgleich[99] berücksichtigen und nach Bildung der beiden Gesamtstrafen überprüfen müssen, ob das durch die beiden Gesamtstrafen dem Mandanten zugefügte Gesamtübel insgesamt angemessen ist.

66 **Alternative:** Sollte es in der Zwischenzeit zur Bildung von zwei neuen Gesamtstrafen im Beschlussverfahren gem. § 460 StPO unter Auflösung der Gesamtstrafen des 1. und 2. Urteils gekommen sein – nämlich aus den Einzelstrafen des 1. Urteils mit den Einzelstrafen des 2. Urteils für die Taten vom 6. bis 20. März 2001 und eine zweite Gesamtstrafe für die Taten vom 20. April bis zum 10. August 2001 –, muss der neue Tatrichter lediglich die Gesamtstrafe, die aus den Einzelstrafen des 2. Urteils betreffend die Taten aus dem Tatzeitraum vom 20. April bis 10. August 2001 gebildet worden ist,

---

96 St. Rspr., vgl. BGHSt 12, 1, 6; BGHR StGB § 55 Abs. 1 S. 1 Anwendungspflicht 2 und 3.
97 St. Rspr., BGHSt 7, 180; 181; 15, 66, 69; 32, 190, 193.
98 Vgl. BGHR StGB § 55 Abs. 1 Einbeziehung 3.
99 BGH, Urt. v. 15.11.2002 – 401/02 (Härteausgleich).

auflösen und diese Einzelstrafen sowie die Einzelstrafen, die der Mandant im dritten Verfahren verwirkt hat, auf eine neue Gesamtfreiheitsstrafe zurückführen. Bei der weiteren Gesamtstrafe, gebildet aus den Einzelstrafen des Urteils vom 10. April 2001 und den übrigen Einzelstrafen des Urteils vom 26. September 2001, hätte es dann zu verbleiben. Dabei ist aber wieder ein Härteausgleich vorzunehmen und danach in einer Gesamtschau das Gesamtübel auf die Angemessenheit angesichts der Taten und der Persönlichkeit des Mandanten hin zu bewerten.

c) Fortsetzungszusammenhang

Im Gesetz nicht vorgesehen, hatte sich das Institut der „fortgesetzten Tat" entwickelt und viele Jahre auch bewährt. Insbesondere bei Wirtschaftsstraftaten, in Betäubungsmittelverfahren und den Fällen des sexuellen Missbrauchs konnten so Taten erfasst werden, die sich über viele Jahre hinzogen. Verfahren, die eine Vielzahl von Fällen, nicht selten waren mehrere hundert Taten angeklagt, zum Gegenstand hatten, konnten auf diese Weise rationell bearbeitet werden. Dies hatte für Betroffene und Gerichte einige Vorteile – führte aber auch dazu, dass Tatbestände nicht mehr sauber abgegrenzt, Verjährungsfragen übergangen und einzelne Tathandlungen, insbesondere Tatzeiten nicht mehr ordentlich herausgearbeitet wurden. Mit der Entscheidung vom 3. 5. 94 des großen Senats des Bundesgerichtshofs[100] wurde das Rechtsinstitut der fortgesetzten Handlung bzw. des Fortsetzungszusammenhangs aufgegeben.

67

Auch wenn in einem Verfahren hunderte von Einzelfällen verhandelt werden, ist jetzt für jeden Einzelfall eine Einzelstrafe zu bilden und diese sind dann im Urteil zu einer Gesamtstrafe zusammenzuführen. Der Bundesgerichtshof hat in seiner Entscheidung aber auch klar gemacht, dass ein bisher gelegentlich angewandtes Schema zur Bildung der Gesamtstrafe in der Form, dass die Gesamtstrafe gleich der Summe der höchsten Einzelstrafe plus der Hälfte der Summe der übrigen Strafen ist, nicht zu angemessenen Entscheidungen führt. Das erkennende Gericht muss daher deutlich machen, dass es entsprechend der gesetzlichen Vorgabe von der höchsten Einzelstrafe ausgeht und diese

---

100 BGHSt 40, 138 = StV 1994, 306.

höchste Einzelstrafe angemessen erhöht.[101] Gerade Fälle, bei denen früher ein Fortsetzungszusammenhang angenommen wurde, erfordern eine besondere Beachtung und Vorbereitung, wenn die Voraussetzungen für die Anwendung der so genannten Zäsuren möglich und wahrscheinlich sind, wenn also mehrere Gesamtstrafen gebildet werden (s. Rn 61). Die Urteilsgründe müssen dann klar erkennen lassen, dass und wie der Richter einen Härteausgleich vorgenommen hat und dass bei der Bestimmung der individuellen Strafe darauf geachtet wurde, dass das gesamte Ergebnis noch schuldangemessen ist.[102]

7. Die Straferkenntnis

68 Wenn alle Elemente der konkreten, individuellen Straferkenntnis zusammengefasst sind, jede einzelne Strafe, die Gesamtstrafe, die Nebenentscheidungen, muss in einer Gesamtschau das erkennende Gericht noch einmal überprüfen, ob auch unter Berücksichtigung der außergerichtlichen Folgen, wie Arbeitsplatzverlust, öffentliches Ansehen bzw. öffentliche Ächtung, Verlust von Versorgungsbezügen, Ausweisung bei Ausländern, die Gesamtheit der negativen Folgen des Gesamtübels noch angemessen ist oder Korrekturen in diesem Stadium erfolgen müssen. Auch diese Überlegung muss sich aus dem Urteil ergeben. Lässt sich diese abschließende Überlegung aus dem Urteil nicht erkennen, liegt ein Erörterungsmangel vor, der zur Aufhebung des Urteils in der Revisionsinstanz führen kann.

69 Es ergibt sich für den erkennenden Richter in etwa folgendes **Prüfungsschema**:

1. Bestimmung des **gesetzlichen Strafrahmens**
2. Prüfung einer vertypten Qualifizierung, die zu einem minder schweren Fall führt oder als Regelbeispiel zu einem höheren Strafrahmen – **Bestimmung des besonderen Strafrahmens**
3. Bestimmung des **anzuwendenden individuellen Strafrahmens**, Einbeziehung aller Umstände der Tat und des Täters
4. Prüfung, ob es auf Grund der Gesamtumstände zur Annahme eines **minder schweren Falles** kommen kann

---

101 *Schäfer*, Rn 835.
102 BGHSt 41, 310.

Grundsätze der Strafzumessung **B**

5. Bestimmung der **Strafart**
6. Bestimmung der **Höhe der Strafe** –
   Bei Geldstrafe Anzahl der Tagessätze und Bestimmung der Höhe des Tagessatzes
   Bei Freiheitsstrafe Bestimmung der Höhe der Freiheitsstrafe
7. Prüfung von §§ **59, 60 StGB**
   Prüfung einer **Bewährung**
8. Entscheidung über **Nebenfolgen**
9. Erneute Überprüfung, ob eine jetzige Gesamtschau zu einer Änderung des anzuwendenden **Strafrahmens** oder einer Änderung des individuellen Strafrahmens (**Spielraum**) angezeigt ist
10. **Gesamtstrafe** und **Härteausgleich?**
11. Überprüfung der festgesetzten Einzelstrafen in einer **Gesamtschau**
12. Überprüfung des **Gesamtübels** auch unter Berücksichtigung außergerichtlicher Folgen

Es kann unter Umständen noch des öfteren notwendig sein, die Prüfungsreihenfolge zu unterbrechen und nach einem Zwischenergebnis erneut mit der Prüfungsstufe 2 zu beginnen und dieses Zwischenergebnis in die weiteren Überlegungen und die Entscheidung einfließen zu lassen.

70

C. Die Kriterien der Strafzumessung

Ausgangspunkt der Überlegungen ist zum einen die Aufzählung der Strafzumessungskriterien in § 46 StGB – zum anderen aber für den Verteidiger **der Mandant**. Gerade in diesem Bereich kann der Verteidiger sich den besten Zugang zu Tatsachen verschaffen, die Gegenstand des Verfahrens werden sollen und müssen. Er kann eruieren: Welche Beweggründe und Ziele hatte der Mandant? Kann sein Handeln auf Grund der Gesamtumstände im Hinblick auf Tat und Tatpersönlichkeit zumindest nachvollziehbar erklärt werden? Gab es eine psychische Ausnahmesituation, gruppendynamische Einflüsse, eine finanzielle Notlage, die von dem Mandanten nicht selbst verschuldet war. Die Strafzumessungstatsachen sind der Beweisführung nach den Regeln der StPO zugänglich. Sinnvoll ist es, diese Umstände bereits im Laufe der Hauptverhandlung, belegt durch Dokumente oder Zeugnisse einzuführen.[1]

1

§ 46 StGB bestimmt als **Grundlage der Strafzumessung** die **Schuld des Täters** und fordert, dass die Auswirkungen der Strafe auf das künftige Leben des Täters in der Gesellschaft auch ein wesentlicher Maßstab für die Strafzumessung sein sollen. Die Umstände, die seitens des Gerichts zu berücksichtigen sind, benennt das Gesetz in § 46 Abs. 2 StGB:

2

- die Beweggründe und die Ziele des Täters,
- die Gesinnung, die aus der Tat spricht, und der bei der Tat aufgewendete Wille,
- das Maß der Pflichtwidrigkeit,
- die Art der Ausführung und die verschuldeten Auswirkungen der Tat,
- das Vorleben des Täters, seine persönlichen und wirtschaftlichen Verhältnisse,
- sein Verhalten nach der Tat, besonders sein Bemühen, den Schaden wieder gutzumachen,
- sowie das Bemühen des Täters, einen Ausgleich mit dem Verletzten zu erreichen.

Ob darüber hinaus die Strafzwecke oberste Grundlage für die Zumessung einer Strafe sind, ist umstritten.[2] Dies wäre jedoch eine Abweichung vom Ge-

3

---

1 *Dahs*, Rn 714.
2 *Kindhäuser*, § 46 Rn 3.

C Die Kriterien der Strafzumessung

setz, jedenfalls wenn damit Wertungen ermöglicht werden sollen, die nicht zur beispielhaften Aufzählung des Gesetzes passen. In der forensischen Realität spielt diese Diskussion jedoch keine Rolle, denn der Rahmen der §§ 46 ff. StGB ist weit gefasst und lässt dem Tatrichter ausreichend Raum.

4   § 46 StGB benennt die Elemente und Kriterien, die vom Gericht zu beachten sind, wenn der individuelle Strafrahmen, der für die festgestellte Tat angemessen erscheint, bestimmt ist. Der erkennende Richter muss innerhalb dieses individuellen Strafrahmens (Spielraums) die angemessene Strafe finden. Hierbei sind die Umstände der Tat sowie die Persönlichkeit des Beschuldigten zu würdigen. Die Kriterien des § 46 StGB sind auch für den Verteidiger **sinnvolle Merkpunkte**, die er für den **Aufbau eines Plädoyers** zur Diskussion der Strafzumessung abarbeiten kann.

5   Die Kriterien des § 46 Abs. 2 StGB sind eine beispielhafte Aufzählung, kein abschließender Regelkatalog. Sämtliche Elemente sind durch Zumessungstatsachen in die Verhandlung einzuführen und auch der Beweisaufnahme zugänglich.[3]

I. Die Beweggründe

6   Die Motive und Ziele des Mandanten sind gewichtige Zumessungskriterien. Sie können sowohl strafmindernd als auch strafschärfend sein. Der Verteidiger muss jeweils aber auch darauf achten, dass das Doppelverwertungsverbot des § 46 Abs. 3 StGB beachtet wird und Tatsachen nicht doppelt zu Lasten des Mandanten gewertet werden: Wenn etwa die Tatsache des Einbruchdiebstahls herangezogen wird zur Begründung des Strafrahmens aus § 243 StGB und straferschwerend innerhalb dieses Strafrahmens gewertet wird, dass der Mandant zur Ausführung des Diebstahls in ein Gebäude eingebrochen ist. Dies wäre unzulässig, da die Tatsache des Einbruchs in ein Gebäude bereits Tatbestandsmerkmal des § 243 StGB ist.

7   **Strafmindernd** kann gewertet werden, wenn der Mandant aus Mitleid oder wirtschaftlicher Not[4] oder ohne eigene Bereicherungsabsicht[5] gehandelt hat.

---

3 *Kindhäuser*, § 46 Rn 32.
4 OLG Düsseldorf wistra 1994, 352.
5 BGH StV 1982, 522.

Strafschärfend ist hingegen grob eige[nsüchtiges Ver]halten[6] oder besondere Habgier.[7] Allerdings darf eine Bereich[erungsabsich]t beim Diebstahl oder die Tatsache, dass der Mandant sich über „die Eigentumsordnung des Grundgesetzes hinweggesetzt hat", nicht strafschärfend gewertet werden, da dies bereits zu den Tatbestandsmerkmalen des § 242 StGB gehört.

II. Die Gesinnung

Es ist schwierig bzw. teilweise unmöglich, die Gesinnung i.S.d. § 46 StGB von den Motiven des Täters zu trennen. Bei der Beurteilung der Gesinnung kann der Tatrichter jedoch einen weiteren Rahmen fassen, er kann auf die gesamte Persönlichkeit des Mandanten zurückgreifen. Insofern die Gesinnung jedoch Grundlage der Strafzumessung ist, darf sie nur berücksichtigt werden, soweit sie sich aus der Tat ergibt oder besondere Auswirkungen auf die Tat als solche oder die Tatausführung im Besonderen hat. **Strafmildernd** kann gewertet werden, wenn der Täter bei der Tatausführung bemüht war, den Schaden möglichst gering zu halten und insbesondere Personenschäden zu vermeiden; **strafschärfend** gewertet wird jedoch ein besonders menschenverachtendes Vorgehen.

8

III. Der aufgewendete Wille

Der aufgewendete Wille wird i.d.R. von den Gerichten mit „krimineller Energie" gleichgesetzt. **Strafmildernd** kann berücksichtigt werden, wenn der Mandant nicht aus eigenem Antrieb handelte, sondern von Dritten überredet oder unter Druck gesetzt wurde, wenn es auf Grund gruppendynamischer Prozesse zur Tatausführung kam,[8] oder wenn dem Mandanten die Tatausführung, z.B. wegen fehlender Kontrolle, besonders leicht gemacht wurde.[9]

9

---

6 BGH NJW 1966, 787.
7 BGH StV 1982, 419.
8 BGH NJW 1996, 857.
9 BGH StV 1983, 326.

IV. Das Maß der Pflichtwidrigkeit

10 Besonders bei Fahrlässigkeitsdelikten oder Verletzung von Rechtspflichten ist das Maß und damit der Umfang der Pflichtwidrigkeit ein bedeutendes Kriterium für die Bemessung der Strafe. Da in diesen Fällen die Pflichtwidrigkeit bereits Tatbestandsmerkmal ist, darf zur Beurteilung ausschließlich das **unterschiedliche Maß**, der unterschiedliche Umfang der Verletzung der Rechtspflicht, die unterschiedliche Intensität herangezogen werden.

V. Die Art der Tatausführung

11 Maßgebliche Kriterien für die Zumessung einer Strafe sind die zu Tage getretenen Tatmodalitäten und die Beziehungen zwischen Täter und Opfer. **Strafmildernd** kann sich auswirken, wenn der Mandant sehr spontan und ohne Überlegungen gehandelt hat.[10] **Strafschärfend** wird berücksichtigt, wenn eine lange und intensive Planung der Tat vorausgegangen ist, mehrere Täter planvoll zusammengearbeitet haben und die Tat brutal und rücksichtslos ausgeführt wurde. Auch hier muss der Verteidiger aber genau darauf achten, dass Tatbestandsmerkmale von Regelbeispielen nur zur Verschiebung des Strafrahmens und nicht noch einmal bei der Strafzumessung schärfend berücksichtigt werden. Einer weiteren Bewertung dieser Tatsachen muss er nachdrücklich widersprechen. Hat das Gericht aber trotz Vorliegens eines Regelbeispiels einen besonders schweren Fall auf Grund einer Gesamtschau verneint, ist diese Zumessungstatsache nicht verbraucht und kann bei der Bestimmung der Strafe innerhalb des individuellen Strafrahmens (Spielraum) berücksichtigt werden.

VI. Die Folgen der Tat

12 Die Auswirkungen und Folgen einer Tat werden dem Mandanten nur zugerechnet, soweit sie direkte Folgen der Tat sind oder soweit sie vorhersehbar

---

10 BGH NJW 1986, 597.

waren,[11] dabei ist unter Umständen auf den Erkenntnishorizont des Beschuldigten abzustellen.[12]

VII. Das Vorleben

Strafmindernd ist ein Vorleben ohne Vorstrafen.[13] Dies ist nicht selbstverständlich, sondern von dem Tatrichter zu werten.[14] Strafmildernd ist unter Umständen auch die bisherige Lebensleistung eines Mandanten zu berücksichtigen, insbesondere wenn er in der Vergangenheit in besonderem und außergewöhnlichem Umfang sozial Nützliches geleistet hat und die angeklagte Tat ein einmaliges Versagen darstellt.[15] **Strafschärfend** sind Vorstrafen, insbesondere wenn sich hieraus eine rechtsfeindliche Lebenseinstellung ergibt oder auf Grund zahlreicher einschlägiger Vorstrafen eine Unbelehrbarkeit ablesen lässt. Zum Nachteil des Angeklagten gewertete Vorbelastungen sind im Urteil in nachprüfbarer Weise mitzuteilen.[16] Die bloße Bezeichnung des Angeklagten als mehrfach vorbestraft reicht nicht aus.

13

VIII. Die persönlichen Verhältnisse

Hierbei werden die Familienverhältnisse, die soziale Entwicklung, Alter sowie die wirtschaftlichen Verhältnisse gewertet. Die wirtschaftlichen Verhältnisse sind natürlich für die Bestimmung der Höhe eines Tagessatzes bei einer Geldstrafe von Bedeutung,[17] aber auch in Zusammenhang mit Nebenentscheidungen für eine Beurteilung der Wirkung des „**Gesamtübels**"; die Einziehung eines Pkw z.B. trifft einen Mandanten, der Sozialhilfe oder Arbeitslosenunterstützung bezieht, deutlich härter als einen Millionär.

14

---

11 BGH StV 1991, 64.
12 *Lemke-Küch*, Rn 98.
13 BGH StV 1996, 205; NStZ 1988, 70; *Detter*, StraFo 1997, 196.
14 BGH NStZ 1988, 70.
15 KG VRS 8, 43.
16 BGH VRS 63, 469.
17 BGH NJW 1969, 1725.

C   Die Kriterien der Strafzumessung

IX. Das Verhalten nach der Tat

15   Hatte der Verteidiger Gelegenheit, einen Mandanten über einen langen Zeitraum in dem Strafverfahren zu betreuen, und verteidigt er einen Mandanten, der im Hinblick auf das Strafverfahren bereit und in der Lage ist, sinnvoll mitzuarbeiten, ergeben sich für den Verteidiger gerade bei diesem sehr wichtigen Punkt der Strafzumessung erhebliche Gestaltungsmöglichkeiten.

16   Bei der Strafzumessung ist das gesamte soziale Verhalten des Mandanten nach der Tat zu berücksichtigen. **Positiv kann sich auswirken:** eine Stabilisierung der Lebensverhältnisse, insbesondere wenn es gelingt darzustellen, dass die Tat das Ende einer bestimmten, vergangenen Lebensphase war. Dies kann eine Integration in das Wirtschafts- und Erwerbsleben sein, aber auch die Festigung einer Partnerschaft. Kommen durch das Verhalten nach der Tat Reue und Einsicht zum Ausdruck, z.B. durch ein Geständnis, so führt dies ebenfalls zu Strafmilderung. Das Gleiche gilt bei Aufklärungshilfe. Nicht nur das Verhandlungsklima wird verbessert, sondern auch auf die Entscheidung muss es sich auswirken, wenn sich der Täter bei dem Tatopfer entschuldigt hat. Hier gibt es auch Handlungs- und Vorbereitungsmöglichkeiten seitens des Verteidigers.[18]

17   Das Nachtatverhalten darf zu Lasten des Mandanten nicht berücksichtigt werden, wenn er die Absicht hatte, sich der Strafverfolgung zu entziehen. Strafschärfend darf ebenso wenig die Beseitigung von Spuren gewertet werden.[19]

X. Sonstige Zumessungstatsachen

18   Die Aufzählung des § 46 Abs. 2 StGB ist nicht erschöpfend, zahlreiche andere Umstände können vom Tatrichter berücksichtigt werden. **Strafmildernd** sind z.B.:

- besondere Strafempfindlichkeit und Haftempfindlichkeit, die z.B. durch eine Haftpsychose zum Ausdruck kommt,[20]

---

18   *Lemke-Küch*, Rn 384.
19   BGH StV 199, 106; NStZ 1997, 77.
20   BGH StV 1984, 15.

- nur noch kurze Lebenserwartung,[21]
- hohes Alter,[22] Erkrankungen,[23]
- berufliche obligatorische Disziplinarmaßnahmen,[24]
- Mitverschulden des Geschädigten,[25] dies kann z.b. der Fall sein, wenn der verletzte bzw. getötete Beifahrer mitgezecht hat und die Alkoholisierung des Fahrers kennt,[26] das Moped hinten nicht beleuchtet war,[27] oder der Mitfahrer zum Trinken aufgefordert hat,[28]
- sehr langsames Trinken und entsprechend niedrige BAK,[29]
- überlange Verfahrensdauer[30] und Verfahrensverzögerungen.[31]

Auch **berufliche Konsequenzen** sind bei der Strafzumessung zu beachten und strafmildernd zu werten wie z.b. derVerlust des Arbeitsplatzes oder erhebliche Nachteile[32] und Verlust der sozialen Stellung.[33]

Strafschärfend kann sein:

- der Beruf des Verkehrsteilnehmers, so wenn er Straßenbahnfahrer, Busfahrer oder Taxifahrer ist, bei vorsätzlicher Tatbegehung,[34]
- besonders hohe BAK-Konzentration,[35]
- Trinken bei Fahrbereitschaft.[36]

Täter-Opfer-Ausgleich: Gemäß § 46 a StGB ist Schadenwiedergutmachung ein besonderer Strafmilderungsgrund. § 46 a StGB ist nicht von vornherein auf bestimmte Tatbestände beschränkt.[37]

21 BGH StV 1987, 101.
22 BGH StV 1991, 206.
23 BGH StV 1991, 207; BGH NStZ 1991, 527.
24 BGH NStZ 1982, 507.
25 BGH DAR 1956, 78; BGH VRS 23, 438.
26 BGH NZV 1989, 400.
27 BGH DAR 1956, 78.
28 BGH DAR 1964, 22.
29 OLG Hamburg VerkMitt 1969, 29.
30 BVerfG StV 1993, 352.
31 BGH NStZ 1999, 181.
32 BGH NStZ-RR 1998, 205.
33 *Detter*, StraFo 1997, 195.
34 OLG Saarbrücken NJW 1974, 1391; OLG Schleswig BA 1981, 370.
35 OLG Hamm NJW 1977, 1332; OLG Zweibrücken DAR 1970, 106.
36 OLG Koblenz VRS 51, 428.
37 *Kleinknecht/Meyer-Goßner*, § 244 Rn 36.

22 Ohne Berücksichtigung bleiben:

- Zulässiges Verteidigungsverhalten – hierzu gehört auch wahrheitswidriges Leugnen oder Schweigen.[38]
- **Eignungsmangel**, der zum Verlust der Fahrerlaubnis führt, auch wenn Arbeitsplatzverlust droht. Der Arbeitsplatzverlust ist zwar mildernd zu berücksichtigen, nicht aber der Verlust der Fahrerlaubnis. Auch eine langjährige Fahrpraxis wird nicht berücksichtigt. Im Plädoyer sollte bezüglich der Sperrfrist nach Ausnahmen für bestimmte Kraftfahrzeuge gesucht werden gem. § 69 a Abs. 2 StGB.
- Fehlende Reue, etwa ein unterbliebener Besuch bei Hinterbliebenen oder Ähnliches wird nicht gefordert und ist kein Straferhöhungsgrund.[39]
- Auch Uneinsichtigkeit ist nicht straferhöhend, wenn z.b. der Betroffene dabei bleibt, anders gefahren zu sein, als ihm vorgeworfen wird.[40]
- Der Verteidiger muss darauf achten, dass nach § 52 Abs. 2 BZRG tilgungsreife oder getilgte Vorverurteilungen nicht mehr verwertet werden dürfen. Auch eventuell vorhandene Vermerke in Behörden- oder Polizeiakten können nicht mehr herangezogen werden (§ 29 StVG).
- Ein durchgeführter Nachtrunk, auch in der Absicht, vorherige Trunkenheitsfahrten zu verschleiern; es gibt auch keine Prozessforderungspflicht.[41]
- Täter ist Rechtsanwalt oder Notar.[42]
- Täter ist Arzt, auch nicht wegen dessen besonderer Kenntnis von Alkoholwirkungen.[43]
- Täter ist Politiker; diese haben keine Vorbildfunktion.[44]

---

38 BGHSt 32, 140.
39 BGH VRS 40, 418.
40 OLG Hamm VRS 8, 137; OLG Köln GA 1958, 251.
41 BayObLG DAR 1974, 176.
42 OLG Hamm DAR 1959, 324; OLG Hamburg VerkMitt 1961, 78.
43 OLG Frankfurt NJW 1972, 524.
44 OLG Köln DAR 1962, 19.

D. Jugendstrafrecht

I. Grundsatz

Im Jugendstrafrecht gilt ein eigenständiger Strafrahmen (§ 18 Abs. 1 JGG).[1] Die Jugendstrafe beträgt danach mindestens sechs Monate und höchstens fünf Jahre. Für Verbrechen, die nach allgemeinem Schuldrecht eine Strafe von mehr als zehn Jahren vorsehen, kann die Jugendstrafe bis zu zehn Jahre betragen. Bei Heranwachsenden beträgt das Höchstmaß der Jugendstrafe stets zehn Jahre (§ 105 Abs. 3 JGG). Die Jugendstrafe soll nicht in erster Linie Ausgleich der Schuld des Jugendlichen/Heranwachsenden sein, sondern so bemessen werden, dass die notwendige erzieherische Wirkung noch möglich ist. Hierzu ist von dem Tatrichter eine Sozialprognose zu erstellen, in der das Verhalten des Jugendlichen und die Möglichkeit der erzieherischen Beeinflussbarkeit geprüft werden. Der Strafrahmen muss sich also an den Möglichkeiten einer weiteren Erziehung orientieren. Allerdings bleiben die Gesichtspunkte des § 46 StGB mittelbar von Bedeutung, da sie allgemeine Strafzumessungskriterien sind.[2]

1

In Jugendsachen werden an die **Begründung des Strafausspruchs** gelegentlich besonders hohe Anforderungen gestellt. Allerdings ist die Verantwortlichkeit gem. § 3 JGG oder die Schuldfähigkeit gem. §§ 20, 21 StGB auch in Jugendsachen nur zu erörtern, wenn Auffälligkeiten vorliegen.

2

II. Voraussetzungen der Jugendstrafe

Eine der Voraussetzungen für die Jugendstrafe als härteste Konsequenz des JGG ist, dass das Gericht **schädliche Neigungen** feststellt. Schädliche Neigungen sind erhebliche Anlage- und Erziehungsmängel, die ohne längere Gesamterziehung die Gefahr weiterer Straftaten begründen.[3] Dabei kommt es darauf an, dass die schädlichen Neigungen noch zum Zeitpunkt der Ent-

3

---

1 *Bockemühl*, S. 845.
2 BGH StV 1986, 304.
3 BGHSt 11, 169.

scheidung des Tatrichters vorliegen.[4] Schädliche Neigungen werden daher i.d.R. verneint, wenn der Täter bislang noch nicht strafrechtlich in Erscheinung getreten ist, dem Einfluss anderer, möglicherweise Älterer, erlegen ist.[5]

4 Jugendstrafe ist auch möglich wegen der **Schwere der Schuld**. Dabei kommt dem Straftatbestand keine selbstständige Bedeutung zu,[6] entscheidend ist vielmehr die Würdigung des Charakters und der Persönlichkeit, wie sie in der Tat zum Ausdruck gekommen ist.

III. Jugendrecht bei Heranwachsenden

5 Je näher das Alter des Angeklagten zum Zeitpunkt der Tat an der Altersgrenze zum Jugendlichen liegt, desto eher ist die Anwendung von Jugendstrafrecht geboten – ist der Angeklagte näher am 21. Lebensjahr, kann Erwachsenenstrafrecht nahe liegen.[7] Für die Beurteilung eines Heranwachsenden als einem Jugendlichen gleichgestellt ist entscheidend, ob noch in größerem Umfang Entwicklungskräfte wirksam werden. Hierbei ist dem Tatrichter ein ganz erheblicher Beurteilungsspielraum eingeräumt. Eine Regel, nach der grundsätzlich Jugendstrafrecht anzuwenden ist, gibt es nicht – verbleiben aber Zweifel, ob der Heranwachsende einem Jugendlichen oder einem Erwachsenen in der Entwicklung gleichzusetzen ist, muss der Tatrichter Jugendrecht annehmen.[8]

6 Sind Gegenstand des Urteils Taten, die typische **Jugendverfehlungen** sind, liegt die Anwendung von Jugendstrafrecht aus diesem Grunde nahe. Dies ist der Fall, wenn das äußere Erscheinungsbild Merkmale jugendlicher Unreife zeigt. Dies kann auch durch Bewertung der Beweggründe, die zur Tat führten oder das äußere Erscheinungsbild des Tatablaufs, festgestellt werden. Dabei kommt es nicht auf die Tat als kriminelles Unrecht an, sondern auf das Handeln, wie es objektiv zu Tage getreten ist. So kann auch der Raub eines 19-Jährigen noch eine Jugendverfehlung sein.[9]

---

4 BGH StV 1985, 419.
5 BGH StV 1989, 306.
6 BGHSt 15, 224; BGH StV 1996, 269.
7 BGH NStZ 1987, 366; BGH NStZ-RR 1999, 26.
8 BGHSt 36, 37.
9 BGH StV 1987, 307.

IV. Besondere Kriterien im Jugendrecht

Der Möglichkeit besonderer Beurteilung durch das erkennende Gericht sind im Jugendrecht kaum Grenzen gesetzt. Zur Beurteilung der Persönlichkeit, der individuellen Schuld, aber auch der Voraussetzungen der §§ 20, 21 StGB oder der Anwendung von Jugendstrafrecht bei Heranwachsenden ist dem Tatrichter ein besonders weiter Raum zur Verfügung gestellt. Instruktiv in diesem Zusammenhang ist eine Entscheidung, mit der festgestellt wurde, dass der suchtartige Konsum von Horrorvideos zu einer erheblichen Beeinträchtigung der Steuerungsfähigkeit führen kann.[10]

7

---

10 LG Passau NJW 1997, 1165; Anmerkung *Eisenberg,* NJW 1997, 1366.

E. Plädoyer

I. Die Vorbereitung des Plädoyers

Ob das Plädoyer tatsächlich „die Stunde des Verteidigers" oder „sein großer Auftritt" ist, mag fraglich sein. Wichtig zu wissen ist aber, dass der Verteidiger oftmals an dem Plädoyer in der Öffentlichkeit, aber auch in der legal community gemessen wird. Eine ordentliche Vorbereitung ist daher angezeigt. Der Verteidiger soll im Zweifel eher eine Pause zur Vorbereitung beantragen, als unvorbereitet in das Abenteuer Schlussvortrag zu starten und so wichtige Ausführungen vergessen oder unterlassen. Aus diesem Grunde darf der Verteidiger sich auch in dieser Situation nicht drängen oder hetzen lassen – ebenso soll er stets darauf achten, dass das Gericht ihm die gehörige Aufmerksamkeit gewährt. Muss er während der Ausführungen feststellen, dass Richter sich unterhalten oder sonst offensichtlich abwesend sind, kann er ohne weiteres direkt darum bitten, ihm zuzuhören, oder auch mit geeigneten Mitteln auf die Richterbank einwirken. Effektvoll kann es sein, mitten im Satz die Ausführungen zu unterbrechen und, ohne Platz zu nehmen, die Richterbank anzuschauen.

Der Begriff „Stunde des Verteidigers" ist insoweit richtig, als es dem Verteidiger völlig freigestellt ist, wie er seinen Vortrag gestaltet, wie lange er Ausführungen macht und in welcher Form er vorträgt. Er braucht auch während seines Vortrages Unterbrechungen nicht zu gestatten. Im Rahmen der Prozessleitung kann der Vorsitzende nur eingreifen, wenn ein Verteidiger seine Rechte im Plädoyer missbraucht. Unzulässige Eingriffe anderer Prozessbeteiligter in das Plädoyer – auch wenn z.B. keine Pause zur Vorbereitung gewährt wird – können eine unzulässige Beschränkung der Verteidigung sein. Eine solche Beschränkung kann in der Revision mit der formellen Rüge angegriffen werden: Notwendig sind dann Ausführungen zum Ablauf der Verhandlung und Darlegung der Gründe für eine Unterbrechung. Nach der Widerspruchslösung des BGH ist es auch ratsam, in der Hauptverhandlung, sollte der Vorsitzende eine Unterbrechung zur Vorbereitung verweigern oder ein Prozessbeteiligter das Plädoyer stören, einen Antrag auf Gerichtsbeschluss zu stellen, mit dem die Verfügung des Vorsitzenden beanstandet wird. Der Revisionsführer muss dann auch noch ergänzend vortragen, was er in seinem Schlussvortrag noch vorgebracht hätte, wäre ihm eine Unterbrechung bewilligt worden oder wäre er nicht bei seinen Ausführungen gestört worden. Mit seinem Plädoyer sollte der Verteidiger **Schwerpunkte** setzen – er ist allerdings nicht verpflichtet, einen Schlussvortrag zu halten.[1] Es ist ausschließlich Sache des Verteidigers, wie er die Verteidigung führt und mit welchen Mitteln er das Verteidigungsziel meint erreichen zu können. Ziel des Plädoyers ist es, die Entscheidung des Gericht zu Gunsten des Angeklagten zu beeinflussen. In der Regel sollte der Verteidiger auch nicht versuchen, in seinem Plädoyer Elemente der Strafzumessung zurückzuhalten, um einen Trumpf für die Revision zu behalten. Abgesehen davon, dass die Revisionsentscheidungen nicht vorhersehbar sind, kann es auch für den Mandanten in der Zukunft äußerst negative Folgen haben, wenn Strafmilderungsgründe im Urteil seitens des Gerichts übersehen und nicht erörtert wurden.

2 *Beispiele*
Strafmilderungsgründe können für Gnadengesuche, aber selbst für Ratenzahlungsgesuche von Bedeutung sein. Die Ausführungen im Urteil und insbesondere die Strafzumessungsgründe sind in Fällen, bei denen eine zu vollstreckende Freiheitsstrafe nicht vermieden werden konnte, in vielerlei Hinsicht von Bedeutung: Schon die Einweisung in eine Vollzugsanstalt kann durch die Urteilsgründe ganz erheblich beeinflusst werden. Auch bei Entscheidungen zu § 57 StGB (Aussetzung einer Reststrafe zur Bewährung) sind die Milderungsgründe im Urteil von überragender Bedeutung. Sollte es schließlich – obwohl der Verteidiger natürlich hofft, dass dies nicht mehr geschieht – wegen einer neuen Straftat zu einer weiteren Hauptverhandlung kommen, kann von großer Bedeutung sein, dass in dem dann zu verlesenden Urteil ausreichend Milderungsgründe aufgeführt werden.

3 Die Wirkung eines Plädoyers auf den erkennenden Richter ist nicht vorhersehbar. Es gibt sicherlich Richter, die sich für die Ausführungen der Verteidiger überhaupt nicht interessieren, aber es gibt auch eine ausreichend große Zahl von Richtern, die nicht nur den Ausführungen des Staatsanwaltes lauschen, sondern auch der Verteidigung die dieser gebührende Aufmerksamkeit schenken.[2] Auch darf der Verteidiger die Bedeutung des Plädoyers nicht

1 LR, § 258 Rn 12.
2 *Malek*, Verteidigung in der Hauptverhandlung, 1999, Rn 453.

überschätzen – denn was in der Hauptverhandlung versäumt wurde, kann im Plädoyer in der Regel nicht nachgeholt werden.

Will der Verteidiger etwas mit dem Plädoyer erreichen, ist es immer angezeigt, so zu beginnen, dass zumindest zu diesem Zeitpunkt das Interesse des Zuhörers geweckt wird. Diese Möglichkeit darf auch nicht verspielt werden, indem beispielsweise minutenlang nur der Sachverhalt, den zuvor der Staatsanwalt ausführlich geschildert hat, wiederholt wird.

II. Der Aufbau der Argumentation

Bestimmt wird der Aufbau des Plädoyers von dem Verteidigungsziel und der vom Verteidiger gewählten Strategie. Ungünstig im Plädoyer sind stets **Hilfserwägungen**: Strebt der Verteidiger einen Freispruch an, führt lange aus, weshalb die Ansicht des Staatsanwaltes über den Verlauf der Hauptverhandlung und das Beweisergebnis völlig falsch ist, begründet ausführlich eine abweichende Rechtsauffassung und beantragt mit einem gewissen Timbre in der Stimme „Freispruch!" – fährt dann aber fort: „sollte das Gericht jedoch anderer Auffassung sein und den Angeklagten einer Straftat für überführt halten, beantrage ich Geldstrafe, hilfsweise eine Freiheitsstrafe, die höchst fürsorglich jedoch zumindest nach Möglichkeit zur Bewährung auszusetzen ist", wirkt dies nicht unbedingt überzeugend.

Da nach unserer Strafprozessordnung nicht getrennt über Schuld und Strafe verhandelt wird, muss der Verteidiger andere geeignete Mittel finden, um glaubwürdig Freispruch beantragen zu können, gleichzeitig aber strafmildernde Aspekte nicht zu vernachlässigen. Hier den richtigen Ton zu finden ist schwierig. Häufig kann aber nach dem Plädoyer des Staatsanwaltes dessen Argumentationslinie aufgegriffen werden und ausgehend vom Antrag und den Ausführungen zur Strafzumessung können die Elemente herausgearbeitet werden, die für den Mandanten sprechen.

Beispiel für eine mögliche Argumentationskette: „Der Staatsanwalt hält Herrn Meyer eines Raubes überführt – dabei stützt er sich im Wesentlichen auf die Angaben des Zeugen Scharf. Auch wenn wir diese Angaben für kaum glaubwürdig halten, übersieht der Staatsanwalt völlig, was selbst dieser Zeuge über die Entwicklung des Tatgeschehens gesagt hat: Er vergisst,

E Plädoyer

dass nach eigenen Angaben des Zeugen Scharf dieser auf Herrn Meyer einwirkte, sich mit ihm zur Bank zu begeben. Scharf jammerte ihm vor, dass er in einer schlimmen finanziellen Krise sei und bis morgen eine Geldstrafe von 3.000 € bezahlen oder für sechs Monate ins Gefängnis müsse. Nicht einmal der Zeuge behauptet, es sei verabredet gewesen, das Opfer zu misshandeln – dies sei vielmehr aus der Entwicklung des konkreten Tatgeschehens passiert. Und hier ist bemerkenswert, was Blau, das Opfer, über seine Beobachtungen noch aussagen konnte: Lediglich der größere der beiden Täter, die maskiert waren, sei ihm entgegengetreten, von dem anderen habe er den Eindruck gehabt, er beobachte nur das Umfeld, sichere vielleicht die Gegend und schaue, ob irgend jemand sich dem Geschehen nähere. Er habe gehört, wie der Kleinere gesagt habe: ‚komm lass uns abhauen', während der Größere dann jedoch plötzlich ein Messer gezogen habe und ihm dieses an den Hals gehalten habe. Der andere habe sich abgewendet und der Zeuge dachte schon, alles sei vorbei, als der Größere dann plötzlich auf ihn eingeschlagen hat. … Die Staatsanwaltschaft hat auch nicht gesehen, welch schweren Belastungen mein Mandant, Herr Meyer, durch die Untersuchungshaft ausgesetzt war – er wurde unmittelbar nach der standesamtlichen Trauung verhaftet vor der versammelten Verwandtschaft. … Die Presse berichtete über den Fall, den Text der Pressenachricht haben wir in der Hauptverhandlung verlesen: ‚Paul N. aus Großhausen wurde wegen des Verdachts eines schweren Raubes zum Nachteil des Rentners P. verhaftet und wurde dem Haftrichter vorgeführt.' Da Großhausen lediglich 700 Einwohner hat, wusste jeder in Großhausen was passiert war, die hierdurch erfahrene Ächtung in der Gemeinschaft, in der Herr Meyer in den letzen 13 Jahren lebte, ist für Menschen, die in der anonymen Welt einer Großstadt aufgewachsen sind, kaum nachzuvollziehen. … Die Staatsanwaltschaft hätte auch berücksichtigen müssen …"

8   Gedanklich kann der Verteidiger bei der Strafmaßverteidigung von folgendem **Schema** ausgehen:

1. Einleitung
2. Prozessuales
3. festgestellter Sachverhalt
4. rechtliche Würdigung
5. anzuwendende Strafrahmen
6. die Person des Mandanten

7. Strafmilderungsgründe
8. Feststellung des individuellen Strafrahmens
9. Hauptantrag
10. Nebenentscheidungen
11. Schluss

Auftakt und Schluss müssen dem Temperament des Vortragenden entsprechen und der Situation angepasst sein. Ausführungen zum Verfahren, zum Sachverhalt und der rechtlichen Würdigung sind nur angebracht, wenn sie problematisch sein können. Ein klarer Sachverhalt, der vom Staatsanwalt richtig vorgetragen wurde in einem Verfahren, in dem es keinerlei Probleme gab, in dem die Ermittlungen ordentlich geführt wurden, die Anklageschrift richtig und die Prozessführung angemessen waren, bedarf keiner weiteren Ausführungen. Angebracht kann es sein, sich für ein Entgegenkommen zu bedanken, wenn in besonderem Maße Rücksicht auf berufliche Interessen und Probleme des Mandanten genommen wurde, wenn es allen Beteiligten gelungen ist, aufgetretene Spannungen zu beseitigen.

III. Die Persönlichkeit des Mandanten

Ausreichend Zeit für die Person und die Würdigung des Lebenslaufs und der Lebensleistung des Mandanten sollte sich der Verteidiger auf jeden Fall nehmen. Die **persönlichen Milderungsgründe** werden sozusagen vor den Klammern zu erörterten sein:

- Entwicklung in Kindheit und Jugend
- Schulausbildung
- beruflicher Werdegang
- Krankheiten und Lebenserwartung
- Vorleben und soziale Integration
- wirtschaftliche Verhältnisse

Die **übrigen Milderungsgründe**, die sich aus der Person und dem sonstigen Geschehen ergeben, sind, soweit sie nicht zur persönlichen Entwicklung des Mandanten gehören, gesondert zu diskutieren, wobei § 46 StGB hierzu eine grobe Gliederung vorgibt:

| E | Plädoyer |

■ 1. Beweggründe und Motive

12 Die Motive des Mandanten können „anständig" und „nachvollziehbar" gewesen sein. Wurde z.b. eine Trunkenheitsfahrt unternommen, um einem Freund zu helfen, oder sollte ein anrüchiges Verhalten verheimlicht werden, so ist dies mildernd zu würdigen. Auch Fragen seelischer Belastung bedürfen der Erörterung, da eine Überlastung schuldmildernd wirkt. Wichtig ist auch, ob der Mandant gereizt war oder von anderen zu einer Handlung veranlasst oder gar genötigt wurde. Bei betrügerischen Handlungen ist von Bedeutung, ob der Mandant aus Geldgier handelte oder altruistisch.

■ 2. Gesinnung

13 Insbesondere bei Beteiligung von ausländischen Mitbürgern kann diskutiert werden, ob unterschiedliche Wertvorstellungen eine Rolle spielten. Wichtig für die Beurteilung der Tat kann auch sein, ob ein Irrtum über Zumessungstatsachen vorlag. Dies kann etwa bei einem Irrtum über den Wert von Diebstahlsgut gegeben sein, wenn der Mandant z.B. eine wertvolle Uhr für ein preiswertes Plagiat gehalten hat, oder auch in dem Fall, dass der Täter einer Körperverletzung nicht erkannte, dass sein Gegenüber schwerbehindert war. Wichtig ist auch, ob der Beschuldigte vielleicht aus Mitleid handelte – achtenswerte und nachvollziehbare Motive und Geschehensabläufe führen ebenfalls zu einer Strafmilderung.

■ 3. (kriminelle) Energie bei der Tatverwirklichung

14 Je leichter der Zugang (etwa bei einem Diebstahl) zur Verwirklichung der Tat für den Mandanten war, desto geringer ist die notwendige Energie zur Tatbegehung. Gleiches gilt für spontane Handlungen gegenüber langfristig geplanten, organisierten Straftaten. Gruppendynamische Prozesse können Personen zu Straftätern machen, die alleine nie auf die Idee zum Handeln gekommen wären.

■ 4. Pflichtwidrigkeit

15 Bei der Pflichtwidrigkeit des Handelns oder des Unterlassens ist natürlich das Vorleben des Mandanten von besonderer Bedeutung. Eine bisherige Straflosigkeit, bei einem Unternehmer z.B. die genaue Beachtung aller Steuer- und Unfallverhütungsvorschriften, aller Unternehmer- und sonsti-

gen betrieblichen Pflichten usw., muss ebenso berücksichtigt werden wie Leistungen für die Gemeinschaft.

■ 5. Art der Ausführung der Tat

Bezüglich der Art der Ausführung gibt es bei nahezu allen Straftaten unterschiedliche Grade der Intensität des Vorgehens, die auch schon durch die Gefährlichkeit des benutzten Werkzeuges bestimmt werden kann. Auch der Grad der eingesetzten Gewalt kann sehr unterschiedlich und immer wieder eine Diskussion im Plädoyer wert sein. 16

■ 6. Auswirkungen der Tat und Verhalten des Mandanten nach der Tat – Schadenswiedergutmachung und Täter-Opfer-Ausgleich

Bei der Beurteilung der Persönlichkeit und der persönlichen Schuld kommt dem Verhalten nach der Tat besondere Bedeutung zu: Geständnis und Aufklärungshilfe, die von Reue und Schuldeinsicht getragen sind, wie auch ein entsprechendes öffentliches Verhalten nach der Tat können ganz erheblich entlastend wirken. Gleiches gilt auch, wenn der Beschuldigte sich bemüht, den eingetretenen Schaden wieder gutzumachen oder zumindest zu mindern. Auch darüber hinausgehende Teile der Belastungen für Opfer und Gesellschaft kann der Mandant im Rahmen des Täter-Opfer-Ausgleichs gem. § 46 a StGB mindern, was bei erfolgreichem Ausgleich sogar zu einem Absehen von Strafe führen kann. An dieser Stelle muss im Schlussvortrag auch erörtert werden, ob die Belastungen des Täters selbst (Körperverletzung nach einem Unfall auf einer Trunkenheitsfahrt) so schwerwiegend waren, dass gem. § 60 StGB von einer Strafe abgesehen werden kann. Auch die Folgen der Tat für den Täter sind vom Verteidiger zu erörtern: Verlust des Arbeitsplatzes durch Entziehung der Fahrerlaubnis, aber auch hohe Verfahrenskosten, öffentliche Vorverurteilung und insbesondere das Erleiden von Untersuchungshaft mit schwerwiegenden Folgen für die Familie. An dieser Stelle können auch die Verfahrensdauer und die sonstigen belastenden Umstände erörtert werden. 17

F. Rechtsmittel – Revision – Strafvollstreckung

I. Das Wesen der Revision

Bei der Überprüfung der vom erkennenden Richter verhängten Rechtsfolge kontrolliert das Revisionsgericht das Urteil nur auf Rechtsfehler hin – die Strafzumessung ist grundsätzlich Sache des Tatrichters. Es ist allein seine Aufgabe, auf der Grundlage des umfassenden Eindrucks, den er in der Hauptverhandlung von der Tat und der Persönlichkeit des Täters gewonnen hat, die wesentlichen entlastenden und belastenden Umstände festzustellen, sie zu bewerten und gegeneinander abzuwägen. Ein Eingriff des Revisionsgerichts in diese Einzelakte der Strafzumessung ist i.d.R. nur möglich, wenn die Zumessungserwägungen in sich fehlerhaft sind, wenn das Tatgericht gegen die rechtlich anerkannten Strafzwecke verstößt oder wenn sich die verhängte Strafe nach oben oder unten von ihrer Bestimmung löst, gerechter Schuldausgleich zu sein. Nur in diesem Rahmen kann eine Verletzung des Gesetzes i.S.v. § 337 Abs. 1 StPO vorliegen. Dagegen ist eine ins Einzelne gehende Richtigkeitskontrolle ausgeschlossen.[1]

1

In der **Revisionsrechtfertigung** sollten eigene Strafzumessungserwägungen des Verteidigers vermieden werden. Der Verteidiger kann auch nicht Erwägungen des Gerichts durch eigene ersetzen. Er sollte sich vielmehr auf die Fehler in der Begründung der Strafzumessung seitens des Tatrichters konzentrieren.

2

II. Die Sachrüge

Auch wenn das Revisionsgericht auf die **Sachrüge** hin sämtliche Strafzumessungsgründe auf Rechtsfehler hin überprüft, kann es zweckmäßig sein, vermutete Verstöße in der Revisionsrechtfertigung anzusprechen. Dabei kann der Verteidiger insbesondere darauf achten, ob bestimmende Strafzumessungsgründe i.S.v. § 267 Abs. 3 S. 1 StPO übersehen wurden. Ihm sollte allerdings auch klar sein, dass nicht alle denkbaren Gründe aufgeführt werden müssen. Fehlen aber nahe liegende Erwägungen, insbesondere wenn

3

---

1 BGHSt 34, 345.

diese mit Beweisanträgen in der Hauptverhandlung unterfüttert wurden, so spricht dies für Erörterungsmängel.

4 Die Strafzumessung ist Sache des erkennenden Richters. Rechtsfehlerhaft ist sie aber dann, wenn die in den Urteilsgründen enthaltenen Ausführungen die Besorgnis rechtfertigen, dass der Tatrichter bei der Bemessung der Strafe gewichtige, sich aufdrängende Strafzumessungsgründe außer Acht gelassen hat. Im Wesentlichen werden in der Revision daher Darstellungsmängel geprüft und gerügt, bezüglich der Strafhöhe wird allenfalls ihre Vertretbarkeit vom Revisionsgericht untersucht.

5 **Typische Rechtsfehler sind:**

- Verstoß gegen das Verbot der Berücksichtigung von Tatbestandsmerkmalen (§ 46 Abs. 3 StGB),
- Verstoß gegen das Verbot der Doppelverwertung (§ 50 StGB),
- Verstoß gegen die innerprozessuale Bindung an in Rechtskraft erwachsene Feststellungen zum Schuldspruch – z.B. nach Aufhebung und Zurückverweisung durch das Revisionsgericht, wenn sich die aufhebende Entscheidung des Revisionsgerichts nur auf die Rechtsfolgen bezog,
- Verstoß gegen die zu beachtende Prüfungsreihenfolge bei Vorliegen eines Milderungsgrundes, der die Annahme eines minder schweren Falles rechtfertigen kann,
- Verstoß gegen das Verbot der reformatio in peius,
- Unterlassen der Bildung einer Gesamtstrafe,
- unzureichende Begründung bei kurzer Freiheitsstrafe, einer Gesamtstrafe, Versagen einer Bewährung
- Bildung einer Gesamtfreiheitsstrafe, wenn zuvor zahlreiche Einzelgeldstrafen ausgeworfen wurden.

6 Auch bereits gelöschte Vorstrafen dürfen nicht berücksichtigt werden.[2] Bei einschlägigen Vorstrafen ist auch bei Freiheitsstrafen von weniger als sechs Monaten zu prüfen, ob die Verhängung einer Freiheitsstrafe wirklich unerlässlich ist. Dies gilt auch bei einem mehrfachen Rückfall, insbesondere wenn bereits mehrere Jahre zwischen den Taten liegen.

---

2 OLG Frankfurt NZV 1997, 245.

III. Kurze Freiheitsstrafe und Revision

Eine Freiheitsstrafe unter sechs Monaten darf nur verhängt werden, wenn eine andere schuldangemessene Strafe nicht mehr ausreicht, so z.B. auch eine erhöhte Geldstrafe.[3] Insbesondere bei Trunkenheitsfahrten kann der Verteidiger sinnvoll die Hauptverhandlung vorbereiten. Die erfolgreiche Vorbereitung kann darin liegen, den Mandanten auf bestehende Alkoholprobleme einzustellen. Ist der Mandant einsichtig und bereit, die Probleme anzugehen, kann er zur Vorbereitung der Hauptverhandlung eine Nachschulung für alkoholauffällige Verkehrsteilnehmer absolvieren oder an therapeutischen Maßnahmen teilnehmen.[4] 7

Liegen dagegen keine Begründungs- und Erörterungsmängel vor, nimmt das Revisionsgericht die Entscheidung des Tatrichters hin, auch wenn ein anderes Ergebnis (z.b. Bewährung) denkbar wäre. Die Strafzumessung wird in der Revision mit der **Sachrüge** angegriffen. Eine **Verletzung des Beschleunigungsgebotes** erfordert jedoch die Verfahrensrüge. Bei Geltendmachung der Verfahrensrüge muss der entsprechende Teil und Gang des Verfahrens, der zur Verzögerung geführt hat, ausführlich dargelegt werden. 8

---

3 OLG Köln zfs 1982, 157; OLG Schleswig NJW 1982, 1116; BayObLG DAR 1992, 184; OLG Düsseldorf NZV 1997, 46; BGH bei *Tolksdorf,* NStZ 1997, 173.
4 *Gebhardt,* S. 485.

G. Delikte des StGB[1]

I. Allgemeiner Teil des StGB

■ § 30 StGB – Versuch der Beteiligung

Nach § 30 StGB sind bereits Vorbereitungshandlungen unter Strafe gestellt, soweit es um die versuchte Bestimmung eines Dritten zu einem Verbrechen oder die Verabredung mit anderen zu einem Verbrechen geht. Die Strafbarkeit hierfür richtet sich jeweils nach der Strafandrohung des Hauptdeliktes. Einen **eigenen Strafrahmen** kennt § 30 Abs. 1 und Abs. 2 StGB nicht. Die versuchte Anstiftung nach § 30 Abs. 1 StGB tritt hinter die Verabredung zum Verbrechen zurück.[2] Die versuchte Anstiftung ist zu einer strafbaren Teilnahme – wenn die in Aussicht genommene Tat also bereits das Versuchsstadium erreicht – subsidiär. § 30 Abs. 1 StGB wird dann auch **nicht** strafschärfend berücksichtigt.[3]

1

1. Versuchte Anstiftung

Bei der versuchten Anstiftung muss das Gericht die für die Zumessung der Strafe bestimmenden Umstände ausführlich darlegen. Damit wird zwar keine erschöpfende Aufzählung aller in Erwägung gezogenen Gesichtspunkte verlangt,[4] die Gründe müssen jedoch erkennen lassen, dass der Tatrichter den richtigen Strafrahmen der Haupttat zu Grunde gelegt hat und erkannt hat, dass im Fall des § 30 Abs. 1 S. 2 die Strafe **obligatorisch zu mildern** ist.[5]

2

---

1 Ohne Straßenverkehrsdelikte.
2 BGH NStZ 1994, 383.
3 *Kindhäuser*, § 30 Rn 11.
4 BGHSt 24, 268.
5 OLG Düsseldorf VRS 84, 229.

2. Verabredung zum Verbrechen (§ 30 StGB)

a) Fehler der Abgrenzung

3 Es ist rechtsfehlerhaft, wenn das Gericht ausführt und strafschärfend berücksichtigt, dass der Angeklagte „bis zuletzt die Tat ausführen wollte und nur durch das Eingreifen der Polizeibeamten von einem Weiterhandeln abgehalten wurde."[6] Denn hätte der Angeklagte von sich aus von der weiteren Tatausführung Abstand genommen, hätte der persönliche Strafaufhebungsgrund des Rücktritts vom Versuch (§ 24 StGB) vorgelegen. Dass er dies nicht getan hat, führt gerade zu der Bestrafung wegen der versuchten Tat, darf ihm aber bei der Strafzumessung nicht strafschärfend angelastet werden (§ 46 Abs. 3 StGB). Für die Bestrafung wegen einer Verabredung eines Verbrechens ist dann kein Raum mehr, **wenn die Haupttat versucht wurde**. Die Verabredung tritt dann hinter der Haupttat oder dem Versuch der Haupttat zurück.[7] Dies gilt auch, wenn der Täter vom Versuch gem. § 24 StGB mit strafbefreiender Wirkung zurückgetreten ist. Diese Vergünstigung wird ihm gewährt, obwohl er in vorwerfbarer Weise an der Straftat mitgewirkt hat. Diese Straffreiheit setzt voraus, dass es zu mehr als einer bloßen Verabredung, mithin zum Beginn der Ausführung gekommen ist. Aus diesem Grund kann die Straflosigkeit der schwerwiegenderen Beteiligung nicht dazu führen, dass eine Strafbarkeit gem. § 30 Abs. 2 StGB angenommen wird.[8]

b) Möglichkeiten der Strafmilderung

4 Das Landgericht hat den Angeklagten wegen Verabredung zu einem schweren Raub verurteilt und die Strafe gemildert, weil bei der Gesamtbetrachtung der geplanten Tat und der Täterpersönlichkeiten von der Verabredung zu einem minderschweren Raub auszugehen ist. **Bei der Strafzumessung ist aber mehr zu berücksichtigen,**

- wenn sich die Verabredung zu dem Raubüberfall noch in einem sehr frühen und unausgereiften Stadium befindet.

---

6 BGH NStZ 1983, 364.
7 BGH NStZ 1983, 364; BGHSt 14, 378.
8 BGHSt 14, 380.

- wenn die Angeklagten sich gerade erst entschlossen haben, die Tat auszuführen, aber eine Aufgabenteilung noch aussteht.
- wenn die Tatplanung dilettantisch ist, etwa die Tatbeteiligten sich über die Art der Ausführung, die Anzahl der notwendigen Personen, die Anzahl der ihnen gegenüberstehenden Personen, den Fluchtweg etc. noch keine Gedanken gemacht haben.
- wenn die Mandanten sich beim Auskundschaften so dilettantisch benehmen, dass dies dem Beobachtenden sogleich auffällt.
- Auch die Sorgfalt bei der Tatvorbereitung ist für die Strafrahmenbestimmung bedeutsam.[9]

Danach ist bei der Entscheidung zuerst ist zu prüfen, ob der Tatbestand des 5 § 30 StGB erfüllt ist, anschließend ob der in Aussicht genommene Raub als minder schwerer Fall zu qualifizieren ist. Das heißt aber nicht, dass für die Strafzumessung alleine auf das in Aussicht genommene Verbrechen abzustellen ist. Für die durch die Verabredung entstandene Rechtsgutgefährdung, für den kriminellen Gehalt und die durch die Verabredung zum Ausdruck kommende „verbrecherische Energie" ist auch wichtig, wie sorgfältig die Tat geplant ist. Des weiteren ist zu berücksichtigen, dass bereits die Tatsache, dass eine Tat im Versuchsstadium stecken geblieben ist, bei der Gesamtbewertung aller Umstände dazu führen kann, einen minder schweren Fall anzunehmen.

c) Intensität der Vorbereitung

Bei der Bemessung der Strafe für die Verabredung des Verbrechens müs- 6 sen vor allem die Beschaffenheit der Verabredung selbst und das Ausmaß berücksichtigt werden, in dem die Verabredung bereits durch abredegemäßes Verhalten aktiviert ist.[10] Gemäß § 30 Abs. 2 StGB sind sowohl der Grad der objektiven Rechtsgefährdung als auch die subjektiv aufgewendete kriminelle Energie (= der bei der Tat aufgewendete Wille) maßgeblich.

Entscheidend ist auch das entstandene **Bedrohungspotenzial**, 7

- das sich durch die Zahl der an der Tat Beteiligten und

---

9 BGH NStZ 1986, 453; BGHSt 32, 133.
10 BGH NStZ 1989, 571.

- den Grad ihrer Entschlossenheit und die Festigkeit der zwischen den Tätern hergestellten Bindungen bestimmen lässt.
- Entscheidend ist, inwieweit durch abredegemäßes Verhalten bereits etwas aktiviert worden ist,
- ob und in welcher Weise die Beteiligten die Verabredung schon ins Werk gesetzt haben,
- in welchem Maße die Beteiligten Vorbereitungshandlungen bereits organisiert haben und dem Stadium des Tatbeginns nahe gekommen sind.[11]
- **Strafschärfend** ist insbesondere, wenn der Beginn des geplanten Verbrechens bereits in greifbare Nähe gerückt ist oder
- wenn die Täter zur Durchführung sich an einen anderen Ort begeben und bereits eine weite Strecke zurückgelegt haben, bevor sie z.B. an der weiteren Durchführung gehindert wurden.

d) Der minder schwere Fall

8   Bei der Strafzumessung der versuchten Beteiligung ist wie in allen anderen Fällen auch zu beachten, dass bereits das Vorliegen eines vertypten Milderungsgrundes die Annahme eines minder schweren Falles nahe legen kann. Dies hat zur Folge, dass der Tatrichter drei verschiedene Strafrahmenmöglichkeiten in seine Erwägungen einzubeziehen hat. Gewichtet das Landgericht jedoch bei der Strafrahmenwahl und der Strafzumessung tatbezogene Umstände (planvolles Durchdenken, Beuteerwartung beträchtlich, die Verabredung ist dem Stadium des Versuches sehr nahe gekommen) besonders schwer, kann das Gericht den minder schweren Fall auch dann noch verneinen.[12]

II. Besonderer Teil des StGB

- **§ 80 StGB – Vorbereitung eines Angriffskrieges**

9   **Strafrahmen:** 10 bis 15 Jahre Freiheitsstrafe oder lebenslange Freiheitsstrafe. Der Taterfolg ist die Herbeiführung einer Kriegsgefahr, d.h. einer konkreten Gefahr. Ein Fall minderer Schwere scheidet jedenfalls dann aus,

---

11 BGH NStZ 1998, 354.
12 BGH NStZ 1990, 86.

wenn es zum Ausbruch des Krieges kommt. Der Versuch ist strafbar.[13] Bei Freiheitsstrafen von mindestens sechs Monaten kann das Gericht auch die Fähigkeit, öffentliche Ämter zu bekleiden oder Rechte aus öffentlichen Wahlen zu erlangen, aberkennen.

■ **§ 80 a StGB – Aufstacheln zum Angriffskrieg**
Strafrahmen: Freiheitsstrafe von drei Monaten bis zu fünf Jahren.   **10**
Die Einziehung von Gegenständen entsprechend § 74 Abs. 2 StGB wird gem. § 92 b StGB auf Beziehungsgegenstände erweitert;[14] bei Freiheitsstrafen von mindestens sechs Monaten kann das Gericht auch die Fähigkeit, öffentliche Ämter zu bekleiden oder Rechte aus öffentlichen Wahlen zu erlangen, aberkennen.

■ **§ 81 StGB – Hochverrat gegen den Bund**
Strafrahmen: Das Gesetz sieht den gleichen Strafrahmen vor wie bei § 80   **11**
StGB, in **minder schweren Fällen** eine Freiheitsstrafe von einem Jahr bis zu zehn Jahren. Bei **tätiger Reue**, die sich auch auf Taten nach §§ 82, 83 StGB erstreckt und ein notwendiger Sondertatbestand ist, da der Versuch der Tatausführung gleichgestellt ist, ist eine Strafmilderung nach § 49 Abs. 2 StGB oder ein Absehen von Strafe möglich.

Wird ohne Zutun des Täters die bezeichnete Gefahr abgewendet oder wesentlich gemindert, so genügt für die Annahme einer tätigen Reue das freiwillige und ernsthafte Bemühen des Täters, dieses Ziel zu erreichen. Anders als beim Versuch nach § 24 StGB oder §§ 30, 31 StGB hat die tätige Reue keine obligatorische Strafmilderung zur Folge, eine Strafmilderung liegt im Ermessen des erkennenden Gerichts. Bei Freiheitsstrafen von mindestens sechs Monaten kann das Gericht auch die Fähigkeit, öffentliche Ämter zu bekleiden oder Rechte aus öffentlichen Wahlen zu erlangen, aberkennen.

---

13 *Tröndle/Fischer*, § 80 Rn 9.
14 *Tröndle/Fischer*, § 92 b Rn 3 m.w.N.

G Delikte des StGB

- **§ 84 StGB – Fortführung einer für verfassungswidrig erklärten Partei**
- **§ 85 StGB – Verstoß gegen ein Vereinigungsverbot**

12 **Strafrahmen:** Freiheitsstrafe von drei Monaten bis zu fünf Jahren für den Rädelsführer und Hintermann, Freiheitsstrafe von einem Monat bis zu fünf Jahren für das tätige Mitglied oder denjenigen, der die Partei organisatorisch unterstützt.

Eine Strafmilderung oder ein Absehen von Strafe ist nach dem Ermessen des Gerichts möglich, wenn der Täter sich freiwillig und ernsthaft bemüht, das Fortbestehen der Partei zu verhindern. Erreicht er dieses Ziel oder wird es ohne sein Bemühen erreicht, so wird der Täter nicht bestraft. Das Gericht hat die Möglichkeit der Strafmilderung oder des Absehens von Strafe auch, wenn die Schuld des Mandanten gering und seine Mitwirkung von untergeordneter Bedeutung ist. Bei Freiheitsstrafen von mindestens sechs Monaten kann das Gericht auch die Fähigkeit, öffentliche Ämter zu bekleiden oder Rechte aus öffentlichen Wahlen zu erlangen, aberkennen.

- **§ 86 StGB – Verbreiten von Propagandamitteln verfassungswidriger Organisationen**
- **§ 86 a StGB – Verwenden von Kennzeichen verfassungswidriger Organisationen**

13 **Strafrahmen:** Freiheitsstrafe bis zu drei Jahren oder Geldstrafe. Das Gericht kann von einer Bestrafung absehen, wenn die Schuld gering ist. Die Einziehung von Gegenständen entsprechend § 74 Abs. 2 StGB wird gem. § 92 b StGB auf Beziehungsgegenstände erweitert.[15] Bei Freiheitsstrafen von mindestens sechs Monaten kann das Gericht auch die Fähigkeit, öffentliche Ämter zu bekleiden oder Rechte aus öffentlichen Wahlen zu erlangen, aberkennen.

Beispiel
Während des Wahlkampfes Hakenkreuze auf CDU-Wahlplakate malen: 30 Tagessätze.[16]

---

15 *Tröndle/Fischer*, § 92 b Rn 3 m.w.N.
16 OLG Köln NStZ 1984, 508.

§ 87 StGB – Agententätigkeit zu Sabotagezwecken

Strafrahmen: Freiheitsstrafe bis zu fünf Jahren oder Geldstrafe. Nach Abs. 3 StGB kann der Tatrichter von einer Bestrafung absehen, wenn der Täter freiwillig sein Verhalten aufgibt und sein Wissen so rechtzeitig einer Dienststelle offenbart, dass Sabotagehandlungen, deren Planung er kennt, noch verhindert werden können.

Der Täter kann **tätige Reue** nur dadurch üben, dass er nicht nur freiwillig sein Verhalten aufgibt, sondern auch sein **gesamtes Wissen** einer Dienststelle, d.h. einer Behörde oder sonstigen Stelle, die Aufgaben der öffentlichen Verwaltung wahrnimmt, z.B. dem Bundesamt für Verfassungsschutz, offenbart,[17] sodass die Handlungen, von deren Planung er weiß, noch verhindert werden können. Bei Freiheitsstrafen von mindestens sechs Monaten kann das Gericht auch die Fähigkeit, öffentliche Ämter zu bekleiden oder Rechte aus öffentlichen Wahlen zu erlangen, aberkennen.

§ 89 StGB – Verfassungsfeindliche Einwirkung auf Bundeswehr und öffentliche Sicherheitsorgane

Strafrahmen: Freiheitsstrafe bis zu fünf Jahren oder Geldstrafe. Milderung und Absehen von Strafe gem. § 86 Abs. 4 StGB ist möglich. Bei Freiheitsstrafen von mindestens sechs Monaten kann das Gericht auch die Fähigkeit, öffentliche Ämter zu bekleiden oder Rechte aus öffentlichen Wahlen zu erlangen, aberkennen.

15

§ 90 StGB – Verunglimpfung des Bundespräsidenten

Strafrahmen: Freiheitsstrafe von drei Monaten bis zu fünf Jahren, bei dem qualifizierten Tatbestand des § 90 Abs. 3 StGB – Verleumdung des Bundespräsidenten oder wenn die Tat gegen den Bestand der Bundesrepublik oder gegen Grundsätze der Verfassung eingesetzt wird – Freiheitsstrafe von sechs Monaten bis zu fünf Jahren. Fakultative Strafmilderung in minder schweren Fällen entsprechend § 90 Abs. 2 StGB liegt im Ermessen des Gerichts. Die Einziehung von Gegenständen entsprechend § 74 Abs. 2 StGB wird gem. § 92 b StGB auf Beziehungsgegenstände erweitert.[18] Bei Freiheitsstrafen

16

---

17 BGHSt 27, 120.
18 *Tröndle/Fischer*, § 92 b Rn 3 m.w.N.

von mindestens sechs Monaten kann das Gericht auch die Fähigkeit, öffentliche Ämter zu bekleiden oder Rechte aus öffentlichen Wahlen zu erlangen, aberkennen.

■ **§ 90 a StGB – Verunglimpfung des Staates und seiner Symbole**

17 **Strafrahmen:** Freiheitsstrafe bis zu drei Jahren oder Geldstrafe; Freiheitsstrafe bis zu fünf Jahren oder Geldstrafe, wenn der Täter sich durch die Tat absichtlich für Bestrebungen gegen den Bestand der Bundesrepublik Deutschland oder Verfassungsgrundsätze einsetzt.

Es handelt sich insoweit um ein Tatbestands- und nicht nur um ein Strafschärfungsmerkmal.[19] Die Einziehung von Gegenständen entsprechend § 74 Abs. 2 StGB wird gem. § 92 b StGB auf Beziehungsgegenstände erweitert.[20] Bei Freiheitsstrafen von mindestens sechs Monaten kann das Gericht auch die Fähigkeit, öffentliche Ämter zu bekleiden oder Rechte aus öffentlichen Wahlen zu erlangen, aberkennen.

■ **§ 90 b StGB – Verfassungsfeindliche Verunglimpfung von Verfassungsorganen**

18 **Strafrahmen:** Freiheitsstrafe von drei Monaten bis zu fünf Jahren. Die Einziehung von Gegenständen entsprechend § 74 Abs. 2 StGB wird gem. § 92 b StGB auf Beziehungsgegenstände erweitert.[21] Bei Freiheitsstrafen von mindestens sechs Monaten kann das Gericht auch die Fähigkeit, öffentliche Ämter zu bekleiden oder Rechte aus öffentlichen Wahlen zu erlangen, aberkennen.

■ **§ 94 StGB – Landesverrat**

19 **Strafrahmen:** Freiheitsstrafe nicht unter einem Jahr bis zu 15 Jahren, in besonders schweren Fällen Freiheitsstrafen nicht unter fünf Jahren und sogar lebenslange Freiheitsstrafe.

20 Ein **besonders schwerer Fall** liegt vor,

■ wenn der Täter eine verantwortliche Stellung missbraucht, die ihn zur Wahrung von Staatsgeheimnissen besonders verpflichtet, oder wenn er

---

19 BGHSt 32, 332.
20 *Tröndle/Fischer*, § 92 b Rn 3 m.w.N.
21 *Tröndle/Fischer*, § 92 b Rn 3 m.w.N.

durch die Tat die Gefahr eines besonders schweren Nachteils für die äußere Sicherheit der Bundesrepublik Deutschland herbeiführt,
- wenn der Täter für die Tat eine mit Eigenverantwortung ausgestattete, von ihm geleitete Stelle, vor allem als Amtsträger, Soldat oder in der Industrie, bewusst ausnutzt.

Die Gefahr eines **besonders schweren Nachteils** für die äußere Sicherheit ist gegeben, wenn es sich um die Gefahr eines das ganze Volk betreffenden außergewöhnlichen Nachteils handelt (z.b. Verrat von Atomgeheimnissen).

§ 95 StGB – Offenbaren von Staatsgeheimnissen

Strafrahmen: Freiheitsstrafe von sechs Monaten bis zu fünf Jahren, in besonders schweren Fällen Freiheitsstrafe von einem Jahr bis zu zehn Jahren. Der besonders schwere Fall ist identisch mit demjenigen des § 94 StGB.

§ 98 StGB – Landesverräterische Agententätigkeit

Strafrahmen: Freiheitsstrafe bis zu fünf Jahren oder Geldstrafe, in besonders schweren Fällen Freiheitsstrafe von einem Jahr bis zu zehn Jahren.

Die Strafe kann **gemildert** werden oder es kann **von einer Bestrafung abgesehen** werden, wenn der Täter freiwillig sein Verhalten aufgibt und sein Wissen einer Dienststelle offenbart. **Tätige Reue** kann der Täter jedoch nur dann üben, wenn er sein Wissen von allem, was mit seiner Tat zusammenhängt, insbesondere was seine Mittelsmänner und die Beziehungen zu ihnen sowie seine eigene Tätigkeit angeht, einer Dienststelle **freiwillig** offenbart, d.h. also sein gesamtes Wissen dem Erklärungsempfänger vermittelt. Ein **persönlicher Strafaufhebungsgrund** – der zwar nicht zu einer Entschuldigung nach § 35 StGB führt, den Täter aber in eine psychische Zwangslage versetzt hat – ist gegeben, wenn der Täter zu seinem Verhalten von der fremden Macht oder einem ihrer Mittelsmänner gedrängt oder unter Druck gesetzt worden ist und er sich unverzüglich, d.h. unmittelbar nach Wegfall der Drucksituation offenbart.

§ 99 StGB – Geheimdienstliche Agententätigkeit

Strafrahmen: Freiheitsstrafe bis zu fünf Jahren oder Geldstrafe, in besonders schweren Fällen Freiheitsstrafe bis zu zehn Jahren.

25 Ein **besonders schwerer Fall** liegt vor, wenn der Täter Tatsachen, Gegenstände oder Erkenntnisse, die von einer amtlichen Stelle oder auf deren Veranlassung geheim gehalten werden, mitteilt bzw. überliefert und wenn er seine verantwortliche Stellung missbraucht, die ihn zur Wahrung solcher Geheimnisse besonders verpflichtet, oder durch die Tat die Gefahr eines schweren Nachteils für die Bundesrepublik Deutschland herbeiführt. Auch in diesem Fall kann sich der Täter durch **tätige Reue** eine Strafmilderung oder gar Straffreiheit verschaffen.

■ **§ 100 StGB – Friedensgefährdende Beziehungen**

26 **Strafrahmen:** Freiheitsstrafe nicht unter einem Jahr bis zu 15 Jahren; in besonders schweren Fällen Freiheitsstrafe nicht unter fünf Jahren (wenn der Täter durch die Tat eine schwere Gefahr für den Bestand der Bundesrepublik Deutschland herbeiführt) oder gar lebenslange Freiheitsstrafe; in minder schweren Fällen ist eine Freiheitsstrafe von einem Jahr bis zu fünf Jahren möglich.

■ **§ 100 a StGB – Landesverräterische Fälschung**

27 **Strafrahmen:** Freiheitsstrafe von sechs Monaten bis zu fünf Jahren, in besonders schweren Fällen Freiheitsstrafe nicht unter einem Jahr.

28 Ein **besonders schwerer Fall** liegt in der Regel vor, wenn der Täter durch die Tat einen besonders schweren Nachteil für die äußere Sicherheit oder die Beziehungen der Bundesrepublik Deutschland zu einer fremden Macht herbeiführt. Der Nachteil muss eintreten, die bloße Gefahr genügt hier nicht.

■ **§ 102 StGB – Angriff gegen Organe und Vertreter ausländischer Staaten**

29 **Strafrahmen:** Freiheitsstrafe bis zu fünf Jahren oder Geldstrafe; in besonders schweren Fällen Freiheitsstrafe nicht unter einem Jahr.

■ **§ 105 StGB – Nötigung von Verfassungsorganen**

30 **Strafrahmen:** Freiheitsstrafe von einem Jahr bis zu zehn Jahren; in minder schweren Fällen Freiheitsstrafe von sechs Monaten bis zu fünf Jahren.

■ § 106 StGB – Nötigung des Bundespräsidenten und von Mitgliedern eines Verfassungsorgans

Strafrahmen: Freiheitsstrafe von drei Monaten bis zu fünf Jahren; in besonders schweren Fällen Freiheitsstrafe von einem Jahr bis zu zehn Jahren.

■ § 108 StGB – Wählernötigung

Strafrahmen: Freiheitsstrafe bis zu fünf Jahren oder Geldstrafe; in besonders schweren Fällen Freiheitsstrafe von einem Jahr bis zu zehn Jahren.

■ § 109 StGB – Wehrpflichtentziehung durch Verstümmelung

Strafrahmen: Freiheitsstrafe von drei Monaten bis zu fünf Jahren. Führt der Täter die Untauglichkeit nur für eine gewisse Zeit oder für eine einzelne Art der Verwendung herbei, hat dies Freiheitsstrafe von einem Monat bis zu fünf Jahren oder Geldstrafe zur Folge.

■ § 109 e StGB – Sabotagehandlungen an Verteidigungsmitteln

Strafrahmen: Freiheitsstrafe von drei Monaten bis zu fünf Jahren; in besonders schweren Fällen Freiheitsstrafe von einem Jahr bis zu zehn Jahren. Wer die Gefahr in den Fällen des Absatzes 1 fahrlässig, in den Fällen des Absatzes 2 nicht wissentlich, aber vorsätzlich oder fahrlässig herbeiführt, muss mit einer Freiheitsstrafe von einem Monat bis zu fünf Jahren oder Geldstrafe rechnen.

■ § 111 StGB – Öffentliche Aufforderung zu Straftaten

Strafrahmen: Die Bestrafung soll wie bei der Anstiftung erfolgen; bleibt die Aufforderung ohne Erfolg, so ist die Strafe Freiheitsstrafe von einem Monat bis zu fünf Jahren oder Geldstrafe.

■ § 113 StGB – Widerstand gegen Vollstreckungsbeamte

Strafrahmen: Freiheitsstrafe bis zu zwei Jahren oder Geldstrafe; **in besonders schweren** Fällen Freiheitsstrafe von sechs Monaten bis zu fünf Jahren. Nimmt der Täter bei Begehung der Tat irrig an, die Diensthandlung sei nicht rechtmäßig, und konnte er den Irrtum vermeiden, so kann das Gericht die Strafe **mildern** oder bei geringer Schuld von der Strafe **absehen**. Konnte der

Täter den Irrtum nicht vermeiden und war ihm nach den ihm bekannten Umständen auch nicht zuzumuten, sich mit Rechtsbehelfen gegen die vermeintlich rechtswidrige Diensthandlung zu wehren, so ist die Tat nicht nach dieser Vorschrift strafbar; war ihm zuzumuten, Rechtsbehelfe zu ergreifen, so kann das Gericht die Strafe **mildern** oder von einer Bestrafung **absehen**.

38 Ein **besonders schwerer Fall** liegt in der Regel vor, wenn der Täter oder ein anderer Beteiligter eine Waffe bei sich führt, um diese bei der Tat zu verwenden. Es kommen nicht nur Schusswaffen, sondern auch solche im untechnischen Sinn in Betracht (z.B. Fahnenstange, Auto). Ein besonders schwerer Fall liegt in der Regel auch vor, wenn der Täter durch Gewalttätigkeiten den Angegriffenen in Todesgefahr oder die Gefahr einer schweren Gesundheitsschädigung bringt, z.B. Schüsse, Steinwürfe, fehlgegangene Stiche, Zufahren mit dem Auto.

39 Außerhalb der Regelbeispiele kommt ein **besonders schwerer Fall** z.B. in Frage,

- wenn der Amtsträger erheblich verletzt wird,
- wenn mehrere Beteiligte den Amtsträger verprügeln,
- wenn dieser in gefährlicher Weise bedroht oder
- seiner Freiheit beraubt wird.

40 Auch der Fall, dass der Täter mit einer Schusswaffe droht, die der Amtsträger für geladen hält, kann ein besonders schwerer Fall sein.

> *Beispiel*
> Geldstrafe von 20 Tagessätzen: Der Angeklagte hatte Polizeibeamte während eines Einsatzes in unmittelbarer Nähe fotografiert. Der Angeklagte widersetzte sich der Forderung des Polizeibeamten, den Film herauszugeben.[22]

■ § 120 StGB – Gefangenenbefreiung

41 **Strafrahmen:** Freiheitsstrafe von einem Monat bis zu drei Jahren oder Geldstrafe; ist der Täter als Amtsträger oder als für den öffentlichen Dienst besonders Verpflichteter dazu gehalten, das Entweichen des Gefangenen zu verhindern, Freiheitsstrafe von einem Monat bis zu fünf Jahren oder Geldstrafe.

---

22 LG Heidelberg, Urt. v. 22. 2. 2001 – 4 Ns 15 Js 8805/00.

■ § 121 StGB – Gefangenenmeuterei

Strafrahmen: Freiheitsstrafe von drei Monaten bis zu fünf Jahren, in besonders schweren Fällen sechs Monate bis zu zehn Jahren. 42

Ein besonders **schwerer Fall** liegt in der Regel vor, wenn der Täter oder ein anderer Beteiligter eine Schusswaffe bei sich führt, eine andere Waffe bei sich führt, um diese zu verwenden, oder durch eine Gewalttätigkeit einen anderen in die Gefahr des Todes oder einer schweren Gesundheitsschädigung bringt. Ein besonders schwerer Fall kann auch gegeben sein, wenn eine große Zahl von Gefangenen ausbricht, erheblicher Sachschaden angerichtet wird oder zahlreiche Menschen verletzt werden, ohne dass § 224 StGB in Betracht kommt. 43

■ § 125 StGB – Landfriedensbruch

Strafrahmen: Freiheitsstrafe von einem Monat bis zu drei Jahren oder Geldstrafe. 44

Der **besonders schwere** Fall des Landfriedensbruchs nach § 125 a StGB wird mit Freiheitsstrafe von sechs Monaten bis zu zehn Jahren bestraft. Ein besonders schwerer Fall liegt in der Regel vor, 45

- wenn der Täter eine Schusswaffe bei sich führt,
- eine andere Waffe bei sich führt, um diese zu verwenden,
- durch eine Gewalttätigkeit einen anderen in die Gefahr des Todes oder einer schweren Gesundheitsschädigung bringt oder
- plündert oder
- bedeutenden Schaden an fremden Sachen anrichtet.

■ § 125 a StGB – Besonders schwerer Fall des Landfriedensbruchs

§ 125 a StGB ist keine Qualifikation des § 125 StGB, sondern eine **Strafzumessungsregel**, die in den Urteilstenor nicht aufzunehmen ist. 46

Führt der Täter eine Schusswaffe regelmäßig aus beruflichen Gründen bei sich, so kann ein besonders schwerer Fall verneint werden, wenn eine Absicht, die Waffe zu verwenden, nicht feststellbar ist. Ansonsten ist auch bei dieser Vorschrift die Waffe im nicht technischen Sinne zu verstehen, so z.B. Hartgummistücke, größere Steine, scharfkantige Schottersteine, Holzrohre mit Eisenfüllung, Eisenscheiben, Molotow-Cocktails. Führt der Täter derartige Gegenstände mit sich, so wird regelmäßig schon aus dieser Tatsache auf die Verwendungsabsicht zu schließen sein.

47 **Gewalttätigkeit:** Es genügt, wenn irgendein Mensch, also nicht nur der Angegriffene in diese Gefahr gebracht wird; z.b. durch das Werfen lebensgefährlicher Geschosse in die Nähe von Menschen.

48 **Plündern:** Das Stehlen oder das Abnötigen fremder beweglicher Sachen unter Ausnutzung der durch das Auftreten der Menge, insbesondere durch Gewalttätigkeiten (z.b. Einschlagen von Geschäftstüren oder Schaufensterscheiben), entstandenen Lage. Ein bedeutender Schaden wird ab 1.500 € angenommen. Außerhalb der Regelbeispiele kommen besonders schwere Fälle z.b. in Frage, wenn der Täter Rädelsführer oder Hintermann ist.

■ § 129 StGB – Bildung krimineller Vereinigungen

49 **Strafrahmen:** Freiheitsstrafe von einem Monat bis zu fünf Jahren oder Geldstrafe. Liegt ein **besonders schwerer Fall** vor, so ist auf Freiheitsstrafe von sechs Monaten bis zu fünf Jahren zu erkennen.

Ein besonders schwerer Fall ist z.b. dann gegeben, wenn der Täter zu den Rädelsführern oder Hintermännern gehört. Ein besonders schwerer Fall liegt auch vor, wenn sich die Tat (vor In-Kraft-Treten des § 129 a StGB) auf terroristische Vereinigungen bezog oder wenn ein Anwalt sie durch seine Informationssysteme unterstützt. Bei Mitläufern i.S.v. § 129 Abs. 5 StGB gilt die Regelung des § 84 Abs. 4 StGB entsprechend, mit der Maßgabe, dass nur Absehen von Strafe in Betracht kommt.

50 **Tätige Reue** ermöglicht es dem Richter, die Strafe nach seinem Ermessen zu mildern oder von Strafe abzusehen, wenn der Täter sich freiwillig und ernsthaft, sei es auch erfolglos, bemüht, das tatsächliche Fortbestehen der Vereinigung oder die Begehung auch nur einer einzigen ihren Zielen entsprechenden, von ihr geplanten Straftat zu verhindern, oder freiwillig sein gesamtes Wissen über die Vereinigung und die von ihr geplanten Taten so rechtzeitig einer Dienststelle offenbart, dass Straftaten, deren Planung er kennt, noch verhindert werden können. Ein Strafaufhebungsgrund tritt ein, wenn das Bemühen des Täters um Verhinderung des Fortbestehens der Vereinigung Erfolg hat oder die Vereinigung ohne sein Zutun auch tatsächlich aufgelöst wird.

§ 129 a StGB – Bildung terroristischer Vereinigungen

Strafrahmen: Freiheitsstrafe von einem Jahr bis zu zehn Jahren; gehört der Täter zu den Rädelsführern oder Hintermännern, so ist auf Freiheitsstrafe nicht unter drei Jahren zu erkennen. Wer eine terroristische Vereinigung unterstützt oder für sie wirbt, muss mit einer Freiheitsstrafe von sechs Monaten bis zu fünf Jahren rechnen.

Das Gericht kann bei Beteiligten, deren Schuld gering und deren Mitwirkung von untergeordneter Bedeutung ist, die Strafe mildern.

Die Mitläuferklausel in § 129 a Abs. 4 StGB ist gegenüber § 84 Abs. 4 StGB und § 129 Abs. 5 StGB dahin variiert, dass kein Absehen von Strafe möglich ist, sondern nur eine fakultative Strafmilderung nach § 49 Abs. 2 StGB eröffnet wird.

§ 133 StGB – Verwahrungsbruch

Strafrahmen: Freiheitsstrafe bis zu zwei Jahren oder Geldstrafe; wer die Tat an einer Sache begeht, die ihm als Amtsträger oder für den öffentlichen Dienst besonders Verpflichteten anvertraut oder zugänglich geworden ist, ist einer Freiheitsstrafe von einem Monat bis zu fünf Jahren oder Geldstrafe ausgesetzt.

§ 136 StGB – Verstrickungsbruch; Siegelbruch

Strafrahmen: Freiheitsstrafe von einem Monat bis zu einem Jahr oder Geldstrafe.

§ 138 StGB – Nichtanzeige geplanter Straftaten

Strafrahmen: Freiheitsstrafe bis zu fünf Jahren oder Geldstrafe; wer eine Anzeige leichtfertig unterlässt, obwohl er von dem Vorhaben oder der Ausführung der rechtswidrigen Tat glaubhaft erfahren hat, wird mit Freiheitsstrafe bis zu einem Jahr oder Geldstrafe bestraft.

Leichtfertigkeit wird angenommen, wenn der Täter trotz dringender Gegengründe die rechtzeitige oder unverzügliche Benachrichtigung als unausführbar oder einen Aufschub als ungefährlich ansieht, die Anzeige ganz vergisst oder sie an der falschen Stelle anbringt.

■ § 139 StGB – Straflosigkeit der Nichtanzeige geplanter Straftaten

55 **Straffolge:** Ist in den Fällen des § 138 StGB die Tat nicht versucht worden, so kann von Strafe abgesehen werden.

56 Ein **Geistlicher** ist nicht verpflichtet anzuzeigen, was ihm in seiner Eigenschaft als Seelsorger anvertraut worden ist. Unter denselben Voraussetzungen ist ein Rechtsanwalt, Verteidiger oder Arzt nicht verpflichtet anzuzeigen, was ihm in dieser Eigenschaft anvertraut worden ist. Wer eine Anzeige unterlässt, die er gegen einen **Angehörigen** erstatten müsste, ist straffrei, wenn er sich ernsthaft bemüht, ihn von der Tat abzuhalten oder den Erfolg abzuwenden, es sei denn, dass es sich um Mord oder Totschlag, Völkermord, erpresserischen Menschenraub, Geiselnahme oder einen Angriff auf den Luft- und Seeverkehr durch eine terroristische Vereinigung handelt. Straffrei ist auch, wer die Ausführung oder den Erfolg anders als durch Anzeige abwendet. Unterbleibt die Ausführung oder der Erfolg der Tat ohne Zutun des zur Anzeige Verpflichteten, so genügt zu seiner Straflosigkeit sein ernsthaftes Bemühen, den Erfolg abzuwenden.

■ § 142 StGB – Unerlaubtes Entfernen vom Unfallort

57 **Strafrahmen:** Freiheitsstrafe von einem Monat bis zu drei Jahren oder Geldstrafe. Hat der Mandant innerhalb von 24 Stunden nach einem Unfall außerhalb des fließenden Verkehrs, der ausschließlich nicht bedeutenden Sachschaden zur Folge hatte, freiwillig die Feststellungen nachträglich ermöglicht, kann das Gericht eine Strafe mildern oder von Strafe absehen.

Weitere Ausführungen hierzu finden sich in Kapitel H. Straßenverkehrsdelikte.

■ § 146 StGB – Geldfälschung

58 **Strafrahmen:** Freiheitsstrafe nicht unter einem Jahr; handelt der Täter gewerbsmäßig oder als Mitglied einer Bande, die sich zur fortgesetzten Begehung einer Geldfälschung verbunden hat, wird auf Freiheitsstrafe nicht unter zwei Jahren erkannt. In **minder schweren Fällen** sieht das Gesetz Freiheitsstrafe von drei Monaten bis zu fünf Jahren vor, in minder schweren Fällen der Qualifikation (gewerbsmäßiges Handeln oder im Rahmen einer Bande) von einem Jahr bis zu zehn Jahren.

Minder schwere Fälle können bejaht werden, wenn eine Tatprovokation **59** durch Polizeispitzel oder durch verdeckte Ermittler erfolgt. Bei Taten, die vor dem 1. 4. 1998 begangen wurden, muss der Anwalt darauf achten, welches Gesetz auf Grund der Einzelheiten das mildere Gesetz i.S.v. § 2 StGB ist.

§ 146 Abs. 2 StGB enthält eine Qualifikation für Fälle der gewerbsmäßigen oder bandenmäßigen Tatbegehung. In jedem Fall verlangt die Annahme einer Bande eine Beteiligung von mehr als zwei Personen sowie die Feststellung, dass nicht nur „gemeinsame Interessen" vorliegen, sondern dass sich das Handeln an einem **„übergeordneten Bandeninteresse"** orientiert. Die Übergabe von Falschgeld an einen Spitzel, der von der Polizei beaufsichtigt wird, oder an einen verdeckten Ermittler ist kein „In-Verkehr-Bringen".

■ **§ 149 StGB – Vorbereitung der Fälschung von Geld und Wertzeichen**

Strafrahmen: Freiheitsstrafe von einem Monat bis zu zwei Jahren oder **60** Geldstrafe bei Wertzeichenfälschung; bei Vorbereitung einer Geldfälschung Freiheitsstrafe von einem Monat bis zu fünf Jahren oder Geldstrafe.

Tätige Reue: Nach Absatz 1 wird nicht bestraft, **61**

- wer die Ausführung der vorbereiteten Tat in jedem Stadium vor dem Versuch endgültig aufgibt und
- eine von ihm verursachte (und erkannte) Gefahr abwendet,
- verhindert dass andere, vor allem potenzielle Mittäter die Tat weiter vorbereiten oder ausführen, oder
- die Vollendung der Tat verhindert,
- die noch vorhandenen und zur Fälschung brauchbaren Fälschungsmittel entweder vernichtet, d.h. ihre Substanz zerstört und unbrauchbar macht,
- ihr Vorhandensein einer beliebigen Behörde anzeigt, sodass die Behörde zugreifen kann oder
- die Sachen einer Behörde abliefert

(persönlicher Strafaufhebungsgrund).

- **§ 152 a StGB – Fälschung von Zahlungskarten und Vordrucken für Euroschecks**

62 **Strafrahmen:** Freiheitsstrafe von einem Jahr bis zu zehn Jahren; handelt der Täter **gewerbsmäßig** oder **als Mitglied einer Bande**, die sich zur fortgesetzten Begehung von Straftaten verbunden hat, so ist die Strafe Freiheitsstrafe nicht unter zwei Jahren. Die Strafandrohung für den Qualifikationstatbestand ist zwei Jahre bis 15 Jahre Freiheitsstrafe. **Minder schwere Fälle:** Freiheitsstrafe von drei Monaten bis zu fünf Jahren.

Die Annahme eines minder schweren Falles kommt etwa bei **geringen Stückzahlen** von Tatobjekten oder bei besonders plumpen Fälschungen in Betracht, bei denen eine konkrete Gefahr fern liegt.

Vorbereitungshandlungen werden wie Vorbereitungshandlungen zur Geldfälschung bestraft.

- **§ 153 StGB – Falsche uneidliche Aussage**
- **§ 154 StGB – Meineid**

63 **Strafrahmen:** Freiheitsstrafe von drei Monaten bis zu fünf Jahren oder Geldstrafe, bei Meineid Freiheitsstrafe nicht unter einem Jahr; in minder schweren Fällen Freiheitsstrafe von sechs Monaten bis zu fünf Jahren.

64 **Minder schwere Fälle** können in Betracht kommen bei

- Verfahrensfehlern, z.B. Vereidigung trotz Verdachts der Teilnahme, mag der Richter den Verdacht auch nicht erkannt oder dieser sich erst später herausgestellt haben.
- Unterlassen des Hinweises auf das Auskunftsverweigerungsrecht, wenn es möglich ist, dass die Belehrung den Zeugen von der Aussage unter Eid abgehalten hätte – mithin nicht, wenn der Zeuge auf alle Fälle zur Aussage entschlossen war und wenn es um die Strafe für den Anstifter zum Meineid geht.
- Unterlassen eines Hinweises auf das Recht zur Verweigerung des Eides.

65 Hat sich der Zeuge nicht auf ein Zeugnisverweigerungsrecht berufen, wirkt dies nicht straferschwerend, solange nicht festgestellt ist, dass dem Täter ein solches Recht zustand.

Beispiel
Geldstrafe von 100 Tagessätzen bei einer falschen uneidlichen Aussage. Das Gericht hat es als erschwerend gewertet, dass die Angeklagten durch ihr Verhalten (Falschaussagen in einem Strafprozess wegen vorsätzlicher Körperverletzung) die berechtigten Ersatzansprüche des Geschädigten durch ihr Verhalten gefährdeten.[23]

§ 157 StGB – Aussagenotstand

Hat ein Zeuge oder Sachverständiger sich eines Meineids oder einer falschen uneidlichen Aussage schuldig gemacht, so kann das Gericht die Strafe nach seinem Ermessen **mildern** und im Falle uneidlicher Falschaussage auch ganz von der Strafe **absehen**, wenn der Täter die Unwahrheit gesagt hat, um von einem Angehörigen oder von sich selbst die Gefahr abzuwenden, bestraft oder einer freiheitsentziehenden Maßregel der Besserung und Sicherung unterworfen zu werden.

66

§ 158 StGB – Berichtigung einer falschen Angabe

Das Gericht kann die Strafe wegen Meineids, falscher Versicherung an Eides Statt oder falscher uneidlicher Aussage nach seinem Ermessen **mildern** (§ 49 Abs. 2 StGB) oder von Strafe **absehen**, wenn der Täter die falsche Angabe rechtzeitig berichtigt.

67

Das Wesen der Berichtigung liegt darin, dass der Täter die Unwahrheit der früher beschworenen Behauptung zugibt und korrigierend **zugleich den richtigen Sachverhalt angibt**. Korrigierend bedeutet wahrheitsgemäß in allen wesentlichen Punkten, soweit der Zeuge dazu im Stande ist. Bei bloßem Abweichen der zweiten von der ersten Erklärung liegt nur ein Widerspruch und keine Berichtigung vor. Die Ersetzung der früheren falschen durch eine neue falsche Aussage ist daher keine Berichtigung, ebenso wenig die bloße Verweigerung der Auskunft auf die Frage, ob eine frühere Aussage richtig sei. Andererseits setzt die Berichtigung insoweit kein Schuldeingeständnis voraus, es reicht aus, wenn der Täter korrigierend von der früheren Aussage abrückt und sie durch eine wahrheitsgemäße Aussage ersetzt.

68

---

23 AG Karlsruhe, Urt. v. 5. 12. 2001 – 8 Ds 12 Js 15508/00 – AK 358/01.

69 Die Berichtigung muss der Stelle gegenüber erfolgen, vor der die falsche Aussage gemacht wurde. Die falsche Angabe muss **rechtzeitig berichtigt** sein, wobei deren Eingang maßgebend für die Rechtzeitigkeit ist. Die Berichtigung ist verspätet, wenn eine Verwertung bei der den Rechtszug abschließenden Entscheidung nicht mehr möglich ist, wenn schon eine Anzeige gegen den Täter erstattet oder eine Untersuchung gegen ihn eingeleitet ist. Anzeige ist nur die Strafanzeige, nicht die Selbstanzeige.

■ **§ 163 StGB – Fahrlässiger Falscheid; fahrlässige falsche Versicherung an Eides Statt**

70 **Strafrahmen:** Freiheitsstrafe von einem Monat bis zu einem Jahr oder Geldstrafe.

71 Nach § 163 Abs. 2 StGB tritt **Straflosigkeit** ein, wenn der Täter die falsche Angabe rechtzeitig berichtigt. Die Vorschriften des § 158 Abs. 2 und Abs. 3 StGB gelten entsprechend. Beim Täter muss entweder Unkenntnis darüber vorliegen, dass er etwas Unwahres beeidet, wenn er also seine Aussage für wahr hält, oder dass er von einer uneidlichen Aussage ausgeht.

72 **Fahrlässigkeit** ist gegeben, wenn der Täter die Sorgfalt, gründlich zu überlegen, die ihm nach den Umständen und seinen persönlichen Fähigkeiten zuzumuten ist, außer Acht lässt. Betrifft die Aussage das Wissen von Tatsachen, so ist das Nichtwissen an sich noch keine Fahrlässigkeit (der Zeuge schwor ja nur, nach bestem Wissen auszusagen). Eine Erkundigungspflicht zur Vorbereitung auf die Vernehmung trifft den Zeugen grundsätzlich nicht. Zu einer Vergewisserung im Voraus können jedoch Amtsträger wie Staatsanwälte oder Polizeibeamte beruflich verpflichtet sein, nicht jedoch ein Rechtsanwalt. Pflicht des Zeugen ist es, sein Gedächtnis zur Ermittlung des richtigen Sachverhaltes anzustrengen, um sein Erinnerungsbild zu verbessern.

73 Bei der eidesstattlichen Versicherung trifft den Versichernden eine Prüfungs- und Erkundigungspflicht. Bei der freiwilligen Versicherung ergibt sich das schon daraus, dass er nicht zur Abgabe verpflichtet ist.

§ 170 StGB – Verletzung der Unterhaltspflicht

Strafrahmen: Freiheitsstrafe von einem Monat bis zu drei Jahren oder Geldstrafe, in qualifizierten Fällen Freiheitsstrafe von einem Monat bis zu fünf Jahren oder Geldstrafe.

Qualifikation: Ein qualifizierter Fall liegt z.B. vor, wenn die Unterhaltspflicht einer Schwangeren gegenüber in verwerflicher Weise verletzt wird, was die Schwangere zum Abbruch der Schwangerschaft veranlasst.

Beispiel
Die Verletzung der Unterhaltspflicht gegenüber Kindern wird mit einer Freiheitsstrafe von acht Monaten auf Bewährung bestraft. Der Angeklagte war über einen Zeitraum von acht Jahren seinen Unterhaltsverpflichtungen nicht nachgekommen.[24]

§ 174 StGB – Sexueller Missbrauch von Schutzbefohlenen

§ 174 a StGB – Sexueller Missbrauch von Gefangenen, behördlich Verwahrten oder Kranken und Hilfsbedürftigen in Einrichtungen

Strafrahmen: Freiheitsstrafe von einem Monat bis zu fünf Jahren oder Geldstrafe, bzw. nach Abs. 2 Freiheitsstrafe von einem Monat bis zu drei Jahren oder Geldstrafe, in qualifizierten Fällen Freiheitsstrafe von einem Monat bis zu fünf Jahren oder Geldstrafe.

In den Fällen des Abs. 1 Nr. 1 oder des Abs. 2 i.V.m. Abs. 1 Nr. 1 kann das Gericht von einer Bestrafung **absehen**, wenn bei Berücksichtigung des **Verhaltens des Schutzbefohlenen** das Unrecht der Tat gering ist. Geringe Schuld reicht alleine nicht aus. In Betracht kommen auf Partnerschaft ausgerichtete Liebesbeziehungen, Verführung oder bewusste Erleichterung durch das Opfer. Auch sind Ausmaß und Dauer der Verfehlungen zu berücksichtigen.

Qualifikation: Der Betroffene macht sich gem. § 174 a StGB strafbar, wenn er sexuelle Handlungen an einer Person vornimmt, die auf behördliche Anordnung verwahrt ist, die in eine Station für hilfsbedürftige oder kranke Menschen stationär aufgenommen ist oder die ihm zur Erziehung, Beaufsichtigung oder Betreuung anvertraut ist.

---

24 AG Neustadt a.d. Weinstraße, Urt. v. 21. 12. 2001 – 5110 Js 19745/00 2 Ds.

> *Beispiel*
> Sexueller Missbrauch einer anvertrauten Person in Tateinheit mit sexuellem Missbrauch einer widerstandsunfähigen Person wird mit einer Freiheitsstrafe von einem Jahr und drei Monaten auf Bewährung bestraft. Der Angeklagte war bislang nicht vorbestraft. Bei dem Opfer handelte es sich um eine 63-jährige Heimbewohnerin, die geistig behindert war.[25]

■ § 176 StGB – Sexueller Missbrauch von Kindern

79 **Strafrahmen:** Freiheitsstrafe von sechs Monaten bis zu zehn Jahren, in minder schweren Fällen Freiheitsstrafe von einem Monat bis zu fünf Jahren oder Geldstrafe.

80 Der Strafrahmen ist **mehrfach abgestuft**. Innerhalb des Regelrahmens von sechs Monaten bis zu zehn Jahren ist die Strafe nach dem Gesamtbild von Tat und Täter zu bemessen.

81 Die gleichzeitige Verwirklichung des § 174 Abs. 1 Nr. 2 oder Nr. 3 StGB kann auch bei Verjährung der Tat nach § 174 StGB **strafschärfend** gewertet werden. Strafverschärfend ist zu berücksichtigen, dass als Folgen **Schädigungen** des Kindes eingetreten sind und in welchem Umfang sie eingetreten sind – **strafmildernd**, dass die Folgen ausgeblieben sind. Das Gewicht einschlägiger Vorstrafen kann durch Umstände gemindert sein, die zur Anwendung des § 21 StGB führen. Unzulässig ist die **Strafmilderung** mit der Begründung fehlender Gewaltanwendungen. Maßgebend ist der verschuldete physisch-psychische Folgeschaden, jedenfalls soweit er objektiv vorhersehbar war. Auch dass die Tat bereits lange zurückliegt, wird sich häufig strafmildernd auswirken.

82 **Minder schwere Fälle**, für die eine Geldstrafe in Betracht kommt, sind z.B. anzunehmen,

- wenn es sich um knapp über der Erheblichkeitsschwelle liegende, relativ harmlose Handlungen handelt oder
- wenn eine nicht schwerwiegende Tat auf die Aktivität des Kindes zurückgeht, nicht jedoch bei in bekleidetem Zustand vorgenommene beischlafähnliche Handlungen an einem Kind oder wenn die Voraussetzungen eines besonders schweren Falles nach § 176 a StGB gegeben sind.

---

25 AG Karlsruhe, Urt. v. 30. 11. 2000 – 1 Ls 21 Js 3795/98 – AK 281/99.

Beispiele
Sexueller Missbrauch eines Kindes wird mit einer Freiheitsstrafe von einem Jahr und sechs Monaten bestraft: Der im Jahre 1970 einschlägig vorbestrafte Angeklagte war Nachhilfelehrer eines neunjährigen Mädchens. Ihm wurde vorgeworfen, sexuelle Handlungen anlässlich des Nachhilfeunterrichts an dem Kind vorgenommen zu haben.[26]

Für sexuellen Missbrauch von Kindern in sechs Fällen in Tateinheit mit Vergewaltigung wird eine Gesamtfreiheitsstrafe von sieben Jahren verhängt.[27]

■ § 176 a StGB – Schwerer sexueller Missbrauch von Kindern

§ 176 a StGB ist die Qualifikation des Tatbestandes des § 176 StGB.

Strafrahmen des § 176 a Abs. 1 StGB: Freiheitsstrafe nicht unter einem Jahr, wenn

- eine Person über 18 Jahren mit dem Kind den Beischlaf vollzieht oder ähnliche sexuelle Handlungen an ihm vornimmt oder an sich von ihm vornehmen lässt, die mit einem Eindringen in den Körper verbunden sind,
- die Tat von mehreren gemeinschaftlich begangen wird,
- der Täter das Kind durch die Tat in die Gefahr einer schweren Gesundheitsschädigung oder einer erheblichen Schädigung der körperlichen oder seelischen Entwicklung bringt oder
- der Täter in den letzten fünf Jahren wegen einer solchen Tat rechtskräftig verurteilt worden ist.

Strafrahmen des § 176 a Abs. 2 StGB: Mit Freiheitsstrafe **nicht unter zwei Jahren** wird bestraft, wer in den Fällen des § 176 Abs. 1–4 StGB als Täter oder Beteiligter in der Absicht handelt, die Tat zum Gegenstand einer pornographischen Schrift zu machen, die nach § 184 Abs. 3 oder Abs. 4 StGB verbreitet werden soll.

Strafrahmen des § 176 a Abs. 3 StGB: In **minder schweren Fällen** des Abs. 1 ist auf Freiheitsstrafe von drei Monaten bis zu fünf Jahren, in minder

---

26 LG Frankenthal, Urt. v. 21. 7. 1999 – 5121 Js 32983/97 jug-ks.
27 BGH, Beschl. v. 19. 2. 2002 – 1 StR 5/02.

schweren Fällen des Abs. 2 auf Freiheitsstrafe von einem Jahr bis zu zehn Jahren zu erkennen.

Die Strafe ist in den Fällen des Abs. 1 Freiheitsstrafe von einem Jahr bis zu 15 Jahren. Die Gründe für die Annahme eines minder schweren Falles nach Abs. 3 entsprechen denen des § 176 StGB; sie liegen insbesondere auch nahe, wenn die Gefahr einer schweren Folge nach § 176 a Abs. 1 Nr. 3 StGB praktisch ausgeschlossen werden kann.

■ § 176 b StGB – Sexueller Missbrauch von Kindern mit Todesfolge

87 **Strafrahmen:** Freiheitsstrafe nicht unter zehn Jahren bis zu 15 Jahren oder lebenslange Freiheitsstrafe.

§ 176 b StGB enthält eine **Erfolgsqualifikation**. Auch bei Leichtfertigkeit ist die Verhängung der lebenslangen Freiheitsstrafe keineswegs ausgeschlossen. Sie kommt insbesondere bei schweren Misshandlungen sowie dann in Betracht, wenn schon die Verwirklichung des Grunddelikts im oberen Schuldbereich liegt.

■ § 177 StGB – Sexuelle Nötigung; Vergewaltigung

88 **Strafrahmen:** Freiheitsstrafe nicht unter einem Jahr, in besonders schweren Fällen Freiheitsstrafe nicht unter zwei Jahren bis zu 15 Jahren.

89 Ein **besonders schwerer Fall** liegt in der Regel vor, wenn

- der Täter mit dem Opfer den Beischlaf vollzieht oder ähnliche sexuelle Handlungen an dem Opfer vornimmt oder an sich von ihm vornehmen lässt, die dieses besonders erniedrigen, insbesondere, wenn sie mit einem Eindringen in den Körper verbunden sind (Vergewaltigung), oder
- die Tat von mehreren gemeinschaftlich begangen wird.

90 **Strafrahmen des § 177 Abs. 3** StGB: Freiheitsstrafe nicht unter drei Jahren, wenn der Täter

- eine Waffe oder ein anderes gefährliches Werkzeug führt,
- sonst ein Werkzeug oder Mittel führt, um den Widerstand einer anderen Person durch Gewalt oder Drohung mit Gewalt zu verhindern oder zu überwinden, oder
- das Opfer durch die Tat in die Gefahr einer schweren Gesundheitsschädigung bringt.

Strafrahmen des § 177 Abs. 4 StGB: Freiheitsstrafe nicht unter fünf Jahren, wenn der Täter 91

- bei der Tat eine Waffe oder ein anderes gefährliches Werkzeug verwendet oder
- das Opfer
  a) bei der Tat schwer körperlich misshandelt oder
  b) durch die Tat in die Gefahr des Todes bringt.

Strafrahmen des § 177 Abs. 5 StGB: In minder schweren Fällen des Abs. 1 ist auf Freiheitsstrafe von sechs Monaten bis zu fünf Jahren, in minder schweren Fällen des Abs. 3 und Abs. 4 auf Freiheitsstrafe von einem Jahr bis zu zehn Jahren zu erkennen. 92

Ein **minder schwerer Fall** kommt z.B. in Betracht, 93

- wenn der Täter bereits sexuelle Beziehungen zu dem Opfer hatte; **aber nicht**, wenn die Tat lediglich Ausdruck des Unwillens ist, „alte Rechte" aufzugeben, oder Bestrafungscharakter hat.
- wenn das Opfer dem Täter aus seiner Sicht begründete Hoffnung auf freiwillige Hingabe gemacht hat.
- wenn das Opfer dem Täter zunächst eine grundsätzliche Bereitschaft zu sexuellen Handlungen, etwa gegen Entgelt, erklärt hat. Abzustellen ist hierbei auf die konkrete Tatsituation; die regelmäßige Anknüpfung eines minder schweren Falles an eine Bewertung des Motivs des Tatopfers, sich dem Täter zu verweigern (etwa weil ein vereinbartes Entgelt nicht gezahlt wird), wäre verfehlt.

Eine durch das Vorverhalten des Opfers bedingte Erwartungshaltung des Täters kann in der Regel nur für den Zeitpunkt bis Tatbeginn eine gewisse Bedeutung für die Annahme eines minder schweren Falles haben, aber nicht für ein länger andauerndes besonders gravierendes Tatverhalten. Der „Lebenswandel" oder die Frage der „Unbescholtenheit" des Tatopfers stellen für sich keine tauglichen Kriterien zur Strafrahmenwahl oder der Strafzumessung dar. Auch dass das Opfer der Prostitution nachgeht, ist für sich gesehen ohne Bedeutung. 94

Nicht ausreichend für die Annahme eines minder schweren Falles ist, dass das Opfer sich freiwillig in eine Situation begeben hat, die die Einwirkungsmöglichkeiten des Täters begünstigt, so etwa 95

- beim Einsteigen in das Kraftfahrzeug des Täters,
- beim Aufenthalt in seiner Wohnung oder
- durch gemeinsames Aufsuchen abgelegener Örtlichkeiten.

96 In diesen Fällen kann Anlass zur Prüfung eines minder schweren Falles bestehen, wenn durch das Verhalten des Opfers eine objektiv nicht veranlasste Situation besonderer Vertraulichkeit geschaffen wurde (etwa wenn das Opfer in der Wohnung des ihm nur flüchtig bekannten Täters übernachtet, sich dort entkleidet etc.). Andererseits kann die zielgerichtete Ausnutzung eines Vertrauensverhältnisses durch den Täter nicht nur die Strafbarkeit nach Abs. 1 Nr. 3 begründen, sondern auch Anlass zur Annahme eines **besonders schweren** Falles nach Abs. 2 sein. Es kommt daher darauf an, wem die Schaffung der tatbegünstigenden Situation zuzurechnen ist – ob sie sich aus objektiver Sicht im Rahmen sozial adäquaten Verhaltens bewegt oder ob beispielsweise ein Abhängigkeitsverhältnis bestand oder der Täter eine besondere Verfassung des Opfers (z.B. Erschöpfung, Alkoholisierung, psychische Ausnahmezustände) ausnutzte. Erkennt der Täter diese Situation, so kann die vom Opfer verursachte tatbegünstigende Vertraulichkeit der Situation nicht mildernd wirken.

97 Anlass zur Prüfung eines **minder schweren** Falles ist stets gegeben, wenn die Erheblichkeitsschwelle des § 184c Nr. 1 StGB nur knapp überschritten wurde, bei Vorliegen von mehreren Strafrahmenmilderungsgründen des allgemeinen Teils oder in Fällen „ambivalenter" Täter-Opfer-Beziehungen.

98 Ein minder schwerer Fall ist **ausgeschlossen,** wenn gleichzeitig Umstände vorliegen, die die Annahme eines unbenannten besonders schweren Falles begründen. Beim Zusammentreffen von Regelbeispielen nach Abs. 2 mit Gesichtspunkten, die einen minder schweren Fall des Abs. 1 begründen, entfällt die Regelwirkung; die Bestrafung erfolgt aus Abs. 1.

99 **Strafschärfend** ist regelmäßig
- ein besonders brutales oder erniedrigendes Vorgehen des Täters, z.B. mehrfacher Missbrauch unter fortdauernder Gewaltanwendung,
- eine besondere Intensität des Tätervorgehens,
- ungeschützter Beischlaf mit Ejakulation,
- der ungeschützte Geschlechtsverkehr eines HIV-infizierten Täters,
- Tatausführung mit wesentlich über das zur Zielerreichung erforderliche Maß der Gewalteinwirkung,

- planmäßiger Bruch eines besonderen Vertrauens sowie
- die Verursachung besonderer, über die „normalen" Auswirkungen der Tat hinausgehende Tatfolgen, etwa schwere oder anhaltende seelische Beeinträchtigungen oder erhebliche psychische Störungen des Opfers.

Beispiel
Vergewaltigung in Tateinheit mit sexueller Nötigung, Freiheitsberaubung und gefährlicher Körperverletzung wird mit einer Freiheitsstrafe von elf Jahren bestraft. Die Angeklagten sperrten zu fünft das Tatopfer in einem Hotelzimmer ein. Danach quälten die Angeklagten das Opfer und vergingen sich nacheinander an ihm.[28]

■ § 178 StGB – Sexuelle Nötigung und Vergewaltigung mit Todesfolge

Strafrahmen: Lebenslange Freiheitsstrafe oder Freiheitsstrafe nicht unter zehn Jahren.

§ 178 StGB enthält eine **Qualifikation** des § 177 StGB. Der Tod des Opfers muss durch eine Tat nach § 177 StGB verursacht worden sein. „Durch die Tat" muss der Tod verursacht sein: Erforderlich ist daher ein über die bloße Kausalität hinausgehender spezifischer Rechtswidrigkeitszusammenhang; in der schweren Folge muss sich gerade die dem Grunddelikt anhaftende spezifische Gefahr unmittelbar verwirklicht haben.[29] An dem unmittelbaren Zusammenhang fehlt es in der Regel, wenn der Tod des Opfers erst durch Hinzutreten weiterer, vom Täter unabhängiger Entscheidungen herbeigeführt wird; hierzu zählt beispielsweise der Selbstmord des Opfers.

Der Täter muss wenigstens leichtfertig handeln. Leichtfertigkeit liegt vor, wenn der Täter die nach den Umständen nahe liegende Möglichkeit des Todeseintritts aus Gleichgültigkeit oder aus grobem Leichtsinn außer Acht lässt.[30] Die Leichtfertigkeit ist stets gegeben bei dem Einsatz gefährlicher Waffen oder bei besonders gefährlichen Gewalthandlungen (z.B. Würgen); sie liegt aber auch bei schweren Misshandlungen nahe und kann sich auch aus der dem Täter bekannten besonderen physischen oder psychischen Verfassung des Opfers ergeben.

---

28 LG Mannheim, Urt. v. 10. 9. 1996 – (4) 4 Kls 13/95.
29 BGHSt 20, 269; 31, 98; 33, 323.
30 BGHSt 36, 67.

§ 179 StGB – Sexueller Missbrauch widerstandsunfähiger Personen

102 **Strafrahmen:** Freiheitsstrafe von sechs Monaten bis zu zehn Jahren, in qualifizierten Fällen Freiheitsstrafe nicht unter einem Jahr, in minder schweren Fällen Freiheitsstrafe von drei Monaten bis zu fünf Jahren.

103 Ein **minder schwerer Fall** kommt bei nur geringfügiger Überschreitung der Erheblichkeitsschwelle des § 174 c Nr. 1 StGB in Betracht, weiterhin bei Handlungen nach gemeinsamem Alkohol- oder Drogengenuss (z.B. wenn der Täter nach gemeinsamem Alkoholgenuss das betrunkene Opfer missbraucht, nachdem schon vorher entsprechende Zärtlichkeiten ausgetauscht worden sind), auch bei Taten innerhalb dauerhafter Partnerschaften.

104 § 179 StGB ist **qualifiziert,** wenn

- der Täter mit dem Opfer den Beischlaf vollzieht oder ähnliche sexuelle Handlungen an ihm vornimmt oder an sich von ihm vornehmen lässt, die mit einem Eindringen in den Körper verbunden sind,
- die Tat von mehreren gemeinschaftlich begangen wird oder
- der Täter das Opfer durch die Tat in die Gefahr einer schweren Gesundheitsschädigung oder einer erheblichen Schädigung der körperlichen oder seelischen Entwicklung bringt.

§ 180 StGB – Förderung sexueller Handlungen Minderjähriger

105 **Strafrahmen:** Freiheitsstrafe von einem Monat bis zu drei Jahren oder Geldstrafe, in qualifizierten Fällen Freiheitsstrafe von einem Monat bis zu fünf Jahren oder Geldstrafe.

> *Beispiel*
> Menschenhandel in Tateinheit mit Zuhälterei in zwei Fällen in Tatmehrheit mit Betrug: Gesamtfreiheitsstrafe von drei Jahren.[31] Der vielfach vorbestrafte Angeklagte hatte unter einem Vorwand nach Deutschland gelockte ausländische Frauen der Prostitution zugeführt, einen Bordellbetrieb geleitet und gleichzeitig Arbeitslosengeld bzw. Arbeitslosenhilfe bezogen.

---

31 LG Trier, Urt. v. 23. 12. 1999 – 8006 Js 17698/97 – 1 KLs.

§ 180 b StGB – Menschenhandel
§ 181 StGB – Schwerer Menschenhandel

Strafrahmen: Freiheitsstrafe von einem Monat bis zu fünf Jahren oder Geldstrafe, in qualifizierten Fällen Freiheitsstrafe von sechs Monaten bis zu zehn Jahren, in schweren Fällen (§ 181 StGB) Freiheitsstrafe von einem Jahr bis zu zehn Jahren. In minder schweren Fällen ist die Strafe Freiheitsstrafe von sechs Monaten bis zu fünf Jahren. 106

Ein **minder schwerer Fall** kann unter Umständen in den Fällen des Anwerbens angenommen werden, wenn das Opfer weiß, worum es geht, aber z.B. auch dann, wenn es beim bloßen Anwerben bleibt, wenn der Täter erstmals gewerbsmäßig handelt oder wenn eine nur geringfügige oder kurzzeitige Prostitutionsausübung angestrebt ist. 107

Qualifikationen werden angenommen, wenn der Beschuldigte 108

- auf eine andere Person in Kenntnis der Hilflosigkeit, die mit ihrem Aufenthalt in einem fremden Land verbunden ist, oder
- auf eine Person unter 21 Jahren einwirkt,

um sie zur Aufnahme oder Fortsetzung der Prostitution zu bestimmen oder sie dazu bringt, diese aufzunehmen oder fortzusetzen.

§ 181 a StGB – Zuhälterei

Strafrahmen: Freiheitsstrafe von sechs Monaten bis zu fünf Jahren, in qualifizierten Fällen Freiheitsstrafe von einem Monat bis zu drei Jahren oder Geldstrafe. 109

Qualifikation: Qualifizierte Fälle liegen vor, wenn der Beschuldigte gewerbsmäßig die Prostitutionsausübung einer anderen Person durch Vermittlung sexuellen Verkehrs fördert oder die Prostitution eines anderen durch Vermittlung sexuellen Verkehrs gewerbsmäßig fördert. Als Täter kommen hier nicht nur Zuhälter in Betracht, sondern vor allem Leiter von Callgirl-Ringen, Vermittler von Mittelsmännern, Inhaber von so genannten Massagesalons, Stundenhotels, Reiseunternehmen sowie so genannte Schlepper, die Prostituierten Freier zuführen – im Einzelfall auch Hotelportiers, Taxifahrer, Kellner, soweit sie eine entsprechende Tätigkeit entwickeln. Dazu genügt an sich das Aushändigen von Visitenkarten einer Prostituierten mit deren Tele- 110 fonnummer an Gäste; jedoch scheiden gelegentliche Hinweise oder Vermittlungen aus.[32]

■ **§ 182 StGB – Sexueller Missbrauch von Jugendlichen**

111 **Strafrahmen:** Freiheitsstrafe von einem Monat bis zu fünf Jahren oder Geldstrafe, in Fällen des § 182 Abs. 2 StGB Freiheitsstrafe von einem Monat bis zu drei Jahren oder Geldstrafe. Das Gericht kann von Strafe absehen, wenn das Unrecht der Tat gering ist.

112 Das Gericht hat die Möglichkeit, von Strafe abzusehen, wenn, unter Berücksichtigung des Verhaltens des Jugendlichen, das Unrecht der Tat gering ist. Geringe Schuld der Tat reicht nicht aus. Diese Möglichkeit wird das Gericht bei echten Liebesbeziehungen und möglicherweise dann anwenden, wenn die Initiative zum Kontakt vom Jugendlichen ausging oder es zu einer Tat geringer Schwere gekommen ist.

In den Fällen des **§ 182 Abs. 1 StGB** liegt der Missbrauch in der Ausnutzung der Zwangslage oder in der Vorteilsgewährung oder im Ausnutzen eines Abhängigkeitsverhältnisses. **§ 182 Abs. 2 StGB** betrifft die scheinbar einverständlichen sexuellen Handlungen eines Erwachsenen mit einem Jugendlichen unter 16 Jahren. Ein erheblicher Altersunterschied ist aber in der Regel als Indiz für das „Machtgefälle" zwischen Täter und Opfer zu werten und als Anzeichen dafür zu sehen, dass der Täter seine Überlegenheit für sexuelle Zwecke auszunutzen gedachte.[33]

■ **§ 183 StGB – Exhibitionistische Handlungen**

113 **Strafrahmen:** Freiheitsstrafe von einem Monat bis zu einem Jahr oder Geldstrafe.

114 Das Gericht kann die Vollstreckung einer Freiheitsstrafe auch dann zur **Bewährung** aussetzen, wenn zu erwarten ist, dass der Täter erst nach einer längeren Heilbehandlung keine exhibitionistischen Handlungen mehr vornehmen wird. Dabei kann das Gericht die Auflage erteilen, dass der Beschuldigte sich einer Heilbehandlung unterzieht. Diese Regelung befreit von

---

32 KG NJW 1977, 2225.
33 BGHSt 42, 402.

den Anforderungen des § 56 Abs. 1 StGB[34] und lässt die weiteren Voraussetzungen des § 56 Abs. 2 StGB unberührt.[35] Der Richter hat hier zwischen der Gefahr, die vom Täter noch ausgeht, und der Chance endgültiger Heilung nach der konkreten Lage abzuwägen. Beschließt der Richter, Bewährung zu bewilligen, so zeigt eine neue Tat allein noch nicht, dass die der Aussetzung zu Grunde liegende Prognose sich nicht erfüllt hat; denn mit einzelnen weiteren Taten war zu rechnen.[36] Wird danach nicht widerrufen, so wird auch hinsichtlich der neuen Strafe Bewährung möglich sein; wird diese Aussetzung abgelehnt, so wird in der Regel auch die erste Aussetzung zu widerrufen sein. Auch **andere Taten** während der Bewährungszeit führen nicht zum Widerruf, da sie die besondere Prognose nach Absatz 3 und die Zielsetzung der Aussetzung nicht berühren.

■ **§ 184 StGB – Verbreitung pornographischer Schriften**

Strafrahmen: Freiheitsstrafe von einem Monat bis zu einem Jahr oder Geldstrafe, in qualifizierten Fällen mit Kindern Freiheitsstrafe von drei Monaten bis zu fünf Jahren, sonst Freiheitsstrafe bis zu drei Jahren oder Geldstrafe. Bei gewerbsmäßigem oder bandenmäßigem Handeln in den qualifizierten Fällen ist die Strafe Freiheitsstrafe von sechs Monaten bis zu zehn Jahren. Für den Besitz von Pornographie in qualifizierten Fällen ist die Strafe Freiheitsstrafe von einem Monat bis zu einem Jahr oder Geldstrafe.

115

Die **Qualifikation** umfasst zunächst Gewalttätigkeiten sexueller Art, also die Darstellung z.B. von Sexualmorden, Notzucht, sexueller Nötigung, Marterungen, Abschneiden von Körperteilen, sadistischen oder sadomasochistischen Handlungen. Ob die dargestellten Handlungen nur vorgetäuscht sind oder in Wirklichkeit begangen wurden, ist ohne Bedeutung.[37] Erfasst ist auch der sexuelle Missbrauch von Kindern, in erster Linie i.S.v. § 176 Abs. 3 StGB. Es können jedoch auch ausschließlich Kinder beteiligt sein, z.B. bei Fotos nackter Kinder unter reißerischer Hervorhebung des Geschlechtsteils.[38] Die Strafandrohung für die Verbreitung kinderpornographischer Schriften wurde erheblich erhöht und insbesondere deren Besitz mit Strafe bedroht.

116

---

34 BGHSt 35, 153; OLG Stuttgart MDR 1974, 685.
35 BGHSt 28, 360.
36 OLG Düsseldorf NStZ 1984, 263.
37 OLG Karlsruhe MDR 1977, 864; OLG Köln NJW 1981, 1457.
38 BGHSt 43, 368.

117 Als **Täter** kommen vor allem Verleger und Buchhändler in Betracht, da Verbreiten auch ohne Veröffentlichungen möglich ist, z.b. durch Verleihen, Verteilen oder Zugänglichmachen im Wege des Abonnements. Auch kommerzielle Firmen, die als Internet-Provider interessierte Nutzer mit einem Zugang zum Internet versorgen oder den Zugriff auf bestimmte Netzangebote strafrechtlich relevanten Inhalts nicht sperren, können sich strafbar machen. Die Einrichtung so genannter „Links" auf einer Homepage des Internet kann sowohl täterschaftliches Verbreiten als auch Beihilfe zu einer solchen Tat sein.

118 § 184 Abs. 5 StGB stellt die **Besitzverschaffung** (hierzu gehört auch das Anfertigen von kinderpornographischen Fotos,[39] das Herunterladen aus dem Internet in den Speicher eines Computers) und den Besitz von Kinderpornographie unter Strafe. Das Abrufen pornographischer Daten im Internet und ihr Betrachten am Bildschirm erfüllt den Tatbestand nicht,[40] wohl aber die Abspeicherung auf eigene Datenträger (Sichverschaffen) und die Übermittlung an einen anderen über Zwischenspeicher, insbesondere als E-Mail.[41] Der Besitz wird ebenfalls unter Strafe gestellt.

- **§ 184 a StGB – Ausübung der verbotenen Prostitution**
- **§ 184 b StGB – Jugendgefährdende Prostitution**

119 **Strafrahmen:** Freiheitsstrafe von einem Monat bis zu sechs Monaten oder Geldstrafe bis zu 180 Tagessätzen, im qualifizierten Fall des § 184 b StGB Freiheitsstrafe von einem Monat bis zu einem Jahr oder Geldstrafe.

120 **Qualifikation:** Der Prostitution muss

- in der Nähe einer Schule oder einer anderen Örtlichkeit, die zum Besuch durch Personen unter 18 Jahren bestimmt ist, oder
- in einem Haus, in dem Personen unter 18 Jahren wohnen,

in einer Weise nachgegangen werden, die diese Personen sittlich gefährdet.

---

39 BGHSt 43, 368.
40 *Kindhäuser*, § 184 Rn 7.
41 AG Hamburg CR 1998, 33.

■ § 185 StGB – Beleidigung

Strafrahmen: Freiheitsstrafe von einem Monat bis zu einem Jahr oder Geldstrafe, in qualifizierten Fällen Freiheitsstrafe von einem Monat bis zu zwei Jahren oder Geldstrafe. 121

Qualifikation: Die tätliche Beleidigung erfordert eine unmittelbare körperliche Einwirkung auf den anderen, aus der sich ihr ehrenrühriger Sinn ergibt. Ein fehlgegangener Schlag ist keine tätliche Beleidigung, sondern eine Beleidigung durch Kundgebung einer Missachtung, wohl aber das Anspucken,[42] das körperliche Abtasten von Mädchen auf Grund eines fingierten Diebstahlverdachts.[43] 122

> *Beispiel*
> Beleidigung: Geldstrafe von 90 Tagessätzen. Der Angeklagte hat im Zustand erheblich verminderter Schuldfähigkeit auf Grund zuvor genossenen Alkohols zwei Polizeibeamte als „Idioten, Bullen und Arschlöcher" beschimpft.[44]

■ § 186 StGB – Üble Nachrede

Strafrahmen: Freiheitsstrafe von einem Monat bis zu zwei Jahren oder Geldstrafe. 123

■ § 187 StGB – Verleumdung

Strafrahmen: Freiheitsstrafe von einem Monat bis zu fünf Jahren oder Geldstrafe. 124

■ § 188 StGB – Üble Nachrede und Verleumdung gegen Personen des politischen Lebens

Strafrahmen: Im Falle der üblen Nachrede Freiheitsstrafe von drei Monaten bis zu fünf Jahren, bei einer Verleumdung Freiheitsstrafe von sechs Monaten bis zu fünf Jahren. 125

Die **Beweggründe der Tat** müssen mit der Stellung des Beleidigten im öffentlichen Leben zusammenhängen, doch brauchen Beweggründe und Zie- 126

---

42 OLG Zweibrücken NJW 1991, 241.
43 BGHSt 35, 77.
44 AG Heidelberg, Urt. v. 4. 11. 2002 – 11 Ds 14 Js 16837/02 – AK 514/02.

le des Täters nicht politische zu sein. So genügt es, wenn der Täter den Absatz seiner Zeitung durch eine Sensationsnachricht fördern möchte.[45] Die Tat muss geeignet sein, das öffentliche Wirken des Verletzten durch Untergrabung des Vertrauens erheblich zu erschweren, es genügt die abstrakte Eignung, die Folge selbst braucht nicht eingetreten zu sein.[46]

▪ § 201 StGB – Verletzung der Vertraulichkeit des Wortes

127 **Strafrahmen:** Freiheitsstrafe von einem Monat bis zu drei Jahren oder Geldstrafe; wird die Tat von einem Amtsträger oder einem als für den öffentlichen Dienst besonders Verpflichteten begangen, ist Freiheitsstrafe von einem Monat bis zu fünf Jahren oder Geldstrafe möglich.

▪ § 203 StGB – Verletzung von Privatgeheimnissen

128 **Strafrahmen:** Freiheitsstrafe von einem Monat bis zu einem Jahr oder Geldstrafe; handelt der Täter gegen Entgelt oder in der Absicht, sich oder einen anderen zu bereichern oder einen anderen zu schädigen, so ist die Strafe Freiheitsstrafe von einem Monat bis zu zwei Jahren oder Geldstrafe. Das Handeln gegen Entgelt liegt insbesondere dann vor, wenn der Täter das Geheimnis „verkauft".

▪ § 206 StGB – Verletzung des Post- oder Fernmeldegeheimnisses

129 **Strafrahmen:** Freiheitsstrafe von einem Monat bis zu fünf Jahren oder Geldstrafe; wer unbefugt einer anderen Person eine Mitteilung über Tatsachen macht, die ihm als außerhalb des Post- oder Telekommunikationsbereich tätigen Amtsträger auf Grund eines befugten oder unbefugten Eingriffes in das Post- und Fernmeldegeheimnis bekannt geworden sind, wird mit Freiheitsstrafe von einem Jahr bis zu zwei Jahren oder mit Geldstrafe bestraft.

---

45 BGHSt 4, 119.
46 BGH NStZ 1981, 300.

- **§ 211 StGB – Mord**
- **§ 212 StGB – Totschlag**
- **§ 213 StGB – Minder schwerer Fall des Totschlags**

Strafrahmen: Freiheitsstrafe nicht unter fünf Jahren bis zu 15 Jahren, in besonders schweren Fällen ist auf lebenslange Freiheitsstrafe zu erkennen. Liegen die Voraussetzungen eines minder schweren Falles vor, kann der Richter eine Freiheitsstrafe von einem Jahr bis zu zehn Jahren verhängen.

130

War der Mandant ohne eigene Schuld durch eine ihm oder einem Angehörigen zugefügte Misshandlung oder schwere Beleidigung von dem getöteten Menschen zum Zorn gereizt und hierdurch auf der Stelle zur Tat hingerissen worden, kann ein **minder schwerer Fall** vorliegen.[47] Nimmt der Mandant jedoch irrtümlich an, dass die Voraussetzungen der ersten Alternative („zum Zorn gereizt") vorliegen, ist eine Strafmilderung nicht möglich.[48] Zwei Fälle der Provokation (Reizung zum Zorn) sind von Gesetzes wegen als Beispiele für minder schwere Fälle anzusehen: die Misshandlung und die schwere Beleidigung, falls sie von dem Getöteten (nicht etwa einem Dritten) dem Täter selbst zugefügt sind oder einem seiner Angehörigen. Hierbei kann es auf das frühere Verhalten des Opfers und auf länger zurückliegende Vorgänge wie auch sonst auf alle Umstände für die Entstehung und Auslösung des Tatentschlusses ankommen.

131

Als **Misshandlungen** können nur erhebliche Beeinträchtigungen gewertet werden. Unter einer schweren **Beleidigung** sind nicht nur erhebliche Verletzungen, sondern schwere Kränkungen jeglicher Art zu verstehen. Die Schwere kann sich auch aus fortlaufenden, für sich allein noch nicht schweren Kränkungen ergeben, so wenn eine nachfolgende Misshandlung die Kränkung vertieft oder die Beleidigung nach einer Reihe von Kränkungen gleichsam „der Tropfen war, der das Fass zum überlaufen brachte".

Die Schwere der erlittenen Kränkung ist objektiv unter Berücksichtigung auf die Gesamtbeziehung der Streitenden zu bestimmen. Daher kommt es bei der einem Angehörigen zugefügten Beleidigung nicht darauf an, ob sie von diesem oder vom Täter selbst, etwa wegen besonderer Empfindlichkeit,

132

---

47 BGH NStZ 1982, 27; BGH NStZ 1995, 83; BGH StV 1983, 198; BGH StV 1990, 204.
48 BGHSt 1, 203.

als schwer empfunden wird, sondern darauf, ob die Kränkung auf Grund einer Gesamtbetrachtung beurteilt, als schwer zu gelten hat. Dabei ist der persönliche Lebenskreis des Täters maßgebend mit zu berücksichtigen. Dies bezieht sich nicht nur auf Milieu und Sprachgebrauch der Beteiligten, sondern auch auf depressive Phasen des Opfers, die sich vom sonstigen Umgang der Partner unterscheiden. Daher kann einer Kränkung, die gewöhnlich objektiv als schwer einzustufen wäre, diese Eigenschaft abgehen, wenn die provozierenden Äußerungen auf einer dem Täter bekannten psychischen Erkrankung des Opfers beruhen und dies nur in bestimmten Situationen manifest wird. Andererseits kann sich, wenn man z.B. asiatische Mentalität zu Grunde legt, eine Ehrverletzung als schwer darstellen. Selbst bei einer Äußerung, die den Tatsachen entspricht, kann durch die Art und Weise ihrer Kundgabe eine erhebliche Kränkung zum Ausdruck kommen.

Beispiel

Schwere Beleidigungen sind z.B.: wiederholte schwere gewalttätige Missachtung des Hausrechts; Beschimpfung wegen sexueller Leistungsunfähigkeit; Ehebruch mit der Ehefrau des Täters; bei einem türkischen Gastarbeiter auch der Ehebruch seiner Frau, nicht aber schon eine bloße Drohung mit einem für den Täter bedeutsamen Verhalten in der Zukunft. An einer schweren Beleidigung i.S.d. § 213 StGB fehlt es, wenn die provozierende Äußerung von einem (für den Täter) erkennbar psychisch kranken Opfer ausgeht, nicht aber ohne weiteres von einem Betrunkenen.

133 Der Täter muss **ohne eigene Schuld** gereizt worden sein. Dies ist unzweifelhaft der Fall, wenn der Täter keinerlei Veranlassung zu einer Misshandlung oder Beleidigung durch das spätere Opfer gegeben hat; ebenso entfällt umgekehrt die Privilegierung, wenn der Täter zunächst seinerseits schuldhaft das bis dahin friedfertige Opfer zu seiner Reaktion herausgefordert hat.

134 Für die Annahme eines „**sonstigen minder schweren Falles**" ist eine Wertung des Gesamteindrucks von Tat und Täter notwendig, dem Tatrichter muss der Strafrahmen des § 212 StGB unangemessen hoch sein.[49]

135 Liegt eine Provokation vor (§ 213 1. Alt.), muss der Tatrichter auch prüfen, ob außerdem ein „sonst" (unbenannter) minder schwerer Fall gegeben ist.

---

49 *Kindhäuser*, § 213 Rn 7.

Hält der Richter einen Fall der Provokation für gegeben, so **hindert ihn das nicht**, die Strafe, etwa im Fall des § 21 StGB, nochmals nach § 49 Abs. 1 StGB zu mildern, mag auch die Beeinträchtigung der Steuerungsfähigkeit gerade in dem durch die Reizung zum Zorn ausgelösten Affekt ihre Ursache haben. **Beide Milderungsgründe stehen selbstständig nebeneinander.**

136 Der Täter muss durch die Provokation **auf der Stelle** (nämlich alsbald) zur Tat hingerissen worden sein. „Auf der Stelle" bedeutet nicht „Spontantat" im engeren Sinne, maßgebend ist vielmehr, ob der durch die Kränkung hervorgerufene Zorn noch angehalten und den Täter zur Tat hingerissen hat, möglicherweise also noch nach mehreren Stunden, wenn die Tat unter dem beherrschenden Einfluss einer anhaltenden Erregung über die Misshandlung geschehen ist. Dabei können auch **länger zurückliegende Vorgänge** noch eine Rolle spielen, wenn sie durch die Provokation wieder aktualisiert werden.

137 Einen **minder schweren Fall** ließ der fünfte Strafsenat gelten bei rechtsbeugerischen und vollstreckten Todesurteilen eines DDR-Richters, obwohl die Annahme eines minder schweren Falles bei einem „willkürlichen Richterspruch" – so der Senat – „sich auf den ersten Blick zu verbieten scheint". Hier sei aber der angeklagte DDR-Richter in einem „Unrechtsregime eingebunden" gewesen, die Zustimmung zu dem Todesurteil sei vom Vorsitzenden erwartet worden und solche Konflikte eines rechtsbeugenden Richters seien nur innerhalb eines Unrechtsregimes typisch. Vor allem war für die Heranziehung des Ausnahmestrafrahmens das persönliche Schicksal des angeklagten Richters als Opfer der NS-Gewaltherrschaft bestimmend und die Tatsache, dass die Urteile rund 40 Jahre zurücklagen. Auch in den so genannten „Mauerschützen"-Fällen wurden minder schwere Fälle angenommen wegen der weit zurückliegenden Tatzeit, des Verzichts auf „letzte Konsequenz" beim Zielen, weil der Täter als letztes Glied einer langen Befehlskette und infolge der staatlichen Indoktrination selbst ein „Opfer der Verhältnisse an der Grenze" war.

138 **Besonders schwere Fälle** werden vielfach solche sein, bei denen der Täter mit Überlegung, **besonders brutal** oder **„mit unbedingtem Vernichtungswillen"** oder zur Verdeckung eines nicht strafbaren, aber ihm sonst unangenehmen, von ihm selbst provozierten Geschehens handelt, ohne dass die Voraussetzungen des § 211 StGB gegeben sind. Die lebenslange Freiheits-

strafe kommt auch dann in Betracht, wenn das Verschulden des Täters ebenso schwerwiegend wie das eines Mörders ist, z.B. brutale Tötung zweier anvertrauter Kinder aus nichtigem Anlass oder auch bei einem überlegten oder besonders brutal ausgeführten Totschlag, bei grausamen Misshandlungen vor dem endgültigem Tötungsentschluss, bei einer „niedrigen Beweggründen sehr nahe gekommenen" und „hinrichtungsähnlichen Bluttat".

Beispiele
Versuchter Mord in Tateinheit mit Herbeiführen einer Sprengstoffexplosion, schwerer Brandstiftung und gefährlicher Körperverletzung: Freiheitsstrafe von sechs Jahren.[50]

Versuchter Mord und schwerer Raub: Gesamtfreiheitsstrafe von 15 Jahren. Raubüberfall auf eine Spielhalle. Der Angeklagte schlug mit Tötungsabsicht den Geschädigten bewusstlos zu Boden und fügte ihm lebensgefährliche Kopfverletzungen zu. Der Angeklagte verließ dann gemeinsam mit seinem Mittäter in der Annahme, dass der Geschädigte tot sei, den Tatort.[51]

139 ■ **§ 216 StGB – Tötung auf Verlangen**

Strafrahmen: Freiheitsstrafe von sechs Monaten bis zu fünf Jahren.

140 Erscheint die Tat nur als Beihilfe zu dem Selbstmord des anderen, so ist die Unterstützung straffrei. Beim **Versuch, gemeinsam zu sterben**, kommt es darauf an, ob das Opfer sich auf die bloße Anstiftung beschränkt oder ob es darüber hinaus aktiv mitwirkt (dann Straflosigkeit des Überlebenden). Die Tat kann durch Unterlassen begangen werden, wenn der Täter das zum Tode führende, von dem Lebensmüden selbstständig herbeigeführte Geschehen beherrschen wollte. Wer hingegen auf nachdrückliches Verlangen eines Moribunden, dessen Tod nur noch durch medizinische Geräte hinausgezögert wird, diese abschaltet und die Intensivbehandlung abbricht, tötet nicht. Er leistet vielmehr in Respektierung des Selbstbestimmungswillens des tödlich Erkrankten Beistand im Sterben.

---

50 LG Heidelberg, Urt. v. 21. 11. 2000 – 6 Ks 30 Js 3513/00.
51 LG Stuttgart, Urt. v. 3. 6. 1997 – 1 Kls 116 Js 65696/96.

§ 218 StGB – Schwangerschaftsabbruch

Strafrahmen: Freiheitsstrafe bis zu drei Jahren oder Geldstrafe; in besonders schweren Fällen ist die Strafe Freiheitsstrafe von sechs Monaten bis zu fünf Jahren. **141**

Begeht die **Schwangere** die Tat, so ist die Strafe Freiheitsstrafe bis zu einem Jahr oder Geldstrafe. Die Schwangere ist in vierfacher Weise privilegiert: **142**

- Durch Herabsetzung des Strafrahmens (Absatz 3) ist die Höchststrafe für die Schwangere auf Freiheitsstrafe bis zu einem Jahr oder Geldstrafe beschränkt. Damit soll der persönlichen Konfliktsituation Rechnung getragen werden, aus der heraus die Schwangere regelmäßig handelt.
- Zudem erlangt die Schwangere volle Straffreiheit (§ 218a Abs. 4 S. 1 StGB), wenn sie den Abbruch nach vorheriger Beratung innerhalb der 13.–22. Woche seit Empfängnis von einem Arzt durchführen lässt.
- Ferner bleibt für die Schwangere der Versuch straffrei (§ 218 Abs. 4 S. 2 StGB).
- Schließlich ist für die Schwangere noch ein **Absehen von Strafe** (§ 218a Abs. 4 S. 2 StGB) möglich, wenn sie sich zur Zeit des Eingriffs in „besonderer Bedrängnis" befunden hat.

§ 218a StGB enthält in Satz 1 einen persönlichen Strafausschließungsgrund. **Voraussetzungen der Straffreiheit** sind nur, dass **143**

- die Schwangere nach § 219 StGB beraten worden ist,
- den Schwangerschaftsabbruch ein Arzt vorgenommen hat, der zwar nicht derjenige sein darf, der die Beratung durchgeführt hat, wohl aber ein beliebiger Arzt im Ausland sein kann,
- seit der Empfängnis nicht mehr als 22 Wochen verstrichen sind.

§ 218 Abs. 4 S. 2 StGB sieht die Möglichkeit von **Absehen von Strafe** vor, wenn sich die Schwangere **in besonderer Bedrängnis** befunden hat. Dass diese Bedrängnis das Motiv für den Schwangerschaftsabbruch war, fordert das Gesetz nicht ausdrücklich, doch muss sie nach dem Gesetzessinn eine wesentliche Rolle für den Entschluss gespielt haben. Unter besonderer Bedrängnis ist eine Notsituation zu verstehen, die zwar zur Rechtfertigung nach § 218a Abs. 2 StGB nicht ausreicht, aber schwerere Belastungen mit sich bringt, als sie in der Regel mit einer Schwangerschaft verbunden sind. **144**

145 Ein **besonders schwerer Fall** liegt in der Regel vor, wenn der Täter gegen den Willen der Schwangeren handelt oder leichtfertig die Gefahr des Todes oder einer schweren Gesundheitsschädigung der Schwangeren verursacht. Die Strafandrohung richtet sich allein gegen den Fremdtäter.

146 Das Regelbeispiel „Gefahr" setzt voraus, dass der Täter durch die Tat, möglicherweise auch den bloßen Versuch (wenigstens) leichtfertig die **konkrete Gefahr** des Todes oder einer schweren Gesundheitsschädigung der Schwangeren verursacht. Darunter ist nicht nur die Gefahr einer schweren Körperverletzung zu verstehen, sondern auch die Gefahr, dass die Frau im Gebrauch ihrer Sinne oder ihres Körpers oder ihrer Arbeitsfähigkeit für lange Zeit erheblich beeinträchtigt wird oder in eine langwierige ernste Krankheit verfällt. Eine solche Gefahr ist bei Laienabtreibungen stets anzunehmen. Durch diese **„Kurpfuscherklausel"** soll vor allem den Laienabtreibungen vorgebeugt werden, bei denen nicht nur infolge unsachgemäßer Durchführung, sondern auch im Hinblick auf mangelnde Nachbehandlungsmöglichkeiten regelmäßig mit der Gefahr einer schweren Gesundheitsschädigung zu rechnen ist.

147 Weitere Strafrahmen:

- Schwangerschaftsabbruch **ohne ärztliche Feststellung** oder mit unrichtiger ärztlicher Feststellung ist mit Freiheitsstrafe von einem Monat bis zu einem Jahr oder Geldstrafe bewehrt, wenn die Tat nicht nach § 218 StGB strafbar ist (§ 218 b StGB).
- Wer als Arzt wider besseres Wissen eine **unrichtige Feststellung** über die Voraussetzungen des § 218 a Abs. 2 oder 3 StGB zur Vorlage nach Satz 1 trifft, wird mit Freiheitsstrafe von einem Monat bis zu zwei Jahren oder mit Geldstrafe bestraft, wenn die Tat nicht in § 218 StGB mit Strafe bedroht ist.
- **Ärztliche Pflichtverletzung** bei einem Schwangerschaftsabbruch – Freiheitsstrafe bis zu einem Jahr, wenn die Tat nicht in § 218 StGB mit Strafe bedroht ist (§ 218 c StGB).

148 Die Schwangere ist nicht nach § 218 c Abs. 1 StGB strafbar: Tathandlung ist das Abbrechen einer Schwangerschaft, falls der abbrechende Arzt der Frau keine Gelegenheit gegeben hat, die Gründe für ihr Verlangen nach dem Schwangerschaftsabbruch darzulegen, den Schwangerschaftsabbruch also ohne jede Frage nach den Gründen vornimmt oder eine erklärungswillige Schwangere erst gar nicht zu Wort kommen lässt. Gleiches gilt für den Fall, wenn der abbrechende Arzt die Schwangere nicht über die Bedeutung des

Eingriffs, insbesondere über Ablauf, Folgen, Risiken, mögliche physische und psychische Auswirkungen ärztlich beraten hat.

Ebenso macht sich der Arzt strafbar, wenn er sich nicht vor dem Schwangerschaftsabbruch auf Grund ärztlicher Untersuchung von der Dauer der Schwangerschaft überzeugt hat. Gleiches gilt, wenn der abbrechende Arzt die Frau in einem Fall des § 218 a Abs. 1 StGB nach § 219 StGB beraten hat. Die Vorschrift sanktioniert das gesetzliche Verbot des § 219 Abs. 2 S. 3 StGB, wonach der abbrechende Arzt nicht auch die vorgeschriebene Schwangerenkonfliktberatung durchführen darf. Auf diese Weise sollen Interessenkollisionen vermieden und entsprechend den Vorgaben des Bundesverfassungsgerichts unvoreingenommene Konfliktberatungen sichergestellt werden, die auch dem abbrechenden Arzt im Rahmen des Beratungskonzepts eine zusätzliche Schutzfunktion auferlegen.

149

■ § 221 StGB – Aussetzung

Strafrahmen: Freiheitsstrafe von drei Monaten bis zu fünf Jahren. Auf Freiheitsstrafe von einem Jahr bis zu zehn Jahren ist zu erkennen, wenn der Täter

150

- die Tat gegen sein Kind oder eine Person begeht, die ihm zur Erziehung oder zur Betreuung in der Lebensführung anvertraut ist oder
- durch die Tat eine schwere Gesundheitsschädigung des Opfers verursacht.

In **minder schweren Fällen** ist Freiheitsstrafe von sechs Monaten bis zu fünf Jahren vorgesehen.

Verursacht der Täter durch die Tat den Tod des Opfers, so ist die Strafe Freiheitsstrafe nicht unter drei Jahren bis zu zehn Jahren, in minder schweren Fällen Freiheitsstrafe von einem Jahr bis zu zehn Jahren.

151

■ § 222 StGB – Fahrlässige Tötung

Strafrahmen: Freiheitsstrafe von einem Monat bis zu fünf Jahren oder Geldstrafe.

152

Wer es fahrlässig ermöglicht, dass ein anderer sich selbst tötet, bleibt straffrei,[52] dies gilt auch bei der Mitwirkung an einer eigenverantwortlichen Selbstgefährdung Dritter.[53]

---

52 BGHSt 24, 342.
53 BGHSt 32, 262.

> *Beispiel*
> Fahrlässige Tötung in fünf rechtlich zusammentreffenden Fällen in Tateinheit mit fahrlässiger Körperverletzung in 37 rechtlich zusammentreffenden Fällen: Freiheitsstrafe von einem Jahr und acht Monaten auf Bewährung.[54]

- **§ 223 StGB – Körperverletzung**
- **§ 224 StGB – Gefährliche Körperverletzung**

153 **Strafrahmen:** Freiheitsstrafe von einem Monat bis zu fünf Jahren oder Geldstrafe, in Fällen des § 224 StGB Freiheitsstrafe von sechs Monaten bis zu zehn Jahren, in minder schweren Fällen des § 223 StGB Freiheitsstrafe von drei Monaten bis zu fünf Jahren.

154 § 224 Abs. 1 StGB enthält **fünf Qualifikationsalternativen:**

155 ■ **Tatbegehung durch Beibringung von Gift oder anderen gesundheitsschädlichen Stoffen**

156 ■ **Tatbegehung mittels einer Waffe oder eines anderen gefährlichen Werkzeugs**

Der **Begriff der Waffe** ist im technischen Sinne zu verstehen, hierunter fallen auch Hieb-, Stich- und Stoßwaffen. Werkzeug ist jeder Gegenstand, mittels dessen durch Einwirkung auf den Körper eine Verletzung zugefügt werden kann. Die Verletzung muss mit dem Gegenstand zugefügt werden; daran fehlt es, wenn man jemanden gegen einen Felsen, gegen eine Wand, den heißen Ofen oder gegen einen eisernen Zeltpfosten mit herausragender Schraube stößt oder wenn man den Kopf des Opfers gegen ein Eisengitter schlägt. Auch der Körperteil des Täters, dessen Faust oder dessen Knie ist kein Werkzeug, auch nicht der mit leichtem Schuhwerk (Turnschuhe) bekleidete Fuß, wohl aber der feste, schwere Schuh am Fuß, aber auch der normale Straßenschuh im Fall heftiger Fußtritte, etwa beim Treten gegen Kopf oder Leib.

157 **Gefährliche Werkzeuge**

Das Merkmal „gefährlich" weist die Alternative als **konkretes Gefährdungsdelikt** aus. Die Waffe, z.B. Schuss-, Hieb- oder Stichwaffe muss ein

---

54 BGH, Urt. v. 31. 1. 2002 – 4 StR 289/01.

gefährliches Werkzeug sein. Sie muss zudem als solches verwendet, das heißt in **konkret** gefährlicher Weise benutzt werden. Der leichte Schlag mit einer Pistole auf den Rücken genügt z.b. ebenso wenig wie der Stoß mit einem Gewehrkolben gegen das Gesäß. Gefährliches Werkzeug ist jeder Gegenstand, der bei der konkreten Art der Benutzung an dem Körperteil, auf den es angewendet wird, geeignet ist, erhebliche Verletzungen hervorzurufen.

Auch generell an sich **ungefährliche Gegenstände** können bei entsprechender Anwendungsart „gefährliche Werkzeuge" sein, z.b. der zum Würgen benutzte Damenstrumpf, das zur Fesselung verwandte Klebeband oder der spitze Bleistift beim Stich ins Auge sowie der Federhalter bei Einstechen mit der an ihm befestigten Feder auf das Gesicht, ein üblicher Rohrstock, ein Weinschlauch, ein gefahrenes Kraftfahrzeug, eine brennende Zigarette. Umgekehrt ist die zum Haareschneiden verwendete Schere **kein gefährliches Werkzeug**, anders beim Zufügen von Stichverletzungen. Der Kleiderbügel oder der Fackelstock, mit dem auf das Gesäß geschlagen wird, ist im Allgemeinen kein gefährliches Werkzeug, wohl aber bei Schlägen ins Gesicht.

Beispiele
Dolch, Knüppel, Eishockeyschläger, Flasche, Bierkrug, Bierglas, kochende Flüssigkeit, Eisenstange, Rohrzange, Mistgabel, Splitterminen, Katapult mit Stahlkugeln, Stuhlbein, Teppichklopfer, Peitsche, die gegen nackten Körper angewandt wird, Fahrradkette, Schlagring, Rasierklinge, Gipsarm, Armprothese. Auch Tiere (bissiger Hund, Kampfhunde) sind unter Umständen gefährliche Werkzeuge. Das Tier muss jedoch dem Täter als Mittel der Körperverletzung dienen.

■ **Tatbegehung mittels eines hinterlistigen Überfalls** 158
Überfall ist ein Angriff auf den Verletzten, dessen er sich nicht versieht und auf den er sich nicht vorbereiten kann. Hinterlistig ist der Überfall, wenn sich die Absicht des Täters, dem anderen die Verteidigungsmöglichkeit zu erschweren, äußerlich manifestiert, so bei freundlichem Gruß an den zu Überfallenden. Hierunter fällt auch das Anbringen einer Falle (z.B. Stolperdraht), in die der Täter das Opfer lockt. Nach dem Gesetzessinn besteht kein Unterschied gegenüber dem „Beinstellen", dem Stoßen in eine Fensterscheibe usw. Der plötzliche Angriff von hinten genügt noch nicht.

G Delikte des StGB

159 ■ **Tatbegehung mit einem anderen Beteiligten gemeinschaftlich**
Hierfür wird klargestellt, dass Mittäterschaft nicht mehr vorausgesetzt ist, aber auch nicht ohne weiteres genügt. Es genügt aber jede Form der Beteiligung von zwei oder mehreren Tätern, wobei der andere Beteiligte auch schuldunfähig oder ein dritter Beteiligter abwesend sein kann. Die bloße gleichzeitige Begehung reicht allein nicht aus, ist aber bei gemeinschaftlichem Handeln auch nicht nötig, es genügt, dass die einzelnen Akte zeitlich in Fortsetzung unmittelbar aufeinander folgen. Es ist ausreichend, wenn mehrere Täter bewusst zusammenwirken, nicht notwendig ist, dass jeder Mittäter sich eigenhändig an der Misshandlung beteiligt. Es genügt sogar, wenn der am Tatort anwesende Mitbeteiligte den Tatausführenden im Tatwillen bestärkt. Der für die Strafschärfung maßgebliche Gefährlichkeitsfaktor ändert sich nicht, wenn eine zweite Person nur als Gehilfe mitwirkt, etwa das Opfer festhält. Daher ist eine gemeinschaftlich begangene Körperverletzung immer dann gegeben, wenn mindestens zwei Personen, die im Verhältnis der Mittäterschaft oder Teilname zueinander stehen können, am Tatort zusammenwirken. Es genügt, wenn einer von ihnen die Körperverletzung ausführt und der andere nur seine jederzeitige Eingriffsbereitschaft erkennen lässt oder die Täter einverständlich nacheinander tätig werden.

160 ■ **Tatbegehung mittels einer das Leben gefährdenden Behandlung**
Diese kann auch ein Unterlassen sein. Die Behandlung braucht im Einzelfall das Leben nicht zu gefährden; es genügt, dass sie abstrakt dazu geeignet ist. So kann ein Stoßen in tieferes, aber auch eiskaltes Wasser genügen, ein Würgegriff am Hals – nicht aber in jedem Fall –, Drosseln mit dem Sicherheitsgurt, sodass das Opfer Schwierigkeiten beim Luftholen bekommt, aber auch ein gezielter wuchtiger Faustschlag, unter Umständen auch ein wuchtig geführter Kopfstoß gegen den Kopf des Verletzten, während ein kräftiger Faustschlag auf die Nase, der einen Nasenbeinbruch zur Folge hat, nicht genügt – wohl aber das Hetzen eines Hundes auf einen Menschen oder sein Nichtzurückrufen; das bloße freie Umherlaufenlassen genügt aber noch nicht; das Hinunterstoßen eines Radfahrers vom Rad, vom fahrenden Moped oder einem anderen Kfz; das Anfahren eines Menschen mit einem Auto; das Aufrechterhalten einer Fesselung unter mangelnder Flüssigkeitszufuhr, unter Umständen auch die Bedrohung mit einer Waffe und sonstigen einschüchternden Umständen eines Banküberfalls, die geeignet sind, einen Herzinfarkt eines Bankbeamten auszulösen, nicht jedoch schon das Hervor-

rufen einer allgemeinen Gefahr eines schweren Verkehrsunfalls; wohl aber der „ungeschützte" Geschlechtsverkehr eines HIV-Infizierten mit einem unwissenden Partner. Mit Recht weist der BGH darauf hin, dass es keinen Unterschied machen kann, dass vorliegend nicht schon die „Behandlung" als solche (Sexualverkehr), sondern deren Gefährlichkeit im Hinblick auf den Erfolg (Virusübertragung) das Leben gefährdet.[55] Eine medizinisch nicht indizierte exzessive Röntgenbehandlung kann eine gefährliche Körperverletzung sein.

Es genügt, dass Lebensgefahr nur kurze Zeit besteht. Eine lebensgefährdende Behandlung kann z.B. auch in einem Stoß von einem hohen Wall in einen Graben liegen, dem Abschütteln einer Person von einem fahrenden Pkw, im Anfahren eines Fußgängers mit einem Kfz, im Zuziehen eines um den Hals gelegten Schals, im Ansetzen eines spitzen Dolches an den Kehlkopf, im Werfen eines Gullydeckels gegen den Kopf, in heftigen Schlägen, die zu wiederholten Stürzen auf das Straßenpflaster führen, im Einspritzen einer nicht sterilen Seifenlauge beim Schwangerschaftsabbruch, in der Verleitung eines Schwerkranken durch einen Heilbehandler, eine sachgemäße und wirksame Hilfe (z.B. Aufsuchen eines Krankenhauses) nicht in Anspruch zu nehmen.

Die Qualifikation kann auch durch **Unterlassen** verwirklicht werden, so z.B. wenn der Lieferant einer Ware, deren Gebrauch oder Verbrauch lebensgefährdend sein kann, nach erlangter Kenntnis von der Gefahr die Ware nicht zurückruft oder den Belieferten nicht warnt, dass dieser nach Gebrauch (Verbrauch) der Ware erkrankt.

> *Beispiele*
> Gemeinschaftliche gefährliche Körperverletzung in zwei Fällen, gefährliche Körperverletzung und vorsätzliche Körperverletzung in zwei Fällen: Jugendstrafe von drei Jahren. Der mehrfach vorbestrafte, drogenabhängige Angeklagte hatte mit mehreren Mittätern in einer Gaststätte ohne triftigen Grund einen Gast mehrfach geschlagen und getreten.[56]
>
> Körperverletzung und Geiselnahme: Freiheitsstrafe von drei Jahren und neun Monaten. Der Angeklagte hatte acht Vorstrafen.[57]

---

55 BGHSt 36, 265.
56 AG Heidelberg, Urt. v. 18. 4. 2002 – 6 Ls 36 Js 2787/01 – 6 AK 183/01 Hw. + E.
57 LG Mosbach, Urt. v. 2. 11. 2001 – KLs 21 Js 5208/00.

Gemeinschaftliche gefährliche Körperverletzung: Jugendstrafe von einem Jahr und sechs Monaten auf Bewährung. Der Strafregisterauszug des Angeklagten wies vier Voreintragungen auf. Der Angeklagte schlug mit zwei Mittätern dem Opfer ohne Grund mehrfach mit der Faust ins Gesicht. Als das Opfer am Boden lag, wurde es noch weiter durch Fußtritte verletzt.[58]

Gefährliche Körperverletzung: Freiheitsstrafe von 5 Monaten auf Bewährung. Der Angeklagte war zuvor dreimal wegen Verstößen gegen das Asylverfahrensgesetz zu Geldstrafe verurteilt worden. Die Verletzung wurde dem Geschädigten mittels einer Eisenstange beigebracht.[59]

Gemeinschaftliche gefährliche Körperverletzung in drei Fällen: Freiheitsstrafe von acht Monaten auf Bewährung. Der Angeklagte hatte sechs Einträge im BZR, jedoch keine einschlägigen Vorstrafen. Gemeinsam mit seinem Freund schlug und trat er das Opfer nieder. Beide Täter traktierten dann das wehrlos am Boden liegende Opfer mit gezielten Tritten und Schlägen.[60]

■ § 225 StGB – Misshandlung von Schutzbefohlenen

161 **Strafrahmen:** Freiheitsstrafe von sechs Monaten bis zu zehn Jahren; im qualifizierten Fall des § 225 Abs. 3 StGB Freiheitsstrafe nicht unter einem Jahr, wenn der Täter die schutzbefohlene Person durch die Tat in die Gefahr des Todes oder einer schweren Gesundheitsschädigung oder einer erheblichen Schädigung der körperlichen oder seelischen Entwicklung bringt.

■ § 226 StGB – Schwere Körperverletzung

162 **Strafrahmen:** Freiheitsstrafe von einem Jahr bis zu zehn Jahren; verursacht der Täter eine der **qualifizierenden Folgen** absichtlich oder wissentlich, so ist die Strafe nicht unter drei Jahren. In **minder schweren Fällen** soll der Tatrichter auf eine Freiheitsstrafe von sechs Monaten bis zu fünf Jahren und in Fällen der zweiten Alternative auf Freiheitsstrafe von einem Jahr bis zu zehn Jahren erkennen.

---

58 AG Mannheim, Urt. v. 9. 2. 2000 – 7 Ls 702 Js 24363/98 – AK 148/98 jug.
59 AG Bruchsal, Urt. v. 8. 10. 2001 – 3 Ds 11 Js 39678/00 – AK 521/00.
60 AG Karlsruhe, Urt. v. 20. 2. 2001 – 7 Ds 24 Js 32689/00 – AK 859/00.

Voraussetzung für die qualifizierte Körperverletzung ist, dass die verletzte **163** Person das Sehvermögen auf einem Auge oder beiden Augen, das Gehör, das Sprechvermögen, die Fortpflanzungsfähigkeit oder ein wichtiges Glied des Körpers verliert oder dauernd nicht mehr gebrauchen kann oder in erheblicher Weise dauernd entstellt wird oder in Siechtum, Lähmung oder geistige Krankheit oder Behinderung fällt.

§ 227 StGB – Körperverletzung mit Todesfolge

Strafrahmen: Freiheitsstrafe nicht unter drei Jahren, in minder schweren **164** Fällen Freiheitsstrafe von einem Jahr bis zu zehn Jahren.

Ein **minder schwerer Fall** ist gegeben im Falle eines Exzesses im Rahmen **165** einer einverständlich tätlichen Auseinandersetzung oder falls das Tatgeschehen auch „gewisse Züge eines Unglücksfalls" aufweist oder deswegen eingreift, weil die Folge durch eine körperliche Anormalität des Opfers bedingt war.

So liegt § 227 StGB vor, wenn beim vorsätzlichen Schlag mit einer Pistole **166** sich versehentlich ein Schuss löst und der Geschlagene dabei zu Tode kommt,[61] nach einem gezielten wuchtigen Faustschlag ins Gesicht das Opfer mit dem Hinterkopf auf ein geparktes Fahrzeug geschleudert wird,[62] wenn der Tod durch einen späteren, wegen der Körperverletzungshandlung mit verursachten Herzinfarkt eingetreten ist,[63] wenn jemand einen anderen von einem 3,5 Meter hohen Hochsitz hinunterstürzt, dieser sich den Knöchel bricht und der Tod nach mehren Wochen Bettlägerigkeit durch eine Lungenembolie deswegen eintritt, weil der Arzt unterlassen hatte, ihm blutverflüssigende Mittel zu verabreichen.[64] Unmittelbarkeit wurde auch bejaht, als der Verletzte starb, weil er die mögliche und lebensrettende ärztliche Heilbehandlung verweigerte.[65]

Falls einem an einer gemeinschaftlichen Körperverletzung Beteiligten hin- **167** sichtlich des Erfolges Fahrlässigkeit zur Last fällt, kommt auch für die an-

---

61 BGHSt 14, 112.
62 LG Gera NStZ-RR 1996, 37.
63 BGH NStZ 1997, 34.
64 BGH NStZ 1997, 34.
65 BGH NStZ 1994, 394.

deren Beteiligten eine Bestrafung nach § 227 StGB und nicht nur nach § 224 StGB in Betracht.

■ § 234 StGB – Menschenraub

168 **Strafrahmen:** Freiheitsstrafe nicht unter einem Jahr, in minder schweren Fällen ist die Strafe Freiheitsstrafe von sechs Monaten bis zu fünf Jahren.

■ § 234 a StGB – Verschleppung

169 **Strafrahmen:** Freiheitsstrafe nicht unter einem Jahr, in minder schweren Fällen ist die Strafe Freiheitsstrafe von drei Monaten bis zu fünf Jahren.

■ § 235 StGB – Entziehung Minderjähriger

170 **Strafrahmen:** Freiheitsstrafe bis zu fünf Jahren oder Geldstrafe; Freiheitsstrafe von einem Jahr bis zu zehn Jahren, wenn der Täter das Opfer durch die Tat in die Gefahr des Todes oder einer schweren Gesundheitsschädigung oder einer erheblichen Schädigung der körperlichen oder seelischen Entwicklung bringt oder die Tat gegen Entgelt oder in der Absicht begeht, sich oder einen Dritten zu bereichern.

171 **§ 235 Abs. 4 StGB** droht eine Freiheitsstrafe von einem Jahr bis zu zehn Jahren an, in minder schweren Fällen Freiheitsstrafe von sechs Monaten bis zu fünf Jahren, wenn die Tat entweder das Opfer in die Gefahr des Todes oder einer schweren Gesundheitsschädigung oder einer erheblichen Schädigung der körperlichen oder seelischen Entwicklung bringt.

172 Das kann der Fall sein, wenn das Opfer in ein Milieu gebracht wird, wo es verwahrlost, oder wenn beispielsweise der in Deutschland lebende mohammedanische Vater auf unabsehbare Zeit oder für immer das Kleinkind der sorgeberechtigten Mutter dadurch entzieht, dass er es in sein Heimatland bringt und ihr dort vorenthält.[66] Dasselbe gilt, wenn das Opfer durch die Tat zu sexuellen Handlungen gebracht werden soll oder auf diese Weise sexuelle Handlungen mit ihm vorgenommen werden sollen, oder wenn der Täter nach Nr. 2 die Tat für Entgelt begeht.

---

66 BGH NJW 1990, 149; LG Koblenz NStZ 1988, 312.

§ 235 Abs. 5 StGB: Verursacht der Täter durch die Tat den Tod des Opfers, so ist die Freiheitsstrafe nicht unter drei Jahren bis zu 15 Jahren, in minder schweren Fällen Freiheitsstrafe von einem Jahr bis zu zehn Jahren.   **173**

■ § 236 StGB – Kinderhandel

Strafrahmen: Freiheitsstrafe von einem Monat bis zu fünf Jahren oder Geldstrafe, in qualifizierten Fällen des Abs. 4 (Gewinnsucht, gewerbsmäßig oder als Mitglied einer Bande) Freiheitsstrafe von sechs Monaten bis zu zehn Jahren.   **174**

Die **Qualifikation** betrifft die Fälle des organisierten und kommerziellen Kinderhandels, wenn der Täter aus Gewinnsucht handelt. Dies ist ein ungewöhnliches, auf ein anstößiges Maß gesteigertes Erwerbsstreben, wenn also der Täter elementare Entwicklungsinteressen des Kindes seinen Gewinnaussichten unterordnet.   **175**

In **minder schweren Fällen** kann das Gericht die Strafe mildern oder gar von Strafe absehen.   **176**

Geringe Schuld kann dann vorliegen, wenn die Eltern in unverschuldeter Notlage gehandelt haben und sich nicht anders als durch Weggabe des Kindes zu helfen wussten oder wenn die aufnahmewilligen Personen sich von einem anders nicht erfüllbaren Kinderwunsch haben leiten lassen. In solchen Fällen kann auch ein Absehen von Strafe erwogen und das Verfahren nach § 153 StPO eingestellt werden. In den Fällen der unbefugten Adoptionsvermittlung (Absatz 2) kommen solche Vergünstigungen aber nur bei Teilnehmern (Anstifter und Gehilfen), also Eltern und aufnahmewilligen Personen in Betracht, da nur bei ihnen unter Umständen von geringer Schuld ausgegangen werden kann – in der Regel allerdings nur dann, wenn eine körperliche oder seelische Entwicklungsschädigung des Kindes auszuschließen ist. Gesetzlich ausgeschlossen ist indessen eine Vergünstigung nach Absatz 5 bei professionellen Vermittlern.   **177**

■ § 239 StGB – Freiheitsberaubung

Strafrahmen: Freiheitsstrafe von einem Monat bis zu fünf Jahren oder Geldstrafe, in **qualifizierten Fällen** Freiheitsstrafe von einem Jahr bis zu zehn Jahren, wenn   **178**

1. das Opfer länger als eine Woche der Freiheit beraubt wurde oder
2. durch die Tat oder eine während der Tat begangene Handlung eine schwere Gesundheitsschädigung des Opfers verursacht wurde.

Verursacht der Täter durch die Tat oder eine während der Tat begangene Handlung den Tod des Opfers, so ist auf Freiheitsstrafe nicht unter drei Jahren zu erkennen. In **minder schweren Fällen** ist die Strafe Freiheitsstrafe von sechs Monaten bis zu fünf Jahren.

179 **§ 239 Abs. 4 StGB** droht eine Freiheitsstrafe von nicht unter drei Jahren an, wenn der Täter durch die Tat oder eine während der Tat begangene Handlung den Tod des Opfers wenigstens fahrlässig verursacht, so z.B. durch den ungesunden Aufenthalt des eingesperrten Opfers, eventuell durch dessen Selbstmord oder Tod bei einem Fluchtversuch. In Abs. 4 genügt neben dem Tod als Folge der Freiheitsentziehung (z.B. durch Verhungern oder Erfrieren) auch, dass der Tod durch eine während der Tat begangene Handlung verursacht wird, wie z.B. durch Würgen nach Vergewaltigung. Allerdings muss zwischen Freiheitsberaubung und Tötung ein unmittelbarer, innerer Zusammenhang bestehen. Führt der Täter die Folge (bedingt) vorsätzlich herbei, so ist Tateinheit mit §§ 211, 212, 226 Abs. 2, 241 a StGB möglich. In **minder schweren Fällen** des Abs. 4 ist auf Freiheitsstrafe von einem Jahr bis zu zehn Jahren zu erkennen.

■ **§ 239 a StGB – Erpresserischer Menschenraub**
■ **§ 239 b StGB – Geiselnahme**

180 Der **Strafrahmen** ist für beide Vorschriften gleich: Freiheitsstrafe nicht unter fünf Jahren; in **minder schweren Fällen** ist die Freiheitsstrafe nicht unter einem Jahr. Verursacht der Täter durch die Tat wenigstens leichtfertig den Tod des Opfers, so ist die Strafe **lebenslange Freiheitsstrafe** oder Freiheitsstrafe nicht unter zehn Jahren.

181 Das Gericht kann die Strafe nach § 49 Abs. 1 StGB mildern, wenn der Täter das Opfer unter Verzicht auf die erstrebte Leistung in dessen Lebenskreis zurückgelangen lässt. Tritt dieser Erfolg ohne Zutun des Täters ein, so genügt sein **ernsthaftes Bemühen**, den Erfolg zu erreichen.

§ 239 a StGB sieht abweichend von den übrigen Rücktrittsvorschriften auch **bei unfreiwilliger tätiger Reue** nach Tatvollendung Strafmilderung vor, allerdings nur nach § 49 Abs. 1 StGB. Der Täter kann Strafmilderung dadurch erreichen, dass er dem Opfer, wenn auch vielleicht nicht unversehrt, die Rückkehr in dessen Lebenskreis, d.h. in der Regel den Wohn- oder Aufenthaltsort ermöglicht. Ein Aussetzen z.B. in fremdem unwegsamem Gebiet ist nicht ausreichend.

■ § 240 StGB – Nötigung

Strafrahmen: Freiheitsstrafe von einem Monat bis zu drei Jahren oder Geldstrafe, in besonders schweren Fällen Freiheitsstrafe von sechs Monaten bis zu fünf Jahren.

Ein **besonders schwerer Fall** liegt in der Regel vor, wenn der Täter

1. eine andere Person zu einer sexuellen Handlung nötigt,
2. eine Schwangere zum Schwangerschaftsabbruch nötigt oder
3. seine Befugnisse oder seine Stellung als Amtsträger missbraucht.

Regelbeispiele für besonders schwere Fälle: die Nötigung zu einer sexuellen Handlung; der Täter missbraucht als Amtsträger seine Befugnisse und seine Stellung. Außerhalb dieser Regelbeispiele kann als besonders schwerer Fall auch die Beteiligung an einer Autobahnblockade als Fahrzeuglenker in Betracht kommen.

■ § 241 StGB – Bedrohung

Strafrahmen: Freiheitsstrafe von einem Monat bis zu einem Jahr oder Geldstrafe.

> *Beispiel*
> Vorsätzliche Körperverletzung in Tatmehrheit mit **Bedrohung**: Gesamtfreiheitsstrafe von vier Monaten.[67] Der Angeklagte war mehrfach vorbestraft, unter anderem wegen versuchten Totschlags tateinheitlich in vier Fällen in Tateinheit mit gefährlicher Körperverletzung. Ursache der Straftaten waren immer wieder familiäre Auseinandersetzungen, so auch in dem entschiedenen Fall. Der Angeklagte ohrfeigte seine Lebenspartnerin und zog sie an den Haaren. In der Berufungsinstanz wurde die Strafe zur Bewährung ausgesetzt.

---

67 AG Mannheim, Urt. v. 20. 9. 2001 – 21 Ds 314 Js 6140701 – AK 347/01.

■ § 241 a StGB – Politische Verdächtigung

186 **Strafrahmen:** Freiheitsstrafe von einem Monat bis zu fünf Jahren oder Geldstrafe, in besonders schweren Fällen Freiheitsstrafe von einem Jahr bis zu zehn Jahren.

■ § 242 StGB – Diebstahl
■ § 243 StGB – Besonders schwerer Fall des Diebstahls

187 **Strafrahmen:** Freiheitsstrafe von einem Monat bis zu fünf Jahren oder Geldstrafe, in besonders schweren Fällen Freiheitsstrafe von drei Monaten bis zu zehn Jahren (§ 243 StGB).

Regelbeispiele des besonders schweren Falles liegen vor, wenn der Täter

188 1. zur Ausführung der Tat in ein Gebäude, einen Dienst- oder Geschäftsraum oder in einen anderen **umschlossenen Raum** einbricht, einsteigt, mit einem **falschen Schlüssel** oder einem anderen nicht zur ordnungsmäßigen Öffnung bestimmten Werkzeug eindringt oder sich in dem Raum verborgen hält.

189 2. eine Sache stiehlt, die durch ein **verschlossenes Behältnis** oder eine andere Schutzvorrichtung wegen Wegnahme besonders gesichert ist.

Die Tatmodalität erfordert, dass der Täter die (unmittelbare oder mittelbare) **Gewahrsamssicherung** überwindet und dadurch seine größere deliktische Energie, die zur Vollendung der Tat notwendig ist, zeigt. Daher ist die Qualifikation nicht erfüllt, wenn der Täter ein zwar verschlossenes, jedoch als Ganzes mühelos entwendbares bzw. transportables Behältnis (so zum Beispiel einen Schmuckkoffer) wegnimmt, um sich dieses samt Inhalt oder auch nur den Inhalt zuzueignen. Dementsprechend stellt auch die Halterung eines eingebauten Autoradios in der Regel keine besondere Sicherung gegen Wegnahme dar,[68] auch nicht ein Sicherungsetikett an Waren in Verkaufsgeschäften.[69] Anders dagegen wird die Wegnahme von (oder aus) fest montierten (zum Beispiel Außenautomaten), relativ schweren oder sperrigen verschlossenen Behältnissen zu beurteilen sein, da hier

---

[68] OLG Schleswig NJW 1984, 67.
[69] OLG Frankfurt MDR 1993, 671; OLG Düsseldorf NJW 1998, 1002; a.M. LG Stuttgart NStZ 1985, 24; NJW 1985, 2489.

dem Verschluss unter Mitberücksichtigung der Eigenschaften des Behältnisses eine besondere Sicherungsfunktion zukommt. Entsprechend wird auch der Diebstahl eines durch ein Schloss gesicherten Fahrrades (zum Beispiel mittels Abtransport auf einem Lkw) Diebstahl einer besonders gesicherten Sache sein. Gleiches gilt auch für die Öffnung einer Registrierkasse mittels eines versteckt angebrachten Notöffnungshebels unter Umgehung der in dem Klingelzeichen liegenden Gewahrsamssicherung. Dagegen erfüllt die regelwidrige Beeinflussung des Spielautomatismus eines Glücksspielautomaten erst dann die Tatmodalität von § 243 StGB, wenn dies durch Eingriffe in das Behältnis von außen geschieht und es dabei auf die Natur des laufenden Spielbetriebs nicht ankommt.

3. **gewerbsmäßig** stiehlt. 190

Dies ist der Fall, wenn sich der Täter aus wiederholten Diebstählen, möglicherweise auch solchen nach § 244 StGB eine nicht nur vorübergehende Einnahmequelle verschaffen möchte.

4. aus einer **Kirche** oder einem anderen der Religionsausübung dienenden 191
Gebäude oder Raum eine Sache stiehlt, die dem Gottesdienst gewidmet ist oder der religiösen Verehrung dient.

Nicht unter Nr. 4 fallen Opferstöcke, Gebetsstühle, Gesangsbücher der Kirchenbesucher, das Inventar (zum Beispiel die Kanzel). Kein besonders schwerer Fall liegt vor (auch wenn die Tat grundsätzlich das religiöse Empfinden verletzt und in der Regel an Sachen verübt wird, die dem Zugriff eines jeden schutzlos ausgesetzt sind), wenn es sich um geringfügige Werte handelt.

5. eine Sache von Bedeutung für **Wissenschaft, Kunst oder Geschichte** 192
oder für die technische Entwicklung stiehlt, die sich in einer allgemein zugänglichen Sammlung befindet oder öffentlich ausgestellt ist.

Erforderlich ist, dass sich die Sache in einer allgemein zugänglichen Sammlung befindet und öffentlich ausgestellt ist. Privatsammlungen genießen also nicht den Schutz des § 243 StGB, genauso wenig wie die in abgeschlossenen Lagern verwahrten Bestände eines Museums oder einer Gerichtsbücherei. Werden diese Gegenstände jedoch der Öffentlichkeit zugänglich gemacht (Leihgabe Privater an ein Museum, turnusmäßiger Wechsel der Bilder in den Ausstellungsräumen), dann greift Nr. 5 ein.

193 6. stiehlt, indem er die **Hilflosigkeit** einer anderen Person, einen Unglücksfall oder eine gemeine Gefahr ausnutzt.

Als Fälle der Hilflosigkeit kommen zum Beispiel Krankheit, Blindheit, Lähmung in Frage, unter Umständen auch die Sprachunkundigkeit eines Ausländers. Auch eine vom Opfer selbst planmäßig herbeigeführte Hilflosigkeit, etwa wegen hochgradiger Trunkenheit, reicht aus.

194 7. eine **Handfeuerwaffe**, zu deren Erwerb er nach dem Waffengesetz der Erlaubnis bedarf, ein Maschinengewehr, eine Maschinenpistole, ein voll- oder halbautomatisches Gewehr oder eine Sprengstoff enthaltende Kriegswaffe im Sinne des Kriegswaffenkontrollgesetzes oder Sprengstoff stiehlt.

Als **gefährliche Gegenstände** kommen zunächst Handfeuerwaffen in Betracht. Die Funktionsfähigkeit ist nicht erforderlich. Allerdings muss der Erwerb der Handfeuerwaffe nach dem Waffengesetz erlaubnispflichtig sein. Unerheblich für die Annahme eines Regelbeispiels ist die Erlaubnispflicht dagegen beim Diebstahl eines Maschinengewehrs, einer Maschinenpistole oder eines voll- oder halbautomatischen Gewehrs.

195 Als **weitere Beispiele für besonders schwere Fälle**, die § 243 StGB nicht ausdrücklich nennt, können vor allem in Betracht kommen: Diebstahl von Sachen von besonders hohem Wert; Diebstahl durch einen Amtsträger an einer Sache, die ihm in seiner Eigenschaft als Amtsträger anvertraut oder zugänglich geworden ist; Diebstahl von Maschinen- oder Betriebsmitteln, der die ordnungsgemäße Fortführung des Betriebes stört oder erheblich gefährdet. Ferner kommt als besonders schwerer Fall Diebstahl einer zum öffentlichen Nutzen dienenden Sache in Betracht.

196 Ein besonders schwerer Diebstahl ist **ausgeschlossen**, wenn sich die Tat auf eine geringwertige Sache bezieht, es sei denn, der Täter führt einen Gegenstand i.S.v. § 243 Nr. 7 StGB mit sich.

197 *Beispiele*

Gewerbsmäßiger Diebstahl in drei Fällen: Freiheitsstrafe von acht Monaten. Der betäubungsmittelabhängige Angeklagte hatte unter dem Einfluss von Betäubungsmitteln bzw. unter Entzugserscheinungen aus einem Drogeriemarkt Waren gestohlen, um hierdurch seine Heroinsucht zu finanzieren.[70]

---

70 AG Frankenthal, Urt. v. 18. 11. 2002 – 5470 Js 27045/02 – 1 Ds.

Zwei Vergehen des Diebstahls, in einem Fall tateinheitlich begangen mit gefährlicher Körperverletzung: Gesamtfreiheitsstrafe von zwei Jahren und sechs Monaten. Der Angeklagte war dreifach einschlägig vorbestraft. Er entwendete in einer Autowerkstatt zwei Autoschlüssel. Auf frischer Tat ertappt, sprühte er einem Zeugen Pfefferspray in die Augen, sodass ihm die Flucht gelang.[71]   **198**

Diebstahl: Freiheitsstrafe von sieben Monaten. Das BZR wies bei dem Angeklagten insgesamt 14 Eintragungen, davon sieben einschlägige auf.[72]   **199**

Vierfacher Diebstahl in besonders schwerem Fall: Gesamtfreiheitsstrafe von zehn Monaten. Der Angeklagte war vierfach, davon dreifach einschlägig vorbestraft. Zum Tatzeitpunkt war er betäubungsmittelabhängig. Der Betäubungsmittelmissbrauch führte auch zu einer Schizophrenie.[73]   **200**

Diebstahl in besonders schwerem Fall: Freiheitsstrafe von sechs Monaten auf Bewährung. Der vielfach vorbestrafte Angeklagte war geständig, die Tat lag bereits mehr als zwei Jahre zurück. Der Angeklagte ist schwer alkoholabhängig und bemühte sich um eine Therapie.[74]   **201**

Diebstahl: Freiheitsstrafe von sechs Monaten auf Bewährung. Der Angeklagte, zwölfmal strafrechtlich in Erscheinung getreten, legte ein Geständnis ab. Er war zum Tatzeitpunkt heroinabhängig.[75]   **202**

Diebstahl in besonders schwerem Fall: Freiheitsstrafe von sechs Monaten. Zum Zeitpunkt der Verhandlung wies die Bundeszentralregisterauskunft des Angeklagten 13 Voreintragungen auf. Der Angeklagte hatte in einem Geschäft Handy-Attrappen sowie gebrauchte Handys gestohlen.[76]   **203**

Diebstahl in zwei Fällen: Gesamtfreiheitsstrafe von neun Monaten.[77]   **204**

Diebstahl in zwei Fällen: Gesamtfreiheitsstrafe von sechs Monaten; der Angeklagte hatte elf Voreintragungen fast ausschließlich im Bereich der Eigentums- und Vermögenskriminalität.[78]

---

71 AG Landstuhl, Urt. v. 1. 3. 2001 – 4006 Js 10144/00 – 2 Ls.
72 AG Mannheim, Urt. v. 10. 6. 1996 – 21 Ds 186/96.
73 AG Heilbronn, Urt. v. 22. 12. 1995 – 32 Ds 15 Js 8576/95 – AK 441/95.
74 AG Germersheim, Urt. v. 15. 5. 2002 – 7003 Js 9744/01 – Ds.
75 AG Heidelberg, Urt. v. 11. 6. 2001 – 12 Ds 14 Js 4947/01 – 58/01.
76 AG Karlsruhe, Urt. v. 3. 5. 2001 – 14 Ds 17 Js 11088/00 – AK 688/00.
77 AG Karlsruhe, Urt. v. 27. 8. 1997 – 13 Ds 15 Js 11743/97 – AK 268/97.
78 AG Heidelberg, Urt. v. 11. 12. 2001 – 7 Ds 14 Js 20733/01 – AK 608/01.

205	**Gemeinschaftlich versuchter schwerer Diebstahl:** Freiheitsstrafe von einem Jahr. Der mehrfach vorbestrafte Angeklagte hatte versucht, mit drei unbekannt gebliebenen Mittätern in eine Postfiliale einzubrechen.[79]
206	**Diebstahl, versuchter Diebstahl und Diebstahl mit Waffen:** Gesamtfreiheitsstrafe von zwei Jahren und drei Monaten bzw. Unterbringung in eine Entziehungsanstalt. Der kranke Angeklagte hatte eine Uhr für 25 DM, einen Fernsehapparat für ca. 400 DM gestohlen, um hiervon seinen Alkoholkonsum zu finanzieren. Ferner hatte er eine Dose Bier gestohlen und hierbei ein Butterflymesser in der Hose getragen.[80]

■ **§ 244 StGB – Diebstahl mit Waffen; Bandendiebstahl; Wohnungseinbruchdiebstahl**

207 **Strafrahmen:** Freiheitsstrafe von sechs Monaten bis zu zehn Jahren.

Während § 243 StGB Umstände aufzählt, die einen Diebstahl „in der Regel" zu einem schweren machen, sind die in § 244 StGB genannten Umstände abschließend in Form einer **Qualifizierung des Diebstahls** bewertet. Die Geringwertigkeit des Diebstahlsobjekts kann allenfalls bei der Strafzumessung berücksichtigt werden. Die Strafverschärfung für den Diebstahl mit Waffen oder anderen gefährlichen Werkzeugen hat ihren Grund in der besonderen objektiven Gefährlichkeit dieser Gegenstände für Leib und Leben des (potenziellen) Opfers. Der Täter oder ein anderer Beteiligter, d.h. Mittäter, Anstifter oder Gehilfe muss die Waffe oder das gefährliche Werkzeug bei sich führen. Danach ist der Dieb auch dann gem. § 244 Abs. 1 StGB strafbar, wenn nicht er selbst, sondern nur sein Gehilfe die Waffe bei sich führt.

208 **Gefährliche Werkzeuge** sind alle Gegenstände, die als Angriffs- oder Verteidigungsmittel nach ihrer objektiven Beschaffenheit und der Art ihrer Benutzung im konkreten Fall zum gefährlichen Werkzeug werden und erhebliche Verletzungen hervorrufen können. Der BGH hat bei Scheinwaffen, bei **ungeladenen Schusswaffen,** soweit sie nicht als Schlagwerkzeug benutzt werden oder benutzt werden sollten, die Eigenschaft als gefährliches Werkzeug verneint.[81]

---

79 LG Mannheim, Urt. v. 16. 1. 1998 – (11) 2 Ns 14/97.
80 AG Heidelberg, Urt. v. 9. 8. 2001 – 2 Ns 41 Js 5992/01 – AK 16/01.
81 BGH StV 1998, 486.

Sonstige Werkzeuge und Mittel sind zum Beispiel Handschellen, Kabelstücke, Klebeband zur Fesselung oder ein sonstiges Fesselungs- oder Knebelungsmittel, ein Plastiksack, um dem Tatopfer den Mund zuzuhalten, oder sonstige Mittel, um möglichem Widerstand gewaltsam zu begegnen, z.B. ein Stab zur Erzeugung eines Elektroschocks, ein äthergetränktes Taschentuch, Chloroform, Vitriol oder andere Säuren, versprühbare Mittel, Pfeffer, aber auch Mittel, die dem Opfer heimlich in ein Getränk gegeben werden sollen, um es in tiefen Schlaf zu versetzen oder zu betäuben. 209

Bandendiebstahl liegt vor, wenn mindestens drei Mitglieder einer Diebesbande, die sich zur fortgesetzten Begehung von Raub oder Diebstahl verbunden haben, den Diebstahl ausführen. Durch diese Bestimmung soll die erhöhte, aus der Existenz der Bande sich ergebende Gefahr für die Allgemeinheit getroffen werden, die von einer Gruppe von Tätern ausgeht, die sich gegenseitig zur Ausübung von Raub oder Diebstahl verpflichtet haben, ohne dass jedoch noch besondere Motive oder Gefährlichkeitsmomente vorauszusetzen wären. 210

Es genügt nicht, wenn sich die Täter von vornherein nur zu einer einzigen Tat verbunden haben oder in der Folgezeit jeweils aus neuem Entschluss wiederum derartige Taten begehen. 211

Täter kann nur ein Bandenmitglied sein; Außenstehende sind daher ohne Rücksicht auf die Art ihrer Mitwirkung lediglich als Teilnehmer gem. § 244 Nr. 2 StBG strafbar. 212

Der **Wohnungseinbruchdiebstahl** (Nr. 3) ist wegen des damit verbundenen gravierenden Eingriffs in die Opfersphäre zu einem eigenen Qualifizierungstatbestand aufgestuft worden. Mangels Geringwertklausel in § 244 StGB ist die damit verbundene Strafrahmenerhöhung zwingend. Geschütztes Rechtsgut ist die Wohnung. Es handelt sich hierbei um den Inbegriff der Räumlichkeiten, die Einzelpersonen oder einer Mehrzahl von Personen, namentlich einer Familie, zum ständigen Aufenthalt dienen oder zur Benutzung freistehen. Zu Wohnungen gehören auch Zubehörflächen wie Treppenhaus, Keller-, Wasch- und Bodenräume, nicht aber leer stehende Wohnräume. Ferner fallen unter den Wohnungsbegriff gemietete Hotelzimmer sowie vermietete Zimmer, auch Obdachlosenunterkünfte, unter Umständen auch bewegliche Sachen wie z.B. zum Wohnen dienende Schiffe, Wohnmobile, Wohnanhänger, Campingzelte – nicht aber Pkws. 213

Der Täter muss in den Fällen von Nr. 3 zur Ausführung der Tat in die Wohnung einbrechen, einsteigen, mit einem falschen Schlüssel eindringen oder sich verborgen halten. Er muss also schon im Zeitpunkt der Begehung dieser Tatmodalitäten den Diebstahlvorsatz gefasst haben.

Beispiel
Schwerer Bandendiebstahl in vier Fällen: Gesamtfreiheitsstrafe von fünf Jahren. Die Angeklagten hatten sich auf den Diebstahl von hochwertigen Kraftfahrzeugen, hier in einem Gesamtwert von ca. 360.000 € spezialisiert.[82]

§ 244 a StGB – Schwerer Bandendiebstahl

214 **Strafrahmen:** Freiheitsstrafe von einem Jahr bis zu zehn Jahren.

§ 244 Abs. 1 StGB ist echter Qualifikationstatbestand: Voraussetzung ist ein Bandendiebstahl des § 244 StGB, bei dem zusätzlich Regelbeispiele des § 243 StGB erfüllt sind.

§ 246 StGB – Unterschlagung

215 **Strafrahmen:** Freiheitsstrafe von einem Monat bis zu drei Jahren oder Geldstrafe; ist der unterschlagene Gegenstand dem Täter anvertraut, so ist die Strafe Freiheitsstrafe von einem Monat bis zu fünf Jahren oder Geldstrafe.

Die **Strafschärfung** bis zu fünf Jahren ist als Qualifikation in dem gesondert geregelten Fall angedroht, dass die unterschlagene Sache dem Täter anvertraut war (so genannte Veruntreuung). Gleich, ob es sich dabei um einen Fall der Selbst- oder der Drittzueignung handelt, muss die Sache in jedem Fall dem Täter (und nicht dem Dritten) anvertraut gewesen sein. Dies ist nicht erst bei Vorliegen eines **Treueverhältnisses** i.S.d. § 266 StGB gegeben, sondern bereits dann, wenn dem Täter Gewalt über die Sache zugestanden wird im Vertrauen darauf, er werde mit der Sache nur im Sinne des Anvertrauenden verfahren.

§ 248 c StGB – Entziehung elektrischer Energie

216 **Strafrahmen:** Freiheitsstrafe von einem Monat bis zu fünf Jahren oder Geldstrafe; wird die Tat in der Absicht begangen, einem anderen rechtswidrig

---

82 LG Heilbronn, Urt. v. 22. 10. 2001.

Schaden zuzufügen, so ist die Strafe Freiheitsstrafe von einem Monat bis zu zwei Jahren oder Geldstrafe.

Die Tat wird milder bestraft, wenn der Täter nicht in Zueignungsabsicht, aber in der Absicht handelt, einem anderen einen Schaden zuzufügen. Die Tat muss auch hier mittels eines nicht ordnungsgemäßen Leiters begangen werden. In Betracht kommen Ableitung, Kurz- und Erdschluss. Der Hauptfall ist derjenige, in dem elektrische Energie lediglich vernichtet werden soll.

■ **§ 249 StGB – Raub**

Strafrahmen: Freiheitsstrafe nicht unter einem Jahr, in minder schweren Fällen Freiheitsstrafe von sechs Monaten bis zu fünf Jahren. **217**

Ein **minder schwerer Fall** kann dann vorliegen, wenn der Entschluss zur Gewaltanwendung erst bei der Wegnahme auf Grund Überraschtwerdens durch einen anderen gefasst wird oder wenn die Drohung eine geringere Intensität hat.

■ **§ 250 StGB – Schwerer Raub**

Strafrahmen: Freiheitsstrafe nicht unter drei Jahren bis zu 15 Jahren. **218**

Voraussetzung: Raub im Rahmen einer Bande oder mit Waffen oder gefährlichen Werkzeugen. Der **Qualifikationstatbestand** „Raub mit Waffen oder anderen gefährlichen Werkzeugen" ist bereits erfüllt, wenn der Täter bei der Tat eine Waffe im technischen Sinne oder ein gefährliches Werkzeug bei sich führt. Dem „Raub mit sonstigen Werkzeugen oder Mitteln" kommt eine Auffangfunktion zu. In Betracht kommt z.B. eine **ungeladene Schusswaffe** (sonstiges Werkzeug).

Erweiterter Strafrahmen: Freiheitsstrafe nicht unter fünf Jahren bis zu 15 Jahren. **219**

Voraussetzung: Die mitgeführte Waffe wird verwendet, beim Bandenraub führt ein Beteiligter eine Waffe mit sich oder eine Person wird körperlich schwer misshandelt oder in die Gefahr des Todes gebracht.

Strafrahmen in minder schweren Fällen: Freiheitsstrafe von einem Jahr bis zu zehn Jahren. **220**

Ein **minder schwerer Fall** kommt auf Grund raubspezifischer Umstände und allgemeiner gesetzlicher Milderungsgründe in Betracht, so etwa in Fällen, in denen das Opfer den nicht gebrauchsbereiten Zustand eines Gasrevolvers oder die Ungefährlichkeit des Mittels erkannte. Weitere Gründe für minder schwere Fälle: Der Täter hat versucht, einem Mitbeteiligten von der Tat abzuraten; die Tat entsprach einem plötzlichen Bedürfnis; das Opfer hat den Täter provoziert; bei Schuldeinsicht, finanzieller Notlage, Rückgabe der Beute, nur noch kurzer Lebenserwartung, auch bei überlanger Verfahrensdauer. Auch verminderte Schuldfähigkeit kommt als Minderungsgrund in Betracht. Minder schwere Fälle können auch in Fällen des erweiterten Strafrahmens vorliegen.

■ § 251 StGB – Raub mit Todesfolge

221 **Strafrahmen:** lebenslange Freiheitsstrafe oder Freiheitsstrafe nicht unter zehn Jahren.

222 Die Vorschrift ist eine **Erfolgsqualifizierung** des Raubs bei **leichtfertiger Todesfolge**. Als qualifizierter Erfolg muss der Tod eines anderen Menschen tatsächlich eingetreten sein, z.B. durch abirrende Schüsse des Täters auf das Opfer oder auf Verfolger. Nicht erforderlich ist, dass der Tod gerade auf die der Wegnahme dienende Gewalt rückführbar ist; vielmehr kann jede Nötigungshandlung, so auch schon die bloße Drohung, die z.B. durch ihre Schockwirkung den Tod des Opfers verursacht, genügen. Wird dagegen der Tod von Passanten durch verkehrswidriges Verhalten beim Abtransport der bereits gesicherten Beute verursacht, so scheidet Raub mit Todesfolge aus, da es an dem spezifischen inneren Zusammenhang mit dem vorangegangenen Raub fehlt.

■ § 253 StGB – Erpressung

223 **Strafrahmen:** Freiheitsstrafe von einem Monat bis zu fünf Jahren oder Geldstrafe, in besonders schweren Fällen Freiheitsstrafe nicht unter einem Jahr.

224 Ein **besonders schwerer Fall** liegt in der Regel vor, wenn der Täter gewerbsmäßig oder als Mitglied einer Bande handelt, die sich zur fortgesetzten Begehung einer Erpressung verbunden hat. Erfasst werden sollen damit insbesondere schwerwiegende Fälle einer Schutzgelderpressung als typische Erscheinungsformen der organisierten Kriminalität.

§ 255 StGB – Räuberische Erpressung

Strafrahmen: Freiheitsstrafe von einem Jahr bis zu 15 Jahren, in minder schweren Fällen Freiheitsstrafe von sechs Monaten bis zu fünf Jahren. **225**

Erweiterter Strafrahmen: in **schweren Fällen** von drei Jahren bis zu 15 Jahren bzw. von fünf Jahren bis zu 15 Jahren und in **minder schweren Fällen** der schweren räuberischen Erpressung Freiheitsstrafe von einem Jahr bis zu zehn Jahren. **226**

§ 255 StGB ist ein **Qualifikationstatbestand** zu § 253 StGB und führt die Gleichbehandlung des Raubes und der räuberischen Erpressung konsequent zu Ende. **227**

§ 258 StGB – Strafvereitelung

Strafrahmen: Freiheitsstrafe bis zu fünf Jahren oder Geldstrafe. **228**

§ 258 a StGB – Strafvereitelung im Amt

Strafrahmen: Freiheitsstrafe von sechs Monaten bis zu fünf Jahren, in minder schweren Fällen Freiheitsstrafe bis zu drei Jahren oder Geldstrafe. **229**

Beispiele für **Amtsträger** sind Richter und Staatsanwalte, Polizeibeamte (so der Bürgermeister in Baden-Württemberg als Ortspolizeibehörde). **Tathandlungen** sind z.B. das Einreichen einer Anzeige gegen „Unbekannt" trotz Kenntnis des Täters, die Entfernung einer Anzeige aus dem Dienstgang seitens des polizeilichen Vorgesetzten, Liegenlassen der Sache. Lässt ein Polizeibeamter Strafanzeigen wegen unverschuldeter **Arbeitsüberlastung** liegen, so handelt er nicht rechtswidrig, wenn er seinen Vorgesetzten rechtzeitig unterrichtet. Eine Strafanzeige hat der Polizeibeamte auch vorzulegen, wenn er Zweifel an ihrer Richtigkeit hat. Die Beamten der Staatsanwaltschaft und der Polizei sind nicht verpflichtet, alle ihnen auf privaten Wegen bekannt gewordenen Straftaten zu verfolgen, wohl aber bei überwiegendem öffentlichen Interesse. **230**

Nach § 258 a Abs. 3 StGB ist die Begünstigung eines Angehörigen strafbar.

§ 259 StGB – Hehlerei
§ 260 StGB – Gewerbsmäßige Hehlerei; Bandenhehlerei

231 **Strafrahmen:** Freiheitsstrafe von einem Jahr bis zu fünf Jahren oder Geldstrafe, im Falle der gewerbsmäßigen Hehlerei oder Bandenhehlerei Freiheitsstrafe von sechs Monaten bis zu zehn Jahren.

232 Die **Gewerbsmäßigkeit** ist ein persönliches Merkmal, sodass der Gehilfe nur nach § 259 StGB zu bestrafen ist, falls der Erschwerungsgrund nicht auch bei ihm vorliegt. Die Gewerbsmäßigkeit erfordert nicht nur, dass der Täter bei der Tat seines Vorteils wegen handelt, sondern darüber hinaus, dass er sich durch wiederholte Begehung von Hehlerei eine fortlaufende Einnahmequelle von einigem Umfang und einiger Dauer zu verschaffen sucht. Dies setzt jedoch nicht voraus, dass er den Betrieb eines „kriminellen Gewerbes" plant und seinen Lebensunterhalt auf Dauer ganz oder teilweise hierdurch bestreiten will.

233 **Erweiterter Strafrahmen:** Freiheitsstrafe von einem Jahr bis zu zehn Jahren (gewerbsmäßige Bandenhehlerei § 260 a StGB), in **minder schweren Fällen** Freiheitsstrafe von sechs Monaten bis zu fünf Jahren.

Diese Vorschrift knüpft, ebenso wie § 244 a StGB, an gewerbsmäßiges bandenmäßiges Handeln an, dessen Hochstufung zum Verbrechen es wie bei § 244 a StGB ermöglicht, die Angriffe auf das Vermögen über § 30 StGB bereits im Vorfeld der Tatbegehung zu erfassen.

§ 261 StGB – Geldwäsche; Verschleierung unrechtmäßig erlangter Vermögenswerte

234 **Strafrahmen:** Freiheitsstrafe von drei Monaten bis zu fünf Jahren, in besonders schweren Fällen ist die Strafe Freiheitsstrafe von sechs Monaten bis zu zehn Jahren.

235 Ein **besonders schwerer Fall** liegt **in der Regel** vor, wenn der Täter gewerbsmäßig oder als Mitglied einer Bande handelt, die sich zur fortgesetzten Begehung einer Geldwäsche verbunden hat.

236 Für die **Gewerbsmäßigkeit** reicht es aus, dass der Täter sich mittelbar geldwerte Vorteile über Dritte verspricht, etwa durch den Gewinn einer von ihm beherrschten Gesellschaft oder in Form eines an ihn gezahlten Gehalts. We-

der für gewerbsmäßiges noch für bandenmäßiges Handeln ist der Aufbau „mafiaartiger Strukturen" erforderlich.

Die Annahme einer **Bande** setzt keine gleichen Tatbeiträge der Bandenmitglieder voraus. So kann es z.b. innerhalb eines Drogenkartells genügen, dass seine Mitglieder unterschiedliche Tatleistungen erbringen und dass das einzelne Bandenmitglied keine konkreten Kenntnisse von den Aktivitäten der anderen Mitglieder hat. Ein besonders schwerer Fall, der keineswegs auf organisierte Kriminalität beschränkt ist, lässt sich etwa bei der Geldwäsche von **sehr hohen Werten** bejahen. 237

Strafrahmen bei Leichtfertigkeit (§ 261 Abs. 5 StGB): Freiheitsstrafe von einem Monat bis zu zwei Jahren oder Geldstrafe. 238

Leichtfertig handelt, wer grob fahrlässig nicht bedenkt, dass der Gegenstand aus einer Katalogtat herrührt, etwa in grober Achtlosigkeit sich keine oder unzutreffende Gedanken über die Herkunft des Gegenstandes macht, obwohl sich die wahre Herkunft nach der Sachlage geradezu aufdrängt. Leichtfertige Unkenntnis kann z.b. vorliegen, wenn sich die bemakelte Herkunft offensichtlich abzeichnet und der Täter hiervor die Augen verschließt und von einer redlichen Herkunft ausgeht. Ein wesentlicher Faktor für den Grad der Nachlässigkeit ist u.a. der **Wert des Tatobjektes**. Bei hohen Werten sind nähere Gedanken über die Herkunft eher zu erwarten als bei geringen Werten. Bei üblichen Alltagsgeschäften zur Deckung des Lebensbedarfs kann z.B. in der Regel darauf vertraut werden, dass der Bedarf mit **redlichen** Gegenständen gedeckt wird. Wer sich in solchen Fällen keine Gedanken über die Herkunft macht, handelt daher noch nicht leichtfertig.

Strafmilderung (§ 261 Abs. 10 StGB): Das Gericht kann die Strafe nach seinem Ermessen mildern (§ 49 Abs. 2 StGB) oder von Strafe absehen, wenn der Täter durch die **freiwillige Offenbarung** seines Wissens wesentlich dazu beigetragen hat, dass die Tat über seinen eigenen Tatbeitrag hinaus aufgedeckt werden konnte. 239

Diese so genannte „kleine Kronzeugenregelung" ist dem § 31 Nr. 1 BtMG nachgebildet. Dem Tatbeteiligten soll damit, auch wenn er keinen Anspruch auf Straffreiheit mehr erlangen kann, ein weiterer Anreiz für das Aufdecken von Vorgängen der Geldwäsche oder von Vortaten gegeben werden. Es wird mehr verlangt als das Geständnis der eigenen Tat. Die freiwilligen Angaben müssen über den eigenen Tatbeitrag hinaus Wesentliches zur Aufklärung der

Geldwäsche oder zur Aufdeckung einer Katalogtat beigesteuert haben. Nicht erforderlich ist, dass die volle Aufklärung auf den Angaben beruht. Die Vergünstigung kann bereits gewährt werden, wenn das Offenbaren die Aufklärung in entscheidenden oder doch zumindest in wichtigen Punkten gefördert hat, etwa zur Festnahme eines Tatbeteiligten oder zur Ermittlung weiterer Tatbeteiligter geführt oder eine bessere Grundlage für Tatnachweise geliefert hat. Nebensächliche Angaben wie unbedeutende Aussagen zum Randgeschehen reichen nicht aus.

■ § 263 StGB – Betrug

240 **Strafrahmen:** Freiheitsstrafe bis zu fünf Jahren oder Geldstrafe, in besonders schweren Fällen ist die Strafe Freiheitsstrafe von sechs Monaten bis zu zehn Jahren, in besonders qualifizierten Fällen (§ 263 Abs. 5 BGB) Freiheitsstrafe von einem Jahr bis zu zehn Jahren, in minder schweren Fällen des besonders qualifizierten Falles Freiheitsstrafe von sechs Monaten bis zu fünf Jahren.

241 **Regelbeispiele** des **besonders schweren Falles** liegen vor, wenn der Täter

1. **gewerbsmäßig** oder als Mitglied einer **Bande** handelt, die sich zur fortgesetzten Begehung von Urkundenfälschung oder Betrug verbunden hat.
2. einen **Vermögensverlust großen Ausmaßes** herbeiführt oder in der Absicht handelt, durch die fortgesetzte Begehung von Betrug eine große Zahl von Menschen in die Gefahr des Verlustes von Vermögenswerten zu bringen.

Ein Vermögensverlust großen Ausmaßes liegt vor, wenn die Schadenshöhe (nicht notwendig der erlangte Vermögensvorteil) außergewöhnlich hoch ist. Es kommt daher darauf an, ob der beim Opfer eingetretene Vermögensverlust das für § 263 StGB durchschnittliche Maß deutlich übersteigt. Die Grenze dürfte jedenfalls nicht unter 10.000 € anzusetzen sein. Die Absicht, durch **fortgesetzte Begehung** von Betrug eine große Zahl (mindestens 20) von Menschen in die Gefahr eines Verlustes von Vermögenswerten zu bringen, verlangt die zweite Alternative.

3. eine andere Person in **wirtschaftliche Not** bringt.
4. seine Befugnisse oder seine Stellung als **Amtsträger** missbraucht oder
5. einen **Versicherungsfall** vortäuscht, nachdem er oder ein anderer zu diesem Zweck eine Sache von bedeutendem Wert in Brand gesetzt oder

durch eine Brandlegung ganz oder teilweise zerstört oder ein Schiff zum Sinken oder Stranden gebracht hat.

Besonders qualifizierte Fälle: Anders als bei § 263 Abs. 3 StGB müssen zur Annahme des besonders qualifizierten Falles die Voraussetzungen des bandenmäßigen und des gewerbsmäßigen Betruges **kumulativ** vorliegen. 242

■ § 263 a StGB – Computerbetrug

Strafrahmen: Freiheitsstrafe von einem Monat bis zu fünf Jahren oder Geldstrafe; im Übrigen gelten die Vorschriften des § 283 StGB. Das heißt, in besonders schweren Fällen ist die Strafe Freiheitsstrafe von sechs Monaten bis zu zehn Jahren. Nach den Voraussetzungen des § 263 Abs. 5 StGB ist auf Freiheitsstrafe von einem Jahr bis zu zehn Jahren, in minder schweren Fällen auf Freiheitsstrafe von sechs Monaten bis zu fünf Jahren zu erkennen. 243

■ § 264 StGB – Subventionsbetrug

Strafrahmen: Freiheitsstrafe von einem Monat bis zu fünf Jahren oder Geldstrafe, in minder schweren Fällen des Grundtatbestandes Freiheitsstrafe bis zu drei Jahren oder Geldstrafe, in **besonders schweren Fällen** Freiheitsstrafe von sechs Monaten bis zu zehn Jahren, in **besonders qualifizierten Fällen** Freiheitsstrafe von einem Jahr bis zu zehn Jahren. 244

Minder schwere Fälle werden angenommen, wenn der Mandant leichtfertig handelt. Leichtfertigkeit kommt in Betracht, wenn sich dem Täter Zweifel bezüglich der Richtigkeit auch ohne besondere Nachprüfung aufdrängen mussten, so z.B. wenn er auf Anhieb hätte erkennen müssen, dass die Bescheinigung auf Grund falscher Angaben eines Angestellten erteilt worden ist. 245

Der für ein Wirtschaftsunternehmen oder einen wirtschaftlich ausgerichteten Betrieb tätig werdende Antragsteller handelt leichtfertig, wenn er ihm obliegende Prüfungs-, Erkundigungs-, Informations- oder **Aufsichtspflichten gröblich verletzt**. Anzunehmen ist dies z.B., wenn er sich eine von einem Angestellten vorbereitete Erklärung zu Eigen macht, deren Unrichtigkeit auf den ersten Blick zu erkennen war, oder wenn er ohne eigene Nachprüfung die Angaben eines Angestellten übernimmt. Auch der nicht für einen Betrieb oder ein Unternehmen handelnde Antragsteller und der An- 246 tragsteller einer Kultur- oder Sozialsubvention muss Prüfungspflichten beachten. Gleichwohl kann in solchen Fällen nicht dasselbe Maß an Sorgfalt verlangt werden wie bei einem Wirtschaftsbetrieb.

247 **Regelfälle des besonders schweren Falles:**
1. Wer aus grobem Eigennutz oder unter Verwendung nachgemachter oder verfälschter Belege für sich oder einen anderen eine nicht gerechtfertigte Subvention großen Ausmaßes erlangt,
2. wer seine Befugnisse oder seine Stellung als Amtsträger missbraucht oder
3. wer die Mithilfe eines Amtsträgers ausnutzt, der seine Befugnisse oder seine Stellung missbraucht.

248 **Weitere Beispiele** für einen besonders schweren Fall: bei ganz ungewöhnlichem Ausmaß der Subvention, bei besonderem Raffinement der Durchführung und wenn der Täter „unter Verwendung nachgemachter oder verfälschter Belege fortlaufend nicht gerechtfertigte Subventionen erlangt".

■ **§ 266 StGB – Untreue**

249 **Strafrahmen:** Freiheitsstrafe von einem Monat bis zu fünf Jahren oder Geldstrafe, in besonders schweren Fällen Freiheitsstrafe von sechs Monaten bis zu zehn Jahren.

250 **Regelbeispiele:** Die Regelungen des Betruges passen wegen der Besonderheiten der persönlichen Beziehung zwischen Täter und Opfer kaum.

Für eine Untreue einschlägig ist daher in der Regel nur der **Vermögensverlust großen Ausmaßes**. Im Übrigen muss der Tatrichter bei der Prüfung eines besonders schweren Falls alle tat- und täterbezogenen Umstände bewerten. Dabei sind die Höhe des Schadens, die Schwere des Vertrauensmissbrauchs und ein besonders anstößiges Gewinnstreben besonders gewichtige Gründe, die für einen besonders schweren Fall sprechen können.

■ **§ 267 StGB – Urkundenfälschung**

251 **Strafrahmen:** Freiheitsstrafe bis zu fünf Jahren oder Geldstrafe, in **besonders schweren Fällen** Freiheitsstrafe von sechs Monaten bis zu zehn Jahren, in **besonders qualifizierten Fällen** Freiheitsstrafe von einem Jahr bis zu zehn Jahren, in einem **minder schweren Fall** eines solch besonders qualifizierten Falles Freiheitsstrafe von sechs Monaten bis zu fünf Jahren.

Regelfälle: 252

1. Wenn der Täter gewerbsmäßig oder als Mitglied einer Bande handelt, die sich zur fortgesetzten Begehung von Betrug oder Urkundenfälschung verbunden hat, oder
2. einen Vermögensverlust großen Ausmaßes herbeiführt, oder
3. durch eine große Zahl von unechten oder verfälschten Urkunden die Sicherheit des Rechtsverkehrs erheblich gefährdet oder
4. seine Befugnisse oder seine Stellung als Amtsträger missbraucht.

Bei der **bandenmäßigen** Urkundenfälschung muss der Täter „als Mitglied" der Bande handeln, es muss ein inhaltlicher Bezug zu den anderen geplanten Bandentaten bestehen, etwa Vorbereitung eines Betruges. Die zweite Alternative des besonders schweren Falles verlangt als Erfolg der Urkundenfälschung einen **Vermögensverlust großen Ausmaßes**. Die Grenze ist strittig und wird in der Literatur zwischen 50.000 € und 10.000 € gesetzt.[83] Die Grenze für eine große Zahl von Urkunden im Sinne von § 267 StGB wird allgemein bei 20 Urkunden angenommen,[84] eine unübersehbare Zahl ist nicht erforderlich. Allerdings führt die große Zahl der Urkunden allein nicht zu einer erheblichen Gefährdung, wenn die Fälschung leicht zu erkennen und eine erfolgreiche Täuschung daher von Anfang an fern liegend ist. Ein **Missbrauch der Befugnisse** kommt insbesondere in Betracht, wenn der Amtsträger im Rahmen seiner Zuständigkeit Zugang zu echten Urkunden hat, die dann verfälscht werden – ein Missbrauch der Stellung, wenn er außerhalb seiner Zuständigkeit, jedoch unter Ausnutzung der aus dem Amt entspringenden Möglichkeiten handelt. 253

Unbenannte besonders schwere Fälle: Ein besonders hoher Schaden, der nicht Vermögensverlust im Sinne von § 277 Abs. 3 Nr. 2 StGB ist, oder die Erlangung außerordentlicher Vorteile, ohne dass sich ein Vermögensverlust des Opfers feststellen lässt. 254

Trotz Vorliegens eines Regelbeispiels kann erhebliche Sorglosigkeit des Opfers sowie allgemein der Umstand, dass dem Täter die Tatbegehung in besonderer Weise erleichtert wurde, zur Anwendung des Normalstrafrahmens führen. 255

---

83 *Kindhäuser,* § 267 Rn 60.
84 *Kindhäuser,* § 267 Rn 61.

Der besonders qualifizierte Fall wird bejaht, wenn kumulativ gewerbsmäßiges und bandenmäßiges Handeln vorliegen. Dies soll insbesondere der Bekämpfung der organisierten Kriminalität dienen.

■ **§ 268 StGB – Fälschung technischer Aufzeichnungen**

256 **Strafrahmen:** Freiheitsstrafe bis zu fünf Jahren oder Geldstrafe, in **besonders schweren Fällen** Freiheitsstrafe von sechs Monaten bis zu zehn Jahren, in **besonders qualifizierten Fällen** Freiheitsstrafe von einem Jahr bis zu zehn Jahren, in einem **minder schweren Fall** eines solch besonders qualifizierten Falles Freiheitsstrafe von sechs Monaten bis zu fünf Jahren.

■ **§ 271 StGB – Mittelbare Falschbeurkundung**

257 **Strafrahmen:** Freiheitsstrafe von einem Monat bis zu drei Jahren oder Geldstrafe, in **qualifizierten Fällen** Freiheitsstrafe von drei Monaten bis zu fünf Jahren.

258 **Qualifizierte Fälle** sind gegeben, wenn der Täter

1. gegen Entgelt handelt oder
2. in der Absicht, sich oder einen Dritten zu bereichern.

Letzteres kann z.B. die Einsparung der Kosten einer neuen Fahrerlaubnisprüfung sein, die Ersparung sonstiger Aufwendungen, auch die Erlangung eines Darlehens für eine Gemeinde von deren eigener Sparkasse, die Erhaltung eines durch eine strafbare Vortat erlangten Vorteils. Ein Vermögensvorteil ist auch die Abwendung eines drohenden Vermögensnachteils. Ebenfalls erstrebt einen Vermögensvorteil, wer eine Anstellung und das damit verbundene Einkommen zu erlangen oder eine Kündigung zu vermeiden sucht.

■ **§ 275 StGB – Vorbereitung der Fälschung von amtlichen Ausweisen**

259 **Strafrahmen:** Freiheitsstrafe von einem Monat bis zu zwei Jahren oder Geldstrafe, in qualifizierten Fällen Freiheitsstrafe von drei Monaten bis zu fünf Jahren.

260 **Qualifikationstatbestand:** Gewerbsmäßiges oder bandenmäßiges Handeln. Die Mitwirkung eines anderen Bandenmitglieds bei der Tatverwirklichung ist nicht erforderlich.

§ 276 StGB – Verschaffen von falschen amtlichen Ausweisen

Strafrahmen: Freiheitsstrafe von einem Monat bis zu zwei Jahren oder Geldstrafe, in qualifizierten Fällen Freiheitsstrafe von drei Monaten bis zu fünf Jahren.

261

§ 283 StGB – Bankrott
§ 283 a StGB – Besonders schwerer Fall des Bankrotts

Strafrahmen: Freiheitsstrafe von einem Monat bis zu fünf Jahren oder Geldstrafe, bei Fahrlässigkeit (§ 283 Abs. 4 und Abs. 5 StGB) Freiheitsstrafe von einem Monat bis zu zwei Jahren oder Geldstrafe, in besonders schweren Fällen Freiheitsstrafe von sechs Monaten bis zu zehn Jahren.

262

Regelfälle: Wenn der Täter aus Gewinnsucht handelt oder wissentlich viele Personen in die Gefahr des Verlustes ihrer ihm anvertrauten Vermögenswerte oder in wirtschaftliche Not bringt.

263

Außerhalb der Regelbeispiele wird ein **besonders schwerer Fall** in Frage kommen bei Großinsolvenzen mit erheblichen Schäden für andere, bei raffinierter Begehungsweise der Bankrotthandlungen, bei von vornherein auf Zusammenbruch und unlauteren Gewinn hinarbeitenden Tätern, unter Umständen auch schon bei immenser Schädigung auch nur eines Gläubigers – nicht hingegen schon beim Handeln in Kenntnis der Zahlungsunfähigkeit.

264

§ 283 b StGB – Verletzung der Buchführungspflicht

Strafrahmen: Freiheitsstrafe von einem Monat bis zu zwei Jahren oder Geldstrafe, bei Fahrlässigkeit Freiheitsstrafe von einem Monat bis zu einem Jahr oder Geldstrafe.

265

§ 283 c StGB – Gläubigerbegünstigung

Strafrahmen: Freiheitsstrafe von einem Monat bis zu zwei Jahren oder Geldstrafe.

266

§ 283 d StGB – Schuldnerbegünstigung

Strafrahmen: Freiheitsstrafe von einem Monat bis zu fünf Jahren oder Geldstrafe, in besonders schweren Fällen Freiheitsstrafe von sechs Monaten bis zu zehn Jahren.

267

268 **Qualifizierte Fälle** liegen vor, wenn der Täter
1. aus Gewinnsucht handelt oder
2. wissentlich viele Personen in die Gefahr des Verlustes ihrer dem anderen anvertrauten Vermögenswerte oder in wirtschaftliche Not bringt.

■ **§ 284 StGB – Unerlaubte Veranstaltung eines Glücksspiels**

269 **Strafrahmen:** Freiheitsstrafe bis zu zwei Jahren oder Geldstrafe, in qualifizierten Fällen Freiheitsstrafe von drei Monaten bis zu fünf Jahren, in besonders qualifizierten Fällen Freiheitsstrafe bis zu einem Jahr oder Geldstrafe.

270 **Qualifikation:** Täter handelt gewerbsmäßig oder als Mitglied einer Bande.
Besondere Qualifikation: Werbung für öffentliches Glücksspiel.

■ **§ 291 StGB – Wucher**

271 **Strafrahmen:** Freiheitsstrafe bis zu drei Jahren oder Geldstrafe, in besonders schweren Fällen Freiheitsstrafe von sechs Monaten bis zu zehn Jahren.

272 **Regelbeispiele:**
1. Durch die Tat wird ein anderer in wirtschaftliche Not gebracht,
2. die Tat wird gewerbsmäßig begangen,
3. der Täter lässt sich durch Wechsel wucherische Vermögensvorteile versprechen.

273 Außerhalb der Regelbeispiele können besonders schwere Fälle in Betracht kommen bei außergewöhnlichem Ausmaß oder sehr langer Dauer der Bewucherung, Gewohnheitsmäßigkeit oder besonderer Gewissenlosigkeit des Täters, besonderer Hilflosigkeit des Opfers, ferner bei Versprechenlassen durch Scheck oder bei erheblicher Verschärfung einer schon bestehenden Notlage.

■ **§ 292 StGB – Jagdwilderei**

274 **Strafrahmen:** Freiheitsstrafe bis zu drei Jahren oder Geldstrafe, in **besonders schweren Fällen** Freiheitsstrafe von drei Monaten bis zu fünf Jahren.

Regelbeispiele:
1. Gewerbs- oder gewohnheitsmäßiges Handeln,
2. Jagen zur Nachtzeit, in der Schonzeit, unter Anwendung von Schlingen oder in anderer nicht weidmännischer Weise oder
3. von mehreren mit Schusswaffen ausgerüsteten Beteiligten gemeinschaftlich.

■ **§ 299 StGB – Bestechlichkeit und Bestechung im geschäftlichen Verkehr**

■ **§ 300 StGB – Besonders schwere Fälle der Bestechlichkeit und Bestechung im geschäftlichen Verkehr**

Strafrahmen: Freiheitsstrafe bis zu drei Jahren oder Geldstrafe, in besonders schweren Fällen Freiheitsstrafe von drei Monaten bis zu fünf Jahren.

Regelbeispiele:
1. Die Tat hat einen Vorteil großen Ausmaßes zum Gegenstand oder
2. der Täter handelt gewerbsmäßig oder als Mitglied einer Bande, die sich zur fortgesetzten Begehung solcher Taten verbunden hat.

Ein **Vorteil großen Ausmaßes** liegt vor, wenn der Wert des erlangten oder erstrebten Vorteils den Durchschnittswert der erlangten Vorteile erheblich überschreitet. Ob ein Vorteil ein großes Ausmaß hat, bestimmt sich nach den Umständen des konkreten Falles im Rahmen der jeweiligen geschäftlichen Beziehung und der Wettbewerbssituation. Eine Orientierung an der für § 264 StGB vielfach angenommenen Grenze von 50.000 € wäre nicht sachgerecht; auch ein „Schmiergeld" von 10.000 € kann im Einzelfall das Regelbeispiel erfüllen.[85]

Unbenannte besonders schwere Fälle können z.B. vorliegen bei eingetretener objektiver Schädigung von Mitbewerbern, bei Untreuehandlungen gegenüber den Geschäftsherren, bei Bevorzugungen mit sehr hohem Wert oder bei Vorteilen, die über ihren Charakter als Bestechungsleistungen hinaus anstößigen oder sittenwidrigen Inhalt haben.

---

85 *Kindhäuser*, § 300 Rn 2.

- § 306 StGB – Brandstiftung
- § 306 a StGB – Schwere Brandstiftung
- § 306 b StGB – Besonders schwere Brandstiftung
- § 306 c StGB – Brandstiftung mit Todesfolge
- § 306 d StGB – Fahrlässige Brandstiftung
- § 306 e StGB – Tätige Reue

280 **Strafrahmen:** Freiheitsstrafe von einem Jahr bis zu zehn Jahren, in **minder schweren Fällen** Freiheitsstrafe von sechs Monaten bis zu fünf Jahren, im Falle einer **schweren Brandstiftung** Freiheitsstrafe von einem Jahr bis zu 15 Jahren, in **minder schweren Fällen** der schweren Brandstiftung Freiheitsstrafe von sechs Monaten bis zu fünf Jahren. Bei **besonders schwerer Brandstiftung** ist die Strafe Freiheitsstrafe von zwei Jahren bis zu 15 Jahren und im **besonders qualifizierten Fall** der besonders schweren Brandstiftung Freiheitsstrafe von fünf Jahren bis zu 15 Jahren. **Brandstiftung mit Todesfolge** wird mit lebenslanger Freiheitsstrafe oder Freiheitsstrafe von zehn bis zu 15 Jahren bestraft.

281 **Fahrlässigkeit:** Die Regelung des § 306 d StGB ist völlig verunglückt und wenig einsichtig, es scheint aber keine Tendenzen zu geben, dies zu ändern.[86] Die fahrlässige Brandstiftung und die fahrlässige schwere Brandstiftung werden mit Freiheitsstrafe von einem Monat bis zu fünf Jahren oder mit Geldstrafe bestraft, die fahrlässige schwere Brandstiftung i.S.v. § 306 a Abs. 2 StGB, durch die außerdem noch fahrlässig eine Gefährdung von Menschen verursacht wird, mit einer Freiheitsstrafe von einem Monat bis zu drei Jahren oder mit Geldstrafe.

282 **Tätige Reue:** Bei tätiger Reue kann das Gericht die Strafe mildern oder von Strafe absehen – eine Bestrafung wegen fahrlässiger Brandstiftung, die auch die objektiven Tatbestände der schweren Brandstiftung umfassen kann, scheidet aus, wenn der Verursacher des Brandes diesen löscht oder der Brand ohne sein Zutun gelöscht wird, er sich aber ernsthaft bemüht hat.

283 Bei der **Strafzumessung** kommt es maßgebend auf den Wert und die Quantität des Tatgegenstandes an, ebenso wie auf das Ausmaß seiner Gefährdung und die Gefährlichkeit der Tathandlung. Maßnahmen zum Ausschluss jeg-

---

[86] *Tröndle/Fischer*, § 306 d Rn 6; *Lackner/Kühl*, § 306 d Rn 1 m.w.N.

licher abstrakten Gefährdung wirken strafmildernd, bei absoluter Ungefährlichkeit im Einzelfall kann ausnahmsweise das Strafbedürfnis fehlen.

Minder schwere Fälle können vorliegen, wenn eine konkrete Gefährdung von Menschen objektiv ausgeschlossen ist. 284

Schwere Brandstiftung ist gegeben, wenn Tatgegenstand ist: 285
1. ein Gebäude, ein Schiff, eine Hütte oder eine andere Räumlichkeit, die der Wohnung von Menschen dient,
2. eine Kirche oder ein anderes der Religionsausübung dienendes Gebäude oder
3. eine Räumlichkeit, die zeitweise dem Aufenthalt von Menschen dient zu einer Zeit, in der Menschen sich dort aufzuhalten pflegen.

Besonders schwere Brandstiftung: Sie liegt vor, wenn durch eine Brandstiftung eine schwere Gesundheitsschädigung eines anderen Menschen oder eine Gesundheitsschädigung einer großen Zahl von Menschen verursacht wird. 286

Besonders qualifizierte Fälle der besonders schweren Brandstiftung: Diese sind gegeben, wenn für einen anderen Menschen durch den Brand Todesgefahr entsteht, der Täter handelt, um eine andere Tat zu verdecken oder zu ermöglichen, oder wenn er das Löschen des Brandes verhindert oder erschwert. 287

Der Erfolg dieses letztgenannten besonders qualifizierten Falles muss durch beliebige Handlungen des Täters, die der Brandstiftung vorausgehen können, erfüllt sein, z.B. Entfernung von Löschmitteln, Ausschalten automatischer Löscheinrichtungen; **nachträglich** ist dies möglich durch Behinderung löschwilliger Personen. Erschwerung ist auch die Zerstörung einer Notrufeinrichtung.

Brandstiftung mit Todesfolge: Nachträglich hinzukommende Personen, insbesondere Feuerwehrleute und Helfer unterfallen nicht dem Schutzbereich der Vorschrift. Umfasst ist dagegen der Tod durch in Panik begangene Selbstrettungsversuche, etwa durch kopfloses Hinabspringen aus großer Höhe oder auf Grund anderer Schockwirkungen. 288

■ § 306 f StGB – Herbeiführen einer Brandgefahr

289 **Strafrahmen:** Freiheitsstrafe bis zu drei Jahren oder Geldstrafe, bei Fahrlässigkeit Freiheitsstrafe von einem Monat bis zu einem Jahr oder Geldstrafe.

■ § 307 StGB – Herbeiführung einer Explosion durch Kernenergie

290 **Strafrahmen:** Freiheitsstrafe von fünf Jahren bis zu 15 Jahren, bei fahrlässiger Gefährdung eines anderen Menschen oder fremder Sachen Freiheitsstrafe von einem Jahr bis zu zehn Jahren; in qualifizierten Fällen lebenslange Freiheitsstrafe oder Freiheitsstrafe von zehn Jahren bis zu 15 Jahren, bei fahrlässiger Gefährdung Freiheitsstrafe von fünf Jahren bis zu 15 Jahren.

291 **Tätige Reue:** Das Gericht kann im Falle des Grundtatbestandes die Strafe mildern, wenn der Täter die weitere Ausführung der Tat freiwillig aufgibt, die Gefahr abwendet oder sich zumindest, wenn die Tat ohne sein Zutun abgewendet wurde, freiwillig und ernsthaft bemüht, die Gefahr abzuwenden.

292 **Qualifikation:** Zumindest leichtfertig wird der Tod eines Menschen verursacht.

293 **Fahrlässigkeit:** Auf Freiheitsstrafe von einem Monat bis zu drei Jahren oder Geldstrafe ist zu erkennen, wenn die Explosion fährlässig verursacht wurde. Für die Fälle, in denen die Explosion vorsätzlich verursacht wurde, aber vom Täter nicht beabsichtigte Folgen eingetreten sind, hat der Grundtatbestand bzw. der Tatbestand des qualifizierten Falles einen eigenen Strafrahmen.

294 **Tätige Reue bei fahrlässiger Gefährdung:** Der Täter wird nicht bestraft, wenn er die Gefahr abwendet oder sich zumindest, wenn die Gefahr ohne sein Zutun abgewendet wurde, freiwillig und ernsthaft bemüht, die Gefahr abzuwenden, bevor ein Schaden entstanden ist.

■ § 308 StGB – Herbeiführen einer Sprengstoffexplosion

295 **Strafrahmen:** Freiheitsstrafe von einem Jahr bis zu 15 Jahren, in minder schweren Fällen Freiheitsstrafe von sechs Monaten bis zu fünf Jahren, in qualifizierten Fällen Freiheitsstrafe nicht unter zwei Jahren; in minder schweren Fällen der Qualifikation Freiheitsstrafe von einem Jahr bis zu zehn Jahren; in besonders qualifizierten Fällen lebenslange Freiheitsstrafe oder Freiheitsstrafe nicht unter zehn Jahren.

Fahrlässigkeit: Liegt Fahrlässigkeit sowohl hinsichtlich der Verursachung 296
der Sprengstoffexplosion als auch hinsichtlich der Gefährdung vor, sieht der
Strafrahmen Freiheitsstrafe von einem Monat bis zu drei Jahren oder Geldstrafe vor; ist die Explosion vorsätzlich herbeigeführt, die Gefährdung jedoch fahrlässig, ist auf Freiheitsstrafe von einem Monat bis zu fünf Jahren
oder Geldstrafe zu erkennen.

Tätige Reue: Wird der Grundtatbestand vorsätzlich oder fahrlässig ver- 297
wirklicht, kann das Gericht die Strafe mildern oder von Strafe absehen,
wenn der Täter die Gefahr abwendet oder sich zumindest, wenn die Gefahr
ohne sein Zutun abgewendet wurde, freiwillig und ernsthaft bemüht hat, die
Gefahr abzuwenden.

Bei Fahrlässigkeit: Der Täter wird nicht bestraft, wenn er die Gefahr abwendet oder sich zumindest, wenn die Gefahr ohne sein Zutun abgewendet
wurde, freiwillig und ernsthaft bemüht, die Gefahr abzuwenden, bevor ein
Schaden entstanden ist

Qualifikation: Die Folge, eine Gesundheitsschädigung, muss durch die Tat 298
eingetreten sein; erfasst sind daher nur solche Folgen, die in einem spezifischen Gefahrenzusammenhang mit der nach Abs. 1 herbeigeführten Explosion stehen, etwa unmittelbare Sprengwirkungen durch Luft- oder Gasdruck
sowie Splitterwirkung, aber auch Folgen eines durch die Explosion ausgelösten Brandes, z.B. durch herabfallende Trümmer, außer Kontrolle geratende Fahrzeuge, durch unmittelbar oder mittelbar verursachte Verätzungen,
Vergiftungen usw. Psychische Folgen (Schock) sind nur erfasst, wenn sie zu
länger andauernden, ernsthaften Beeinträchtigungen des Wohlbefindens
führen.

Die besondere Qualifikation setzt voraus, dass der Täter durch die Tat 299
wenigstens leichtfertig den Tod eines anderen Menschen verursacht. § 308
Abs. 3 StGB enthält eine Erfolgsqualifikation für den Fall wenigstens
leichtfertiger Verursachung des Todes eines anderen Menschen. Lebenslange Freiheitsstrafe wird in der Regel bei vorsätzlicher Tötung in Betracht
kommen.

■ § 309 StGB – Missbrauch ionisierender Strahlen

Strafrahmen: Freiheitsstrafe von einem Jahr bis zu zehn Jahren, in **minder** 300
schweren Fällen Freiheitsstrafe von sechs Monaten bis zu fünf Jahren, in

qualifizierten Fällen Freiheitsstrafe nicht unter fünf Jahren, in **weiteren qualifizierten Fällen** Freiheitsstrafe von zwei Jahren bis zu 15 Jahren; in einem **minder schweren Fall** des weiteren qualifizierten Falles ist die Strafe Freiheitsstrafe von einem Jahr bis zu zehn Jahren, in **besonders qualifizierten Fällen** lebenslange Freiheitsstrafe oder Freiheitsstrafe von zehn Jahren bis zu 15 Jahren. Der Strafrahmen in einfachen Fällen: Freiheitsstrafe von einem Monat bis zu fünf Jahren oder Geldstrafe.

301 **Minder schwere Fälle** kommen etwa in Betracht im Falle eines Versuchs oder bloß leichter Gesundheitsschädigung einer großen Zahl von Menschen.

302 **Tätige Reue** bei Verwirklichung des Grundtatbestandes: Das Gericht kann die Strafe mildern oder von Strafe absehen, wenn der Täter die weitere Ausführung der Tat freiwillig aufgibt, die Gefahr abwendet oder sich zumindest, wenn die Tat ohne sein Zutun abgewendet wurde, freiwillig und ernsthaft bemüht, die Gefahr abzuwenden.

303 **Qualifikation:** Diese setzt die Absicht voraus, die Gesundheit wenigstens eines Menschen zu schädigen und eine unübersehbare Zahl von Menschen der Strahlung auszusetzen. Unübersehbar ist eine Menschenmenge, wenn sie für einen objektiven Beobachter nicht ohne weiteres bestimmbar ist.[87]

Tätige Reue: Das Gericht kann in diesem Fall die Strafe mildern, wenn der Täter die weitere Ausführung der Tat freiwillig aufgibt, die Gefahr abwendet oder sich zumindest, wenn die Tat ohne sein Zutun abgewendet wurde, freiwillig und ernsthaft bemüht, die Gefahr abzuwenden.

304 **Weitere Qualifikation:** Setzt den Vorsatz voraus, durch die Tat eine schwere Gesundheitsschädigung eines anderen Menschen oder eine Gesundheitsschädigung einer großen Zahl von Menschen herbeizuführen. Die schwere Folge muss gerade auf Grund der Einwirkung der ionisierenden Strahlung eingetreten sein.

305 **Besondere Qualifikation:** Verursacht der Täter durch die Tat wenigstens leichtfertig den Tod eines anderen Menschen, ist der Strafrahmen der besonderen Qualifikation des § 309 Abs. 4 StGB zu entnehmen. Die Vorschrift enthält eine Erfolgsqualifikation. Der Tod muss durch die Tat eingetreten sein, also auf den spezifischen Strahlengefahren beruhen. Subjektiv ist hinsichtlich der schweren Folge wenigstens Leichtfertigkeit erforderlich. Vor-

---

[87] *Kindhäuser,* § 309 Rn 4.

sätzliche Todesverursachung ist gleichfalls umfasst, sie wird in der Regel Voraussetzung der Verhängung lebenslanger Freiheitsstrafe sein.

Einfache Fälle werden angenommen, wenn sich das Ziel der Tat nicht auf Menschen bezieht, sondern lediglich auf Sachen. Der objektive Tatbestand erfordert, dass der Täter eine fremde Sache von bedeutendem Wert einer ionisierenden Strahlung aussetzt, welche die Brauchbarkeit der Sache zu beeinträchtigen geeignet ist. 306

Tätige Reue: Das Gericht kann in den einfachen Fällen die Strafe mildern oder von Strafe absehen, wenn der Täter die Gefahr abwendet oder sich zumindest, wenn die Gefahr ohne sein Zutun abgewendet wurde, freiwillig und ernsthaft bemüht, die Gefahr abzuwenden.

■ § 310 StGB – Vorbereitung eines Explosions- oder Strahlungsverbrechens

Strafrahmen: Freiheitsstrafe von sechs Monaten bis zu fünf Jahren, in minder schweren Fällen Freiheitsstrafe von sechs Monaten bis zu fünf Jahren. 307

Tätige Reue: Der Täter wird nicht bestraft, wenn er freiwillig die weitere Ausführung aufgibt, sonst die Gefahr abwendet oder sich zumindest, wenn die Gefahr ohne sein Zutun abgewendet wurde, freiwillig und ernsthaft bemüht, die Gefahr abzuwenden, bevor ein Schaden entstanden ist. 308

■ § 311 StGB – Freisetzen ionisierender Strahlen

Strafrahmen: Freiheitsstrafe bis zu fünf Jahren oder Geldstrafe, bei Fahrlässigkeit Freiheitsstrafe von einem Monat bis zu zwei Jahren oder Geldstrafe. 309

Tätige Reue: Das Gericht kann die Strafe mildern oder von Strafe absehen, wenn der Täter die Gefahr abwendet oder sich zumindest, wenn die Gefahr ohne sein Zutun abgewendet wurde, freiwillig und ernsthaft bemüht, die Gefahr abzuwenden. 310

■ § 312 StGB – Fehlerhafte Herstellung einer kerntechnischen Anlage

Strafrahmen: Freiheitsstrafe von drei Monaten bis zu fünf Jahren, bei **Fahrlässigkeit** Freiheitsstrafe von einem Monat bis zu drei Jahren oder Geldstrafe, in **qualifizierten Fällen** Freiheitsstrafe von einem Jahr bis zu zehn Jahren, in **minder schweren Fällen** Freiheitsstrafe von sechs Monaten bis 311 zu fünf Jahren, in **besonders qualifizierten Fällen** Freiheitsstrafe von drei Jahren bis zu 15 Jahren und in minder schweren Fällen der besonderen Qualifikation Freiheitsstrafe von einem Jahr bis zu zehn Jahren.

312 **Tätige Reue:** Das Gericht kann die Strafe des Grundtatbestandes mildern oder von Strafe absehen, wenn der Täter die Gefahr abwendet oder sich zumindest, wenn die Gefahr ohne sein Zutun abgewendet wurde, freiwillig und ernsthaft bemüht, die Gefahr abzuwenden. Dies gilt auch, wenn er die Gefahr **fahrlässig** verursacht hat, ohne leichtfertig zu handeln. Im Fall, dass der Täter **leichtfertig** handelt und die Gefahr fahrlässig verursacht, wird er nicht bestraft, wenn er die Gefahr abwendet oder sich zumindest, wenn die Gefahr ohne sein Zutun abgewendet wurde, freiwillig und ernsthaft bemüht, die Gefahr abzuwenden, bevor ein Schaden entstanden ist.

313 **Fahrlässigkeit:** Die Fahrlässigkeit muss sich auf die entstehende Gefahr beziehen, das Handeln kann vorsätzlich oder leichtfertig sein.

314 **Qualifizierter Fall:** Er setzt schwere Gesundheitsschädigung eines Menschen oder eine einfache Gesundheitsschädigung einer großen Zahl von Menschen voraus.

315 **Besonders qualifizierter Fall:** Dieser setzt voraus, dass die Handlung zum Tod eines anderen Menschen führt.

■ § 313 StGB – Herbeiführen einer Überschwemmung

316 **Strafrahmen:** Freiheitsstrafe von einem Jahr bis zu zehn Jahren, in **minder schweren Fällen** Freiheitsstrafe von sechs Monaten bis zu fünf Jahren, in **qualifizierten Fällen** Freiheitsstrafe von zwei Jahren bis zu 15 Jahren, in minder schweren Fällen der Qualifikation Freiheitsstrafe von einem Jahr bis zu zehn Jahren, in **besonders qualifizierten Fällen** lebenslange Freiheitsstrafe oder Freiheitsstrafe von zehn Jahren bis zu 15 Jahren.

317 **Fahrlässigkeit:** Liegt Fahrlässigkeit sowohl hinsichtlich der Verursachung der Überschwemmung als auch hinsichtlich der Gefährdung vor, beträgt der Strafrahmen Freiheitsstrafe von einem Monat bis zu drei Jahren oder Geldstrafe; ist die Überschwemmung vorsätzlich herbeigeführt, die Gefährdung jedoch fahrlässig, ist auf Freiheitsstrafe von einem Monat bis zu fünf Jahren oder Geldstrafe zu erkennen.

Tätige Reue: Das Gericht kann die Strafe mildern oder von Strafe absehen, 318
wenn der Täter die Gefahr abwendet oder sich zumindest, wenn die Gefahr
ohne sein Zutun abgewendet wurde, freiwillig und ernsthaft bemüht, die Gefahr abzuwenden. Bei § 313 StGB gilt dies in allen Varianten, auch im Fall
des § 313 i.V.m. § 308 Abs. 5 StGB.

Qualifikation: Die Folge, eine Gesundheitsschädigung, muss durch die Tat 319
eingetreten sein; erfasst sind daher nur solche Folgen, die in einem spezifischen Gefahrenzusammenhang mit der nach Abs. 1 herbeigeführten Überschwemmung stehen.

Die besondere Qualifikation setzt voraus, dass der Täter durch die Tat we- 320
nigstens leichtfertig den Tod eines anderen Menschen verursacht. Der Verweis auf § 308 Abs. 3 StGB enthält eine Erfolgsqualifikation für den Fall
wenigstens leichtfertiger Verursachung des Todes eines anderen Menschen.
Lebenslange Freiheitsstrafe wird in der Regel bei vorsätzlicher Tötung in
Betracht kommen.

Tätige Reue in den **qualifizierten Fällen**, wenn der Täter fahrlässig han- 321
delte und die Gefahr fahrlässig verursachte: Der Täter wird nicht bestraft,
wenn er die Gefahr abwendet oder sich zumindest, wenn die Gefahr ohne
sein Zutun abgewendet wurde, freiwillig und ernsthaft bemüht, die Gefahr
abzuwenden, bevor ein Schaden entstanden ist.

■ § 314 StGB – Gemeingefährliche Vergiftung

Strafrahmen: Freiheitsstrafe von einem Jahr bis zu zehn Jahren, in **minder** 322
schweren Fällen Freiheitsstrafe von sechs Monaten bis zu fünf Jahren, in
qualifizierten Fällen Freiheitsstrafe nicht unter zwei Jahren bis zu 15 Jahren, in minder schweren Fällen der Qualifikation Freiheitsstrafe von einem
Jahr bis zu zehn Jahren, in **besonders qualifizierten Fällen** lebenslange
Freiheitsstrafe oder Freiheitsstrafe nicht unter zehn Jahren bis zu 15 Jahren.

Minder schwere Fälle können insbesondere bei geringfügiger Gesund- 323
heitsschädlichkeit sowie bei von vornherein eng begrenzter Verbreitungsgefahr vorliegen – oder bei erheblichem mitwirkenden Verschulden des Geschädigten.

Tätige Reue bei Verwirklichung des Grundtatbestandes: Das Gericht kann 324
die Strafe mildern oder von Strafe absehen, wenn der Täter die weitere Aus-

führung der Tat freiwillig aufgibt, die Gefahr abwendet oder sich zumindest, wenn die Tat ohne sein Zutun abgewendet wurde, freiwillig und ernsthaft bemüht, die Gefahr abzuwenden.

325 **Qualifikation:** Die Folge, eine Gesundheitsschädigung, muss durch die Tat eingetreten sein; erfasst sind daher nur solche Folgen, die in einem spezifischen Gefahrenzusammenhang mit der nach Abs. 1 herbeigeführten Überschwemmung stehen.

326 **Die besondere Qualifikation** setzt voraus, dass der Täter durch die Tat wenigstens leichtfertig den Tod eines anderen Menschen verursacht. Der Verweis auf § 308 Abs. 3 StGB enthält eine Erfolgsqualifikation für den Fall wenigstens leichtfertiger Verursachung des Todes eines anderen Menschen. Lebenslange Freiheitsstrafe wird in der Regel bei vorsätzlicher Tötung in Betracht kommen.

■ **§ 315 StGB – Gefährliche Eingriffe in den Bahn-, Schiffs- und Luftverkehr**

327 **Strafrahmen:** Freiheitsstrafe von sechs Monaten bis zu zehn Jahren, in **minder schweren Fällen** von drei Monaten bis zu fünf Jahren, in **qualifizierten Fällen** Freiheitsstrafe von einem Jahr bis zu 15 Jahren, in minder schweren Fällen der Qualifikation Freiheitsstrafe von sechs Monaten bis zu fünf Jahren.

328 **Minder schwere Fälle:** Anlass zur Milderung können Taten mit nur geringer konkreter Gefährdung oder notstandsähnliche Konfliktlagen sein.

329 **Fahrlässigkeit:** Handelt der Täter fahrlässig und verursacht er die Gefahr fahrlässig, muss er mit einer Freiheitsstrafe von einem Monat bis zu zwei Jahren oder mit Geldsstrafe rechnen; handelt er vorsätzlich und verursacht aber die Gefahr fahrlässig, ist eine Freiheitsstrafe von einem Monat bis zu fünf Jahren oder Geldstrafe möglich.

330 **Qualifikation:** Handelt der Täter in der Absicht, einen Unglücksfall oder eine andere Straftat zu ermöglichen oder zu verdecken, oder wird durch die Tat eine schwere Gesundheitsschädigung eines anderen Menschen oder eine Gesundheitsschädigung einer großen Zahl von Menschen verursacht, wird die Tat zum Verbrechen.

Tätige Reue: Das Gericht kann im Falle des Grundtatbestandes und wenn 331
der Täter in der Absicht handelt, durch den gefährlichen Eingriff einen Unglücksfall zu verursachen oder eine andere Straftat zu ermöglichen oder zu verdecken, die Strafe mildern oder von Strafe absehen, wenn der Täter freiwillig die weitere Ausführung aufgibt, den Erfolg abwendet oder sich zumindest, wenn die Gefahr oder der Erfolg ohne sein Zutun abgewendet wird, freiwillig und ernsthaft bemüht, dieses Ziel zu erreichen. Tätige Reue führt nicht zu einer Strafmilderung, wenn durch den Eingriff eine schwere Gesundheitsschädigung eines anderen verursacht wurde; die Strafmilderung kann aber bei Fahrlässigkeit angewandt werden. Wird die Tat fahrlässig begangen und die Gefahr fahrlässig verursacht, erfolgt keine Bestrafung.

■ **§ 315 a StGB – Gefährdung des Bahn-, Schiffs- und Luftverkehrs**

Strafrahmen: Freiheitsstrafe von einem Monat bis zu fünf Jahren oder Geld- 332
strafe, bei Fahrlässigkeit Freiheitsstrafe von einem Monat bis zu zwei Jahren oder Geldstrafe.

■ **§ 315 b StGB – Gefährliche Eingriffe in den Straßenverkehr**

Strafrahmen: Freiheitsstrafe bis zu fünf Jahren oder Geldstrafe, in **qualifi-** 333
zierten Fällen Freiheitsstrafe von einem Jahr bis zu zehn Jahren, in **minder schweren Fällen** der Qualifikation Freiheitsstrafe von sechs Monaten bis zu fünf Jahren.

Minder schwere Fälle: Anlass zur Milderung können Taten mit nur gerin- 334
ger konkreter Gefährdung oder notstandsähnliche Konfliktlagen sein.

Qualifiziert ist die Tat, wenn der Täter in der Absicht handelt, einen Un- 335
glücksfall herbeizuführen oder eine andere Straftat zu ermöglichen oder zu verdecken, bzw. wenn der Täter durch die Tat (also als Realisierung der spezifischen Gefahr eines in der Regel vollendeten straßenverkehrsgefährdenden Eingriffs) eine schwere Gesundheitsschädigung eines anderen Menschen oder eine Gesundheitsschädigung einer großen Zahl von Menschen verursacht.

Fahrlässigkeit: Handelt der Täter fahrlässig und verursacht er die Gefahr 336
fahrlässig, muss er mit einer Freiheitsstrafe von einem Monat bis zu zwei Jahren oder mit Geldsstrafe rechnen; handelt er vorsätzlich und verursacht aber die Gefahr fahrlässig, ist eine Freiheitsstrafe von einem Monat bis zu fünf Jahren oder Geldstrafe möglich.

337 **Tätige Reue:** Das Gericht kann im Grundtatbestand die Strafe mildern oder von Strafe absehen, wenn der Täter freiwillig die weitere Ausführung aufgibt, den Erfolg abwendet oder sich zumindest, wenn die Gefahr oder der Erfolg ohne sein Zutun abgewendet wird, freiwillig und ernsthaft bemüht, dieses Ziel zu erreichen. Dies gilt auch, wenn durch den gefährlichen Eingriff ein Unglücksfall verursacht oder eine andere Straftat ermöglicht oder verdeckt werden soll, nicht dagegen wenn durch den Eingriff eine schwere Gesundheitsschädigung eines anderen verursacht wurde; die Strafmilderung kann aber bei Fahrlässigkeit angewandt werden. Wird die Tat fahrlässig begangen und die Gefahr fahrlässig verursacht, erfolgt keine Bestrafung.

■ § 315 c StGB – Gefährdung des Straßenverkehrs

338 **Strafrahmen:** Freiheitsstrafe von einem Monat bis zu fünf Jahren oder Geldstrafe, bei **Fahrlässigkeit** Freiheitsstrafe von einem Monat bis zu zwei Jahren oder Geldstrafe.

Näheres hierzu siehe Kapitel H. Straßenverkehrsdelikte.

■ § 316 StGB – Trunkenheit im Verkehr

339 **Strafrahmen:** Freiheitsstrafe von einem Monat bis zu einem Jahr oder Geldstrafe.

340 **Fahrlässigkeit:** Fahrlässiges Handeln steht dem vorsätzlichen Handeln – beim Strafrahmen – gleich.

Näheres hierzu siehe Kapitel H. Straßenverkehrsdelikte.

■ § 316 a StGB – Räuberischer Angriff auf Kraftfahrer

341 **Strafrahmen:** Freiheitsstrafe von fünf Jahren bis zu 15 Jahren, im **minder schweren Fall** Freiheitsstrafe von einem Jahr bis zu zehn Jahren, in qualifizierten Fällen lebenslange Freiheitsstrafe oder Freiheitsstrafe von zehn Jahren bis zu 15 Jahren.

342 **Minder schwerer Fall:** Anlass der Minderung kann ein geringeres Gewicht der geplanten oder schon verwirklichten Tat oder die geringere Intensität des Angriffs sein. Ein minder schwerer Fall aber liegt nicht schon deshalb vor, weil der Angriff nicht Leib oder Leben, sondern nur der Entschlussfreiheit des Opfers galt; auch die Umkehr des Täters nach getätigtem Angriff, aber

vor Durchführung der beabsichtigten Tat kann regelmäßig zur Annahme eines minder schweren Falles führen.

Qualifikation: Sie ist gegeben, wenn der Täter zumindest leichtfertig den 343
Tode eines anderen Menschen verursacht. Tat in diesem Sinne kann sowohl der Angriff als auch die Raub- oder Erpressungstat sein. Die getötete Person kann das Opfer dieser Tat, aber auch ein Dritter (nicht aber ein Mittäter) sein, z.B. ein Fahrzeuginsasse oder ein Unbeteiligter bei einem in Angriffsabsicht provozierten Verkehrsunfall. Der Tod muss spezifische Folge der Tathandlung sein. Das ist auch der Fall, wenn es infolge des Angriffs zu Panikreaktionen des Opfers und in deren Folge zu einem tödlichen Verkehrsunfall kommt. Lebenslange Freiheitsstrafe wird namentlich bei vorsätzlicher Herbeiführung des Todes zu verhängen sein.

■ § 316 b StGB – Störung öffentlicher Betriebe

Strafrahmen: Freiheitsstrafe von einem Monat bis zu fünf Jahren oder Geld- 344
strafe, in **besonders schweren Fällen** Freiheitsstrafe von sechs Monaten bis zu zehn Jahren.

Regelbeispiel: Wenn der Täter durch die Tat die Versorgung der Bevölkerung 345
mit lebenswichtigen Gütern, insbesondere mit Wasser, Licht, Wärme oder Kraft beeinträchtigt. Mit einer Verdoppelung der angedrohten Höchststrafe ist in solchen Fällen zu rechnen, in denen durch Unterbrechung der Stromzufuhr die **medizinische Versorgung** in Krankenhäusern oder im Winter die Wärmeversorgung ganzer Stadtteile oder sonst die Versorgung mit lebenswichtigen Gütern für eine Vielzahl von Menschen verhindert wird.

■ § 316 c StGB – Angriffe auf den Luft- und Seeverkehr

Strafrahmen: Freiheitsstrafe von fünf Jahren bis zu 15 Jahren, in **minder** 346
schweren Fällen ist die Strafe Freiheitsstrafe von einem Jahr bis zu zehn Jahren, in **qualifizierten Fällen** lebenslange Freiheitsstrafe oder Freiheitsstrafe nicht unter zehn Jahren – Vorbereitungshandlungen bestimmter Art: Freiheitsstrafe von sechs Monaten bis zu fünf Jahren.

Minder schwere Fälle: Wenn der Täter Vorkehrungen zur Verhinderung ei- 347
ner Gefährdung von Passagieren und Fracht trifft oder wenn er aus einer notstandsähnlichen Situation heraus handelt (Flucht aus politischen Motiven usw.).

348 **Qualifikation:** Der Täter verursacht durch die Tat wenigstens leichtfertig den Tod eines anderen Menschen. Es ist mithin erforderlich, dass ein Mitglied der Besatzung oder ein Passagier getötet wird; es genügt, wenn z.b. bei einer Notlandung ein Außenstehender getötet wird. Der Tod muss wenigstens leichtfertig verursacht sein, z.b. Herzinfarkt eines älteren Passagiers infolge Bedrohung mit Revolver, aber nicht infolge bloßer Kursänderungsdurchsage.

349 **Tätige Reue:** Das Gericht kann die Strafe mildern, wenn der Täter freiwillig die weitere Ausführung aufgibt, den Erfolg abwendet oder sich zumindest, wenn die Gefahr oder der Erfolg ohne sein Zutun abgewendet wird, freiwillig und ernsthaft bemüht, dieses Ziel zu erreichen.

350 **Vorbereitungshandlungen:** Wenn der Täter zur Vorbereitung eines Angriffs auf den Luft- oder Seeverkehr Schusswaffen, Sprengstoffe oder sonst zur Herbeiführung einer Explosion oder eines Brandes bestimmte Stoffe oder Vorrichtungen herstellt, sich oder einem anderen verschafft, verwahrt oder einem anderen überlässt, ist bereits diese Vorbereitung strafbar. **Nicht bestraft** wird allerdings, wer die Tat freiwillig aufgibt, sonst die Tat verhindert oder sich zumindest, wenn die Gefahr oder der Erfolg ohne sein Zutun abgewendet wird, freiwillig und ernsthaft bemüht, dieses Ziel zu erreichen.

▪ § 317 StGB – Störung von Telekommunikationsanlagen

351 **Strafrahmen:** Freiheitsstrafe von einem Monat bis zu fünf Jahren oder Geldstrafe, bei Fahrlässigkeit Freiheitsstrafe von einem Monat bis zu einem Jahr oder Geldstrafe.

352 Die **Fahrlässigkeit** muss sich stets auf die Verhinderung oder Gefährdung des Betriebs beziehen. Aus der Verletzung von Verkehrsvorschriften kann die Fahrlässigkeit i.S.d. § 317 StGB nicht ohne weiteres hergeleitet werden.

▪ § 318 StGB – Beschädigung wichtiger Anlagen

353 **Strafrahmen:** Freiheitsstrafe von drei Monaten bis zu fünf Jahren, in **qualifizierten Fällen** Freiheitsstrafe von einem Jahr bis zu zehn Jahren, in **minder schweren Fällen** Freiheitsstrafe von sechs Monaten bis zu fünf Jahren, in **besonders qualifizierten Fällen** Freiheitsstrafe von drei Jahren bis zu 15 Jahren, in **minder schweren Fällen** der besonderen Qualifikation Freiheitsstrafe von einem Jahr bis zu zehn Jahren.

Minder schwere Fälle kommen bei geringfügigeren Gesundheitsschädigungen einer Vielzahl von Menschen, bei erheblichem Mitverschulden des Opfers sowie bei notstandsähnlichen Situationen in Betracht. 354

Qualifikation: Der Täter verursacht durch die Tat eine schwere Gesundheitsschädigung eines anderen Menschen oder eine Gesundheitsschädigung einer großen Zahl von Menschen. 355

Besondere Qualifikation: Der Täter verursacht durch die Tat den Tod eines anderen Menschen. Bei Eintritt der schweren Folgen, für die nach § 18 StGB Fahrlässigkeit ausreicht, wird die Tat zum Verbrechen. Der Erfolg muss durch die Tat verursacht worden sein; erforderlich ist, dass sich in der schweren Folge gerade die tatbestandsspezifische Gefahr der Handlung verwirklicht hat. 356

Fahrlässigkeit im Falle des Grundtatbestandes sieht einen Strafrahmen mit Freiheitsstrafe von einem Monat bis zu drei Jahren oder Geldstrafe vor. 357

Tätige Reue: Das Gericht kann im Grundtatbestand die Strafe mildern oder von Strafe absehen, wenn der Täter freiwillig die weitere Ausführung aufgibt, den Erfolg abwendet oder sich zumindest, wenn die Gefahr oder der Erfolg ohne sein Zutun abgewendet wird, freiwillig und ernsthaft bemüht, dieses Ziel zu erreichen; dies gilt auch bei Fahrlässigkeit. Wird die Tat fahrlässig begangen und die Gefahr fahrlässig verursacht, erfolgt keine Bestrafung. 358

■ § 319 StGB – Baugefährdung

Strafrahmen: Freiheitsstrafe von einem Monat bis zu fünf Jahren oder Geldstrafe. 359

Fahrlässigkeit: Wird die Gefahr fahrlässig verursacht, ist Freiheitsstrafe von einem Monat bis zu drei Jahren oder Geldstrafe möglich; handelt der Täter fahrlässig und wird die Gefahr fahrlässig verursacht, muss er mit Freiheitsstrafe von einem Monat bis zu zwei Jahren oder Geldstrafe rechnen. 360

Tätige Reue: Das Gericht kann die Strafe mildern oder von Strafe absehen, wenn der Täter freiwillig die weitere Ausführung aufgibt, den Erfolg abwendet oder sich zumindest, wenn die Gefahr oder der Erfolg ohne sein Zutun abgewendet wird, freiwillig und ernsthaft bemüht, dieses Ziel zu erreichen; dies gilt auch bei Fahrlässigkeit. Wird die Tat fahrlässig begangen und die Gefahr fahrlässig verursacht, erfolgt keine Bestrafung. 361

■ § 323 a StGB – Vollrausch

362 **Strafrahmen:** Freiheitsstrafe von einem Monat bis zu fünf Jahren oder Geldstrafe, begrenzt durch den Strafrahmen des Grunddelikts.

> *Beispiel*
> Freiheitsstrafe von sechs Monaten auf Bewährung: Der erheblich vorbestrafte Angeklagte verursachte in betrunkenem Zustand einen Verkehrsunfall und entfernte sich anschließend unerlaubt von der Unfallstelle. Da er völlig betrunken war, konnte er nicht wegen Straßenverkehrsgefährdung und unerlaubten Entfernens vom Unfallort bestraft werden.[88]

■ § 324 StGB – Gewässerverunreinigung

363 **Strafrahmen:** Freiheitsstrafe bis zu fünf Jahren oder Geldstrafe, bei Fahrlässigkeit Freiheitsstrafe von einem Monat bis zu drei Jahren oder Geldstrafe. In **besonders schweren** Fällen Freiheitsstrafe von sechs Monaten bis zu zehn Jahren, im **weiteren besonders schweren** Fall Freiheitsstrafe von einem Jahr bis zu zehn Jahren und wenn hierbei der **Tod** eines anderen Menschen verursacht wurde, Freiheitsstrafe von drei Jahren bis zu 15 Jahren. In **minder schweren Fällen** des weiteren besonders schweren Falles Freiheitsstrafe von sechs Monaten bis zu fünf Jahren bzw. von einem Jahr bis zu zehn Jahren.

364 **Fahrlässig** handelt derjenige, der einen Verkehrs- oder sonstigen Unfall oder eine Schiffskollision schuldhaft verursacht, die zu einer Gewässerverunreinigung führt, oder auf eine andere ihm zurechenbare Weise einen solchen Erfolg bewirkt oder wenn ein überwachungspflichtiger Amtsträger vorwerfbar Gewässerverunreinigungen nicht erkennt, wobei ein strenger Sorgfaltsmaßstab (der eines „umweltbewussten Rechtsgenossen") anzulegen ist.

365 **Besonders schwerer Fall:** Besonders schwerwiegende Beeinträchtigung von Gewässern, Boden oder eines Schutzgebietes, sodass zur Beseitigung ein außerordentlicher Aufwand notwendig ist; Gefährdung der Wasserversorgung oder nachhaltige Schädigung des Bestandes von Tieren oder Pflanzen.

Auch das Handeln aus Gewinnsucht führt zur Bejahung eines besonders schweren Falles. Ein **weiterer besonders schwerer Fall** liegt vor, wenn

---

88 AG Bretten, Urt. v. 21. 3. 2002 – 2 Ds 44 Js 37876/01.

Menschen in Todesgefahr oder die Gefahr einer schweren Gesundheitsschädigung gebracht werden oder eine große Zahl von Menschen der Gesundheitsgefahr ausgesetzt ist. Eine **besondere Qualifikation** liegt vor, wenn durch die Tat der Tod eines anderen Menschen verursacht wurde. Der besonders schwere Fall und der weitere besonders schwere Fall setzen eine **vorsätzliche Verwirklichung** des Tatbestandes voraus.

■ § 324 a StGB – Bodenverunreinigung

Strafrahmen: Freiheitsstrafe von einem Monat bis zu fünf Jahren oder Geldstrafe, bei Fahrlässigkeit Freiheitsstrafe von einem Monat bis zu drei Jahren oder Geldstrafe. In **besonders schweren Fällen** Freiheitsstrafe von sechs Monaten bis zu zehn Jahren, im **weiteren besonders schweren** Fall Freiheitsstrafe von einem Jahr bis zu zehn Jahren und wenn hierbei der **Tod** eines anderen Menschen verursacht wurde, Freiheitsstrafe von drei Jahren bis zu 15 Jahren. In **minder schweren Fällen** des weiteren besonders schweren Falles Freiheitsstrafe von sechs Monaten bis zu fünf Jahren bzw. von einem Jahr bis zu zehn Jahren.

Besonders schwerer Fall: Besonders schwerwiegende Beeinträchtigung von Gewässern, Boden oder eines Schutzgebietes, sodass zur Beseitigung ein außerordentlicher Aufwand notwendig ist; Gefährdung der Wasserversorgung oder nachhaltige Schädigung des Bestandes von Tieren oder Pflanzen.

Auch das Handeln aus Gewinnsucht führt zur Bejahung eines besonders schweren Falles. Ein **weiterer besonders schwerer Fall** liegt vor, wenn Menschen in Todesgefahr oder die Gefahr einer schweren Gesundheitsschädigung gebracht werden oder eine große Zahl von Menschen der Gesundheitsgefahr ausgesetzt ist. Eine **besondere Qualifikation** liegt vor, wenn durch die Tat der Tod eines anderen Menschen verursacht wurde. Der besonders schwere Fall und der weitere besonders schwere Fall setzen eine **vorsätzliche Verwirklichung** des Tatbestandes voraus.

■ § 325 StGB – Luftverunreinigung

Strafrahmen: Freiheitsstrafe von einem Monat bis zu fünf Jahren oder Geldstrafe. In **besonders schweren Fällen** Freiheitsstrafe von sechs Monaten bis zu zehn Jahren, im **weiteren besonders schweren** Fall Freiheitsstrafe von einem Jahr bis zu zehn Jahren und wenn hierbei der **Tod** eines anderen Menschen verursacht wurde, Freiheitsstrafe von drei Jahren bis zu 15 Jahren. In **minder schweren Fällen** des weiteren besonders schweren Falles Freiheitsstrafe von sechs Monaten bis zu fünf Jahren bzw. von einem Jahr bis zu zehn Jahren.

369 **Fahrlässig** handelt derjenige, der aus Unachtsamkeit seine verwaltungsrechtlichen Pflichten vernachlässigt oder verkennt, dass Luftveränderungen entstehen können.

370 **Besonders schwerer Fall:** Besonders schwerwiegende Beeinträchtigung von Gewässern, Boden oder eines Schutzgebietes, sodass zur Beseitigung ein außerordentlicher Aufwand notwendig ist; Gefährdung der Wasserversorgung oder nachhaltige Schädigung des Bestandes von Tieren oder Pflanzen.

Auch das Handeln aus Gewinnsucht führt zur Bejahung eines besonders schweren Falles. Ein **weiterer besonders schwerer Fall** liegt vor, wenn Menschen in Todesgefahr oder die Gefahr einer schweren Gesundheitsschädigung gebracht werden oder eine große Zahl von Menschen der Gesundheitsgefahr ausgesetzt ist. Eine **besondere Qualifikation** liegt vor, wenn durch die Tat der Tod eines anderen Menschen verursacht wurde. Der besonders schwere Fall und der weitere besonders schwere Fall setzen eine **vorsätzliche Verwirklichung** des Tatbestandes voraus.

■ **§ 325 a StGB – Verursachung von Lärm, Erschütterungen und nicht ionisierenden Strahlen**

371 **Strafrahmen:** Freiheitsstrafe von einem Monat bis zu drei Jahren oder Geldstrafe, in **qualifizierten Fällen** Freiheitsstrafe von einem Monat bis zu fünf Jahren oder Geldstrafe. In **besonders schweren Fällen** Freiheitsstrafe von sechs Monaten bis zu zehn Jahren, im **weiteren besonders schweren Fall** Freiheitsstrafe von einem Jahr bis zu zehn Jahren und wenn hierbei der **Tod** eines anderen Menschen verursacht wurde, Freiheitsstrafe von drei Jahren bis zu 15 Jahren. In **minder schweren Fällen** des weiteren besonders schweren Falles Freiheitsstrafe von sechs Monaten bis zu fünf Jahren bzw. von einem Jahr bis zu zehn Jahren.

372 **Qualifikation:** Beim Betrieb einer Anlage, insbesondere einer Betriebsstätte oder Maschine, werden verwaltungsrechtliche Pflichten verletzt, die dem Schutz vor Lärm, Erschütterungen oder nicht ionisierenden Strahlen dienen,

und damit die Gesundheit eines anderen, fremde Tiere oder fremde Sachen von bedeutendem Wert gefährdet.

Tätige Reue: Das Gericht kann die Strafe mildern oder von Strafe absehen, 373 wenn der Täter freiwillig die Gefahr abwendet, den von ihm verursachten Zustand beseitigt, bevor ein erheblicher Schaden entsteht, oder sich zumindest, wenn die Gefahr ohne sein Zutun abgewendet wurde, freiwillig und ernsthaft bemüht, dieses Ziel zu erreichen. Bei tätiger Reue im Falle des § 325 a Abs. 3 Nr. 2 StGB scheidet eine Bestrafung nach dieser Vorschrift aus.

Fahrlässigkeit: Handelt der Täter fahrlässig, so ist die Strafe im Grundtat- 374 bestand Freiheitsstrafe von einem Monat bis zu zwei Jahren oder Geldstrafe, in qualifizierten Fällen Freiheitsstrafe von einem Monat bis zu drei Jahren oder Geldstrafe.

> *Beispiel*
> Fahrlässiges Verhalten liegt vor bei Verletzungen verwaltungsrechtlicher Pflichten aus Unachtsamkeit oder bei einem vermeidbaren Tatbestandsirrtum; wenn die Tat teils vorsätzlich, teils fahrlässig begangen wird, z.B. bei vorsätzlicher Verletzung einer verwaltungsrechtlichen Vorschrift in der vermeidbaren Vorstellung, es würden weder Menschen noch Tiere und fremde Sachen gefährdet.

Besonders schwerer Fall: Besonders schwerwiegende Beeinträchtigung 375 von Gewässern, Boden oder eines Schutzgebietes, sodass zur Beseitigung ein außerordentlicher Aufwand notwendig ist; Gefährdung der Wasserversorgung oder nachhaltige Schädigung des Bestandes von Tieren oder Pflanzen. Auch das Handeln aus Gewinnsucht führt zur Bejahung eines besonders schweren Falles. Ein **weiterer besonders schwerer Fall** liegt vor, wenn Menschen in Todesgefahr oder die Gefahr einer schweren Gesundheitsschädigung gebracht werden oder eine große Zahl von Menschen der Gesundheitsgefahr ausgesetzt ist. Eine **besondere Qualifikation** liegt vor, wenn durch die Tat der Tod eines anderen Menschen verursacht wurde. Der besonders schwere Fall und der weitere besonders schwere Fall setzen eine **vorsätzliche Verwirklichung** des Tatbestandes voraus.

■ § 326 StGB – Unerlaubter Umgang mit gefährlichen Abfällen

Strafrahmen: Freiheitsstrafe von einem Monat bis zu fünf Jahren oder Geld- 376 strafe, bei **Fahrlässigkeit** Freiheitsstrafe von einem Monat bis zu drei Jahren oder Geldstrafe, **in einfachen Fällen** Freiheitsstrafe von einem Monat bis zu drei Jahren oder Geldstrafe, bei **fahrlässiger Begehung** eines einfachen Falles Freiheitsstrafe von einem Monat bis zu einem Jahr oder Geldstrafe. In **besonders schweren Fällen** Freiheitsstrafe von sechs Monaten bis zu zehn Jahren, im **weiteren besonders schweren** Fall Freiheitsstrafe von einem Jahr bis zu zehn Jahren und wenn hierbei der **Tod** eines anderen Menschen verursacht wurde, Freiheitsstrafe von drei Jahren bis zu 15 Jahren. In **minder schweren Fällen** des weiteren besonders schweren Falles Freiheitsstrafe von sechs Monaten bis zu fünf Jahren bzw. von einem Jahr bis zu zehn Jahren.

377 **Strafbarkeit ist ausgeschlossen,** wenn eine schädliche Auswirkung auf Mensch und Natur offensichtlich ausgeschlossen ist.

378 **Einfacher Fall:** Wenn der Täter radioaktive Abfälle unter Verletzung verwaltungsrechtlicher Pflichten nicht abliefert – insoweit wird das strafbare Handeln erweitert, die angedrohte Strafe ist aber deutlich niedriger. Allerdings dürften schwere Fälle von Nichtablieferung in der Regel dem Grundtatbestand unterfallen.

379 **Tätige Reue:** Das Gericht kann in den Fällen des § 326 Abs. 1 bis 3 StGB die Strafe mildern oder von Strafe absehen, wenn der Täter freiwillig die Gefahr abwendet, den von ihm verursachten Zustand beseitigt, bevor ein erheblicher Schaden entsteht, oder sich zumindest, wenn die Gefahr ohne sein Zutun abgewendet wurde, freiwillig und ernsthaft bemüht, dieses Ziel zu erreichen. Bei tätiger Reue im Falle des § 326 Abs. 5 StGB scheidet eine Bestrafung nach dieser Vorschrift aus.

380 **Besonders schwerer Fall:** Besonders schwerwiegende Beeinträchtigung von Gewässern, Boden oder eines Schutzgebietes, sodass zur Beseitigung ein außerordentlicher Aufwand notwendig ist; Gefährdung der Wasserversorgung oder nachhaltige Schädigung des Bestandes von Tieren oder Pflanzen. Auch das Handeln aus Gewinnsucht führt zur Bejahung eines besonders schweren Falles. Ein **weiterer besonders schwerer Fall** liegt vor, wenn Menschen in Todesgefahr oder die Gefahr einer schweren Gesundheitsschädigung gebracht werden oder eine große Zahl von Menschen der Gesundheitsgefahr ausgesetzt ist. Eine **besondere Qualifikation** liegt vor, wenn durch die Tat der Tod eines anderen Menschen verursacht wurde. Der besonders schwere Fall und der weitere besonders schwere Fall setzen eine **vorsätzliche Verwirklichung** des Tatbestandes voraus.

Delikte des StGB **G**

■ § 327 StGB – Unerlaubtes Betreiben von Anlagen

Strafrahmen: Freiheitsstrafe bis zu fünf Jahren oder Geldstrafe, in **einfachen Fällen** Freiheitsstrafe von einem Monat bis zu drei Jahren oder Geldstrafe. Bei **Fahrlässigkeit** droht das Gesetz bei dem Grundtatbestand eine Freiheitsstrafe von einem Monat bis zu drei Jahren oder Geldstrafe und bei dem einfachen Fall Freiheitsstrafe von einem Monat bis zu zwei Jahren oder Geldstrafe an. In **besonders schweren** Fällen ist die Strafe Freiheitsstrafe von sechs Monaten bis zu zehn Jahren, im **weiteren besonders schweren** Fall Freiheitsstrafe von einem Jahr bis zu zehn Jahren und wenn hierbei der **Tod** eines anderen Menschen verursacht wurde, Freiheitsstrafe von drei Jahren bis zu 15 Jahren. In **minder schweren Fällen** des weiteren besonders schweren Falles ist auf Freiheitsstrafe von sechs Monaten bis zu fünf Jahren bzw. von einem Jahr bis zu zehn Jahren zu erkennen. 381

Einfacher Fall: § 327 Abs. 2 StGB umschreibt einen Kreis weiterer Anlagen, von denen, wenn sie unsachgemäß betrieben werden oder fehlerhaft sind, besondere Gefahren ausgehen. 382

Besonders schwerer Fall: Besonders schwerwiegende Beeinträchtigung von Gewässern, Boden oder eines Schutzgebietes, sodass zur Beseitigung ein außerordentlicher Aufwand notwendig ist; Gefährdung der Wasserversorgung oder nachhaltige Schädigung des Bestandes von Tieren oder Pflanzen. Auch das Handeln aus Gewinnsucht führt zur Bejahung eines besonders schweren Falles. Ein **weiterer besonders schwerer Fall** liegt vor, wenn Menschen in Todesgefahr oder die Gefahr einer schweren Gesundheitsschädigung gebracht werden oder eine große Zahl von Menschen der Gesundheitsgefahr ausgesetzt ist. Eine **besondere Qualifikation** liegt vor, wenn durch die Tat der Tod eines anderen Menschen verursacht wurde. Der besonders schwere Fall und der weitere besonders schwere Fall setzen eine **vorsätzliche Verwirklichung** des Tatbestandes voraus. 383

■ § 328 StGB – Unerlaubter Umgang mit radioaktiven Stoffen und anderen gefährlichen Stoffen und Gütern

Strafrahmen: Freiheitsstrafe bis zu fünf Jahren oder Geldstrafe, bei fahrlässigen Taten Freiheitsstrafe bis zu drei Jahren oder Geldstrafe. In **besonders schweren Fällen** Freiheitsstrafe von sechs Monaten bis zu zehn Jahren, im **weiteren besonders schweren** Fall Freiheitsstrafe von einem Jahr 384 bis zu zehn Jahren und wenn hierbei der **Tod** eines anderen Menschen verursacht wurde, Freiheitsstrafe von drei Jahren bis zu 15 Jahren. In **minder schweren Fällen** des weiteren besonders schweren Falles Freiheitsstrafe von sechs Monaten bis zu fünf Jahren bzw. von einem Jahr bis zu zehn Jahren.

385 **Besonders schwerer Fall:** Besonders schwerwiegende Beeinträchtigung von Gewässern, Boden oder eines Schutzgebietes, sodass zur Beseitigung ein außerordentlicher Aufwand notwendig ist; Gefährdung der Wasserversorgung oder nachhaltige Schädigung des Bestandes von Tieren oder Pflanzen. Auch das Handeln aus Gewinnsucht führt zur Bejahung eines besonders schweren Falles. Ein **weiterer besonders schwerer Fall** liegt vor, wenn Menschen in Todesgefahr oder die Gefahr einer schweren Gesundheitsschädigung gebracht werden oder eine große Zahl von Menschen der Gesundheitsgefahr ausgesetzt ist. Eine **besondere Qualifikation** liegt vor, wenn durch die Tat der Tod eines anderen Menschen verursacht wurde. Der besonders schwere Fall und der weitere besonders schwere Fall setzen eine **vorsätzliche Verwirklichung** des Tatbestandes voraus.

386 **Tätige Reue:** Das Gericht kann in den Fällen des § 326 Abs. 1 bis 3 StGB die Strafe mildern oder von Strafe absehen, wenn der Täter freiwillig die Gefahr abwendet, den von ihm verursachten Zustand beseitigt, bevor ein erheblicher Schaden entsteht, oder sich zumindest, wenn die Gefahr ohne sein Zutun abgewendet wurde, freiwillig und ernsthaft bemüht, dieses Ziel zu erreichen. Bei tätiger Reue im Falle des § 328 Abs. 5 StGB scheidet eine Bestrafung nach dieser Vorschrift aus.

■ § 329 StGB – Gefährdung schutzbedürftiger Gebiete

387 **Strafrahmen:** Freiheitsstrafe bis zu drei Jahren oder Geldstrafe, bei **Fahrlässigkeit** Freiheitsstrafe von einem Monat bis zu zwei Jahren oder Geldstrafe, in **qualifizierten Fällen** Freiheitsstrafe von einem Monat bis zu fünf Jahren oder Geldstrafe, bei **Fahrlässigkeit** Freiheitsstrafe von einem Monat bis zu drei Jahren oder Geldstrafe. In **besonders schweren Fällen** Freiheitsstrafe von sechs Monaten bis zu zehn Jahren, im **weiteren besonders schweren** Fall Freiheitsstrafe von einem Jahr bis zu zehn Jahren und wenn hierbei der **Tod** eines anderen Menschen verursacht wurde, Freiheitsstrafe von drei Jahren bis zu 15 Jahren. In **minder schweren Fällen** des weiteren

besonders schweren Falles Freiheitsstrafe von sechs Monaten bis zu fünf Jahren bzw. von einem Jahr bis zu zehn Jahren.

Qualifikation: Nach § 329 Abs. 3 StGB sind Schutzgegenstand Naturschutzgebiete und Nationalparks, ferner die als Naturschutzgebiet einstweilig sichergestellten Flächen, da gerade in dem Zeitraum zwischen dem Bekanntwerden einer beabsichtigten Unterschutzstellung und deren Verwirklichung auf solchen Gebieten nicht wieder gutzumachende Schäden verursacht werden können. 388

Besonders schwerer Fall: Besonders schwerwiegende Beeinträchtigung von Gewässern, Boden oder eines Schutzgebietes, sodass zur Beseitigung ein außerordentlicher Aufwand notwendig ist; Gefährdung der Wasserversorgung oder nachhaltige Schädigung des Bestandes von Tieren oder Pflanzen. Auch das Handeln aus Gewinnsucht führt zur Bejahung eines besonders schweren Falles. Ein **weiterer besonders schwerer Fall** liegt vor, wenn Menschen in Todesgefahr oder die Gefahr einer schweren Gesundheitsschädigung gebracht werden oder eine große Zahl von Menschen der Gesundheitsgefahr ausgesetzt ist. Eine **besondere Qualifikation** liegt vor, wenn durch die Tat der Tod eines anderen Menschen verursacht wurde. Der besonders schwere Fall und der weitere besonders schwere Fall setzen eine **vorsätzliche Verwirklichung** des Tatbestandes voraus. 389

■ § 330 a StGB – Schwere Gefährdung durch Freisetzen von Giften

Strafrahmen: Freiheitsstrafe von einem Jahr bis zu zehn Jahren; in **minder schweren Fällen** ist eine Freiheitsstrafe von sechs Monaten bis zu fünf Jahren vorgesehen, im **qualifizierten Fall** Freiheitsstrafe von drei Jahren bis zu 15 Jahren, **in minder schweren Fällen** des qualifizierten Delikts Freiheitsstrafe von einem Jahr bis zu zehn Jahren. 390

Fahrlässigkeit: Nur der Grundtatbestand kann fahrlässig begangen werden. Handelt der Täter leichtfertig und verursacht er die Gefahr vorsätzlich, ist eine Strafe dem Strafrahmen Freiheitsstrafe von einem Monat bis zu drei Jahren oder Geldstrafe zu entnehmen. Handelt er dagegen vorsätzlich und verursacht nur die Gefahr fahrlässig, reicht der Strafrahmen von einer einmonatigen Freiheitsstrafe bis zu fünf Jahren Freiheitsstrafe oder Geldstrafe. 391

Qualifikation: Der Täter verursacht durch die Tat den Tod eines anderen Menschen. 392

393 **Tätige Reue:** Das Gericht kann die Strafe mildern oder von Strafe absehen, wenn der Täter freiwillig die Gefahr abwendet, den von ihm verursachten Zustand beseitigt, bevor ein erheblicher Schaden entsteht, oder sich zumindest, wenn die Gefahr ohne sein Zutun abgewendet wurde, freiwillig und ernsthaft bemüht, dieses Ziel zu erreichen. Wird allerdings der Tod eines anderen Menschen durch die Tat verursacht, ist eine Strafmilderung ausgeschlossen. Bei tätiger Reue im Falle des § 330 a Abs. 5 StGB scheidet eine Bestrafung nach dieser Vorschrift aus.

■ § 331 StGB – Vorteilsannahme

394 **Strafrahmen:** Freiheitsstrafe von einem Monat bis zu drei Jahren oder Geldstrafe, im **qualifizierten Fall** Freiheitsstrafe von einem Monat bis zu fünf Jahren oder Geldstrafe.

395 **Qualifikation:** Ein Richter oder Schiedsrichter fordert einen Vorteil für sich oder einen Dritten als Gegenleistung, lässt sich einen Vorteil versprechen oder nimmt einen solchen dafür an, dass er eine richterliche Handlung vorgenommen hat oder künftig vornehmen wird.

■ § 332 StGB – Bestechlichkeit

396 **Strafrahmen:** Freiheitsstrafe von sechs Monaten bis zu fünf Jahren, in **minder schweren Fällen** Freiheitsstrafe von einem Monat bis zu drei Jahren oder Geldstrafe, im **qualifizierten Fall** Freiheitsstrafe von einem Jahr bis zu zehn Jahren, im **minder schweren Fall** der Qualifikation Freiheitsstrafe von sechs Monaten bis zu fünf Jahren. Im **besonders schweren Fall** der Bestechung eines Amtsträgers beträgt die Freiheitsstrafe ein Jahr bis zu zehn Jahren, im besonders schweren Fall der Bestechung eines Richters oder Schiedsrichters zwei Jahre bis zu 15 Jahre.

397 **Qualifikation:** Ein Richter oder Schiedsrichter fordert einen Vorteil für sich oder einen Dritten als Gegenleistung, lässt sich einen Vorteil versprechen oder nimmt einen solchen dafür an, dass er eine richterliche Handlung vorgenommen hat oder künftig vornehmen wird, und verletzt durch diese Handlung seine richterlichen Pflichten.

■ § 333 StGB – Vorteilsgewährung

Strafrahmen: Freiheitsstrafe von einem Monat bis zu drei Jahren oder Geldstrafe, im **qualifizierten Fall** Freiheitsstrafe von einem Monat bis zu fünf Jahren oder Geldstrafe.

398

Qualifikation: Der Täter bietet, verspricht oder gewährt einem Richter oder Schiedsrichter einen Vorteil als Gegenleistung dafür, dass dieser eine richterliche Handlung vorgenommen hat oder künftig vornimmt. Die Qualifikation ist als „Spiegelbild" der Vorteilsannahme formuliert. Die Vorteilszuwendung muss sich hier auf eine konkrete – vergangene oder zukünftige – richterliche Handlung beziehen.

399

■ § 334 StGB – Bestechung

Strafrahmen: Freiheitsstrafe von drei Monaten bis zu fünf Jahren, in minder schweren Fällen Freiheitsstrafe von einem Monat bis zwei Jahren oder Geldstrafe. In **qualifizierten Fällen** Freiheitsstrafe von sechs Monaten bis zu fünf Jahren; im **besonders schweren Fall** beträgt die Freiheitsstrafe ein Jahr bis zu zehn Jahre.

400

Qualifikation: Der Täter bietet, verspricht oder gewährt einem Richter oder Schiedsrichter einen Vorteil als Gegenleistung dafür, dass dieser eine richterliche Handlung vorgenommen hat oder künftig vornimmt und hierdurch seine richterlichen Pflichten verletzt. Die Qualifikation ist als „Spiegelbild" der Bestechlichkeit formuliert. Die Vorteilszuwendung muss sich hier auf eine konkrete – vergangene oder zukünftige – richterliche Handlung beziehen.

401

Regelbeispiele für einen **besonders schweren Fall**:

402

1. Die Tat bezieht sich auf einen Vorteil großen Ausmaßes;
2. der Täter nimmt fortgesetzt Vorteile an, die er als Gegenleistung dafür gefordert hat, dass er eine Diensthandlung künftig vornimmt, oder
3. der Täter handelt gewerbsmäßig oder als Mitglied einer Bande, die sich zur fortgesetzten Begehung solcher Taten verbunden hat.

Ein besonders großes Ausmaß kann der Tatrichter bei Vorteilen von mehr als 10.000 € annehmen.[89]

---

89 *Kindhäuser*, § 335 Rn 2.

■ § 340 StGB – Körperverletzung im Amt

403 **Strafrahmen:** Freiheitsstrafe von drei Monaten bis zu fünf Jahren, in minder schweren Fällen Freiheitsstrafe von einem Monat bis zu fünf Jahren oder Geldstrafe.

Minder schwere Fälle hat die Rechtsprechung angenommen, wenn aufsässige Schüler durch ihren Lehrer maßvoll, wenn auch unerlaubt gezüchtigt werden.

■ § 343 StGB – Aussageerpressung

404 **Strafrahmen:** Freiheitsstrafe von einem Jahr bis zu zehn Jahren, in minder schweren Fällen Freiheitsstrafe von sechs Monaten bis zu fünf Jahren.

Bei der **Strafzumessung** ist eine etwaige Einwilligung des Tatbetroffenen, aber auch dessen etwaige Provokation zu berücksichtigen. Ferner ist von Bedeutung, ob die Nötigung Erfolg hatte.

■ § 344 StGB – Verfolgung Unschuldiger

405 **Strafrahmen:** Freiheitsstrafe von einem Jahr bis zu zehn Jahren, in minder schweren Fällen Freiheitsstrafe von drei Monaten bis zu fünf Jahren.

Minder schwere Fälle können vorliegen, wenn die Tat eines Amtsträgers in untergeordneter Stellung keinen ins Gewicht fallenden Schaden verursacht hat.

■ § 345 StGB – Vollstreckung gegen Unschuldige

406 **Strafrahmen:** Freiheitsstrafe von einem Jahr bis zu zehn Jahren, in **minder schweren Fällen** Freiheitsstrafe von drei Monaten bis zu fünf Jahren, bei leichtfertigem Handeln Freiheitsstrafe von einem Monat bis zu einem Jahr oder Geldstrafe, in **einfachen Fällen** Freiheitsstrafe von drei Monaten bis zu fünf Jahren.

Minder schwere Fälle kommen in Betracht, wenn nur ein geringer Nachteil eintritt (eine die Freilassung anordnende Verfügung wird einen Tag zu spät ausgeführt).

Einfache Fälle liegen vor, wenn nicht eine Freiheitsstrafe oder eine freiheitsentziehende Maßregel oder sonstige Verwahrung vollstreckt wird.

§ 353 b StGB – Verletzung des Dienstgeheimnisses und einer besonderen Geheimhaltungspflicht

Strafrahmen: Freiheitsstrafe von einem Monat bis zu fünf Jahren oder Geldstrafe, **bei fahrlässigem Handeln** Freiheitsstrafe von einem Monat bis zu einem Jahr oder Geldstrafe, in **qualifizierten Fällen** Freiheitsstrafe von einem Monat bis zu drei Jahren oder Geldstrafe.   407

Qualifikation: Wer unbefugt einen Gegenstand oder eine Nachricht, zu deren Geheimhaltung er auf Grund des Beschlusses eines Gesetzgebungsorgans des Bundes oder eines Landes oder eines seiner Ausschüsse verpflichtet ist oder von einer anderen amtlichen Stellung unter Hinweis auf die Strafbarkeit der Verletzung der Geheimhaltungspflicht förmlich verpflichtet worden ist, an einen anderen gelangen lässt oder öffentlich bekannt macht und dadurch wichtige öffentliche Interessen gefährdet.

§ 356 StGB – Parteiverrat

Strafrahmen: Freiheitsstrafe von drei Monaten bis zu fünf Jahren, in qualifizierten Fällen Freiheitsstrafe von einem Jahr bis zu fünf Jahren.   408

Qualifikation: Wenn der Täter im Einverständnis mit der Gegenpartei zum Nachteil seiner Partei handelt. Dies setzt ein gemeinsames Schädigungsbewusstsein voraus. Nachteil ist jede Verschlechterung der Rechtsposition der Partei. Zum Nachteil seiner Partei bedeutet lediglich die bestimmte Willensrichtung, ohne dass ein Schaden zu entstehen braucht.

H. Straßenverkehrsdelikte

■ § 142 StGB – Unerlaubtes Entfernen vom Unfallort

Strafrahmen: Freiheitsstrafe von einem Monat bis zu drei Jahren oder 1
Geldstrafe.

Die Strafandrohung schützt lediglich das zivilrechtliche Fremdinteresse. Geschütztes Rechtsgut ist ausschließlich die Beweissicherung hinsichtlich aller aus dem Verkehrsunfall erwachsenen zivilrechtlichen Ansprüche Geschädigter gegeneinander und der Anspruchsabwehr. Dies gilt auch bei schweren Fremdtaten wie bei Körperverletzung und Tötung und unterlassener Hilfeleistung. Erschwerend kommen schwerwiegende Unfallfolgen insofern in Betracht, als sie mit größerem Schaden auch höheres Beweissicherungsinteresse anzeigen.[1] Soweit auch diese **Tatbestände** erfüllt sind, **erweitern** sie den **Kreis der möglichen Strafzumessungstatsachen.**

Mildernd kann (abgesehen von § 142 Abs. 4 StGB) wirken: Freiwillige Rück- 2
kehr,[2] alles, was dem Beweissicherungszweck nachträglich genügt, geringfügiger Schaden, Kopflosigkeit als Fluchtanlass,[3] nachträgliche, verspätete Meldung bei der Polizei,[4] besonders wenn sie zur vollständigen Beweissicherung führt, mögliche erheblichere Mitschuld anderer Beteiligter,[5] Schwangerschaft,[6] „Unfallschock",[7] auch ohne verminderte Schuldfähigkeit.[8]

Trunkenheit, auch leichte, **mildert nicht**, obwohl sie den Fluchtentschluss begünstigen mag, ebenso wenig die Absicht, sich anderweitiger Strafverfolgung zu entziehen.[9] Bloßer Alkoholverdacht rechtfertigt die Versagung der Strafaussetzung zur Bewährung alleine nicht.[10]

---

1 BGHSt 12, 254; BGH NJW 1959, 304; BGH VRS 28, 359; BGH VRS 37, 263; OLG Hamburg DAR 1967, 303.
2 BGHSt 25, 115.
3 BGH VRS 18, 201.
4 BGH VRS 25, 115.
5 BGH VRS 25, 113.
6 BayObLG VRS 15, 41.
7 BGH VRS 19, 120; BGH VRS 24, 189.
8 BGH VM 1961, 31.
9 KG VRS 8, 266.
10 OLG Hamm DAR 1967, 303.

3 **Strafschärfend** ist auch eine zielstrebige Verschleierung, soweit sie nicht lediglich Tatbestandsmerkmal ist, eine ungewöhnlich hartnäckig, rücksichtslos und gefährlich durchgeführte Flucht,[11] nochmaliges Überfahren des Verletzten zwecks Flucht,[12] Davonfahren ohne Licht, um unerkannt zu entkommen,[13] Erschweren der Rückrechnung durch weiteres Trinken, sofern die BAK haftungsrechtlich bedeutsam ist,[14] Nachtrunk, wenn er das Geltendmachen von Ersatzansprüchen in tatsächlicher Beziehung erschweren kann (Beteiligung mehrerer).[15]

4 **Nicht strafschärfend** darf verwertet werden, dass der Angeklagte die Feststellung der Blutalkoholkonzentration verhindern wollte,[16] dass der Mandant an der Aufklärung des Unfalles nicht mitwirken wollte,[17] wenn er bestreitet oder Ausflüchte vorbringt,[18] mangelndes Bemühen um Schadensregulierung bei einem leugnenden Mandanten,[19] gehobene soziale Stellung, Tätigkeit im Kfz-Gewerbe oder als Berufskraftfahrer.[20]

5 **Tätige Reue:** Bei einem Unfall außerhalb des fließenden Verkehrs und einem unbedeutenden Fremdschaden kann das Gericht die Strafe mildern oder von Strafe absehen, wenn der Unfallbeteiligte innerhalb von 24 Stunden nach dem Unfall die notwendigen Feststellungen nachträglich ermöglicht. Die Vorschrift über die tätige Reue schafft einen **persönlichen Strafaufhebungs- oder Milderungsgrund**, der die Strafbarkeit von Teilnehmern unberührt lässt.

Der Anwendungsbereich ist begrenzt: Es muss ein Unfall außerhalb des fließenden Verkehrs stattgefunden haben, das Unfallereignis darf daher nicht in Beziehung zum fließenden Verkehr stehen. Dies ist namentlich bei Beschädigungen beim Einparken und beim Rangieren auf Parkplätzen der Fall. Die Frist zur nachträglichen Ermöglichung der Feststellungen beträgt 24 Stun-

---

11 BGH NJW 1962, 2068; BGH VRS 28, 359.
12 BGH VM 1967, 57.
13 BGH VRS 4, 52.
14 BGH NJW 1962, 1829.
15 OLG Bremen VRS 52, 422.
16 OLG Düsseldorf VRS 69, 282.
17 BGH VRS 21, 268.
18 OLG Zweibrücken VRS 38, 42; BGH VRS 24, 34.
19 OLG Koblenz DAR 1983, 64.
20 OLG Köln DAR 1962, 19; OLG Hamburg VM 1961, 78; OLG Hamm DAR 1959, 48.

den vom Zeitpunkt des Unfalls an, gleichgültig, ob der Täter zu diesem Zeitpunkt bereits Kenntnis des Unfalls hatte. Der Unfallbeteiligte kann die Frist ausschöpfen, dabei trägt er jedoch das Risiko, dass die Ermöglichung nicht mehr freiwillig erfolgen kann oder dass die Feststellungen bereits auf anderem Wege erfolgt sind.

■ § 315 c StGB – Gefährdung des Straßenverkehrs

Strafrahmen: Freiheitsstrafe von einem Monat bis zu fünf Jahren oder Geldstrafe, bei Fahrlässigkeit Freiheitsstrafe von einem Monat bis zu zwei Jahren oder Geldstrafe.

Die **fahrlässige Straßenverkehrsgefährdung** umfasst alle Situationen, in denen der Täter auch nur eines der Tatbestandsmerkmale nicht vorsätzlich verwirklicht hat; unbewusst fahrlässiges Verhalten schließt gleichgültigkeitsbedingte Rücksichtslosigkeit nicht aus.

Strafmilderung: Eine etwaige **fremde Mitschuld** ist zu erörtern.[21] Lässt sich eine erhebliche Schuld nicht ausschließen, so ist dies zu Gunsten des Angeklagten zu berücksichtigen;[22] ebenso ein mitverursachter, nicht schuldhaft gesetzter Umstand.[23] Die Mitschuld des Verletzten ist auch bei der Trunkenheitsfahrt strafmildernd.[24]

Strafschärfungen: Bei einer Volltrunkenheit soll straferschwerend berücksichtigt werden dürfen, dass der Verurteilte von **Beruf Kriminalkommissar** ist,[25] nicht aber dass er Oberbürgermeister und Kreistagsabgeordneter[26] oder Rechtsanwalt[27] ist. Derartige Gründe enthalten bei Straferhöhung allerdings ein unrationales Moralisieren. Dass der Täter erfahrener Kraftfahrer, Berufskraftfahrer, Kfz-Meister, Inhaber einer Reparaturwerkstätte, Kfz-Schlosser ist, darf ihn nicht benachteiligen.[28]

---

21 BGH VRS 18, 206; NZV 1989, 400.
22 BGH VRS 25, 113; OLG Karlsruhe NJW 1965, 361.
23 OLG Celle DAR 1958, 273.
24 BGH DAR 1956, 78.
25 OLG Braunschweig NJW 1960, 1073.
26 OLG Köln DAR 1962, 19.
27 OLG Hamburg VM 1961, 78.
28 KG DAR 1955, 19; OLG Stuttgart DAR 1956, 227; OLG Hamburg VM 1961, 78.

10 Strafzumessung und kurze Freiheitsstrafen: Der Gesetzgeber hat sich grundsätzlich gegen die kurze Freiheitsstrafe entschieden. Die §§ 315 c und 316 StGB haben das Fahren in fahrunsicherem Zustand nur zeitweise eingedämmt. Dies fordert bei der Strafzumessung vorweg Beachtung. Kriminalpolitisch fehlerhafter Rigorismus ist nicht angebracht. Eine kurze Freiheitsstrafe von weniger als sechs Monaten ist unzulässig, besonders bei folgenloser Trunkenheitsfahrt. Eine Ausnahme besteht nur dann, wenn anders nicht ausreichend auf den Täter eingewirkt werden kann. Eine empfindliche Geldstrafe und die Entziehung der Fahrerlaubnis reichen in der Vielzahl der Fälle aus, soweit nicht als Ausnahme eine kurze, gegebenenfalls zur Bewährung ausgesetzte Freiheitsstrafe **unerlässlich** ist. Reichen eine erhebliche, eventuell hohe Geldstrafe sowie die Entziehung der Fahrerlaubnis aus, muss auf Geldstrafe erkannt werden.[29] Dies gilt auch bei erheblicher Tatschwere und auch bei einschlägiger Vorstrafe.[30]

11 Nur bei **besonderen Umständen** (§ 47 Abs. 1 StGB) ist Freiheitsstrafe unter sechs Monaten zulässig. Sie können entweder liegen

- im Tatgesamtbild (Art und Gewicht der Rechtsgutverletzung, Tatausführung, verschuldete Tatfolgen, Grad der Pflichtwidrigkeit, Tatintensität, Motive) oder
- in Merkmalen der Täterpersönlichkeit, die das Einwirken mit Strafverhängung unabweisbar machen.[31]

12 Die besonderen Merkmale der Täterpersönlichkeit sind streng individuell zu betrachten, sie müssen den zu beurteilenden Fall zu einer Ausnahme vom normalen Tatablauf herausheben.[32] Auch eine wiederholte Trunkenheitsfahrt ist nicht ohne weiteres oder in der Regel ein besonderer Umstand, der eine kurze Freiheitsstrafe erfordert. In der forensischen Realität, insbesondere vor den Amtsgerichten, werden jedoch häufig Freiheitsstrafen verhängt.[33]

13 Schwerwiegende Schuld oder besondere Gefährlichkeit des Tatverhaltens können „besondere Umstände" sein.[34] Trinken in Fahrbereitschaft (1,65 Pro-

---

29 OLG Celle NJW 1970, 872; BayObLG DAR 1992, 363.
30 BayObLG DAR 1977, 202; OLG Karlsruhe DAR 1970, 132; OLG Frankfurt NJW 1970, 956; OLG Düsseldorf NZV 1997, 46.
31 BayObLG VRS 76, 130.
32 OLG Koblenz MDR 1970, 693.
33 OLG Frankfurt NJW 1970, 956; OLG Koblenz VRS 70, 9.
34 OLG Köln DAR 1971, 300.

mille), beim Fahren und Fahren ohne Fahrerlaubnis sollen als besondere Umstände eine kurze Freiheitsstrafe rechtfertigen,[35] ebenso Fahren im Vollrausch und fahrlässige Tötung eines Fußgängers, den nur geringe Mitschuld trifft.[36]

Liegen besondere Umstände in diesem Sinne vor, so ist **weitere Voraussetzung**, dass eine kurze Freiheitsstrafe zur Einwirkung auf den Täter unerlässlich ist oder aber, dass die Verteidigung der Rechtsordnung die Verhängung einer kurzen Freiheitsstrafe unerlässlich macht (§ 47 Abs. 1 StGB). Schwere Tatfolgen alleine entscheiden zwar nicht die Notwendigkeit, anstelle einer Geldstrafe eine Freiheitsstrafe zu verhängen,[37] werden aber häufiger als bei anderen Straftaten die Verhängung einer Freiheitsstrafe unter sechs Monaten unerlässlich erscheinen lassen.[38] Bei folgenloser Trunkenheitsfahrt (1,0 Promille, lange Verfolgung mit schweren Verkehrsverstößen) kann eine Freiheitsstrafe ausnahmsweise angebracht sein.[39] **14**

Vor allem in Fällen schwerer, nicht wieder gutzumachender Unfallfolgen kann unter dem Gesichtspunkt der Verteidigung der Rechtsordnung die Verhängung kurzer Freiheitsstrafen dem Richter unerlässlich erscheinen. **15**

Beispiele
Ein Berufskraftfahrer fährt sechsmal zu schnell, wird deswegen bestraft und begeht beim siebten Mal eine fahrlässige Tötung.[40] Im Wiederholungsfall kann eine härtere Freiheitsstrafe angebracht sein.[41] Bei einem Täter, der binnen drei Jahren dreimal wegen Fahrens mit hoher BAK bestraft worden ist, zuletzt mit Freiheitsstrafe und wieder mit 2,5 Promille BAK fahrend Unfälle verursacht, ist es kein Rechtsfehler, wenn die Freiheitsstrafe als unerlässlich erachtet wird.[42]

Auch das Maß der **herbeigeführten Gefahr** kann straferhöhend wirken.[43] **16**
Es kann erschwerend berücksichtigt werden, dass die Tat zur Schädigung

---

35 OLG Koblenz VRS 51, 429.
36 OLG Koblenz VRS 52, 179.
37 OLG Hamm VRS 39, 330.
38 BayObLG MDR 1972, 339; OLG Hamm VRS 40, 342.
39 OLG Frankfurt DAR 1972, 48.
40 OLG Oldenburg NJW 1970, 820.
41 BayObLG NJW 1970, 871.
42 OLG Koblenz VRS 40, 96.
43 OLG Koblenz VRS 55, 278.

anderer geführt hat.[44] Je schwerer die Unfallfolgen sind und je größer der Alkoholmissbrauch des Täters war, umso genauer ist bei der Geldstrafe darzulegen, warum eine härtere Strafe unnötig ist.[45]

17 In der Regel ist eine **kurze Freiheitsstrafe zur Bewährung** auszusetzen, denn nach statistischer Erfahrung sind Rückfälle nach einer Strafaussetzung zur Bewährung nicht häufiger als nach Strafvollstreckung. Jeder Fall ist unschematisch und individuell zu prüfen, auch hinsichtlich der Prognose, ohne Vergleich mit gedachten Tätertypen.[46]

18 Für die Annahme einer **günstigen Prognose** reicht es aus, dass die Wahrscheinlichkeit künftigen straffreien Verhaltens diejenige erneuten Straffälligwerdens übersteigt.[47]

> *Beispiele*
> Bei schwerwiegenden Unfallfolgen kann allerdings auch bei Ersttätern beim allgemeinen Ansteigen gleichartiger Taten Vollstreckungsstrafe von einem Jahr zulässig und angebracht sein.[48] Nach umfassender Würdigung kann auch Ersttäterschaft eine Nichtaussetzung bereits rechtfertigen, z.B. bei fahrlässiger Tötung.[49] Allerdings ist auch bei einem tödlichen Unfall eine allseitige Abwägung notwendig, Letztere muss nicht unbedingt dazu führen, dass die Freiheitsstrafe nicht zur Bewährung ausgesetzt wird.[50] Eine Trunkenheitsfahrt mit schwerer Unfallfolge schließt die Aussetzung einer Freiheitsstrafe zwischen sechs Monaten und einem Jahr nicht aus, sondern nur, wenn besondere Umstände dazu führen, dass eine Aussetzung der Freiheitsstrafe zur Bewährung auf „Unverständnis" stoßen und die Rechtstreue der Bevölkerung „erheblich beeinträchtigt" würde.[51] Bei einer Trunkenheitsfahrt mit schwersten Unfallfolgen liegt die Annahme, durch Bewilligung von einer Strafausset-

---

44 BGH VRS 21, 45.
45 OLG Stuttgart VRS 41, 413.
46 OLG Braunschweig DAR 1960, 49.
47 BGH NStZ 1997, 594.
48 OLG Hamm VRS 40, 342.
49 OLG Koblenz DAR 1971, 106.
50 BayObLG NJW 1971, 107; OLG Stuttgart NZV 1991, 80; OLG Karlsruhe DAR 1993, 397; NZV 1996, 198.
51 BGHSt 24, 40 = NJW 1971, 439; NStZ 1987, 21; BayObLG VRS 69, 283; OLG Frankfurt NJW 1977, 2175; OLG Karlsruhe DAR 1993, 397.

zung zur Bewährung könne die Rechtstreue der Bevölkerung beeinträchtigt werden, näher als bei anderen Verfehlungen.[52]

Andererseits schließen **Vorstrafen** die Strafaussetzung zur Bewährung nicht aus.[53]   19

Beispiele
Allerdings ist bei erheblichen einschlägigen Vorstrafen und leichtfertiger Fahrweise die günstige Prognose besonders zu begründen.[54] Auch bei raschem Rückfall ist eine günstige Prognose nicht ausgeschlossen.[55] Hat der Täter allerdings bereits wegen einschlägiger Tat eine Freiheitsstrafe verbüßt, können nur ganz besondere Gründe eine günstige Prognose rechtfertigen, die im Plädoyer sehr ausführlich darzulegen sind, will der Verteidiger einen Richter überzeugen.[56] Das Gleiche gilt bei der Tatbegehung innerhalb einer Bewährungszeit wegen einschlägiger Verurteilung.[57]

§ 316 StGB – Trunkenheit im Verkehr

Strafrahmen: Freiheitsstrafe von einem Monat bis zu einem Jahr oder Geldstrafe.   20

Fahrlässigkeit: Fahrlässiges Handeln steht dem vorsätzlichen Handeln – beim Strafrahmen – gleich.   21

Strafmindernd kann langsames Trinken mit entsprechend niedriger BAK wirken,[58] oder Mitschuld dessen, der einen erkennbar angetrunkenen, übermüdeten Fahrer um Mitnahme gebeten hat,[59] oder als Mitfahrer vorher zum Trinken ermuntert hatte,[60] unter Umständen unbewusst fahrlässige Trunkenheitsfahrt,[61] die Tatsache, dass die gefahrene Strecke nur wenige Meter betrug,[62] aber nicht Folgenlosigkeit schlechthin.   22

---

52 BayObLG VRS 59, 188; OLG Koblenz BA 1980, 463; OLG Karlsruhe DAR 1993, 397.
53 OLG Köln VRS 42, 94; OLG Koblenz VRS 71, 446.
54 BGH VRS 17, 183.
55 KG VRS 41, 254.
56 OLG Stuttgart DAR 1971, 270; a.M. OLG Frankfurt NJW 1970, 956.
57 OLG Hamm DAR 1972, 245.
58 OLG Hamburg VM 1969, 29.
59 BGH VRS 21, 54.
60 BGH DAR 1964, 22.
61 OLG Karlsruhe DAR 1968, 2220.
62 OLG Karlsruhe VRS 81, 19.

23 **Straferhöhend** darf vorsätzliche Tatbegehung ins Gewicht fallen.[63] Das Ausmaß der im einzelnen Fall von der Fahrt ausgehenden abstrakten Gefahr im Hinblick auf die konkreten Gegebenheiten der Fahrt und den Grad der Fahrunsicherheit darf strafschärfend berücksichtigt werden, soweit diese Umstände über die Merkmale des gesetzlichen Tatbestands hinausgehen.[64]

Beispiele
Erschwerend berücksichtigt werden darf auch die Höhe der Blutalkoholkonzentration, weil diese entscheidend für den Grad der Fahrunsicherheit und das Ausmaß der Schuld ist.[65] Strafschärfend ist auch das Trinken in Fahrbereitschaft, etwa bei so genannter „Zechtour",[66] Taxifahren in Angetrunkenheit.[67]

24 **Nicht straferhöhend** darf berücksichtigt werden ein früherer Freispruch von Anklage nach § 316 StGB, weil dies gegen Art. 6 Abs. 2 MRK verstieße und das Verbot der Trunkenheitsfahrt ohnehin jeder kennt.

Beispiele
Nicht straferhöhend darf auch der Beruf als Rechtsanwalt oder Notar wirken,[68] nicht Arzteigenschaft allgemein, jedoch die möglicherweise daraus resultierende schulderhöhende bessere Kenntnis der Alkoholwirkungen.[69] Vorstrafen, auch auf anderen Gebieten, sind verwertbar, soweit sie den Täter als Verkehrsteilnehmer beleuchten; ihre Verwertbarkeit muss begründet werden.[70] Tilgungsreife oder getilgte Verurteilungen und der ihnen zu Grunde liegende Sachverhalt dürfen, ausgenommen bei der Prüfung einer Entziehung der Fahrerlaubnis, unter den Voraussetzungen des § 52 Abs. 2 BZRG weder vorgehalten noch nachteilig verwertet werden, ebenso wenig andere Behörden- oder Polizeiakten (§ 29 StVG).

25 Eine **kurze Freiheitsstrafe** ist jedoch ausnahmsweise zulässig, wenn die Geldstrafe und die Entziehung der Fahrerlaubnis zur Einwirkung nicht aus-

---

63 OLG Saarbrücken NJW 1974, 1391.
64 BayObLG NZV 1992, 453.
65 OLG Hamm NJW 1976, 1332; OLG Zweibrücken DAR 1970, 106.
66 OLG Koblenz VRS 51, 428.
67 OLG Oldenburg NJW 1964, 1333.
68 OLG Hamm DAR 1959, 324; BayObLG DAR 1981, 243.
69 OLG Frankfurt NJW 1972, 1528.
70 KG VRS 30, 200; OLG Koblenz VRS 54, 192; OLG Zweibrücken VRS 38, 40.

reichen. Wird auf Freiheitsstrafe erkannt, muss begründet werden, warum die Geldstrafe nicht ausreicht. Nicht jeder Rückfall macht schematisch eine Freiheitsstrafe nötig.[71]

Strafaussetzung zur Bewährung: Die Vollstreckung einer Freiheitsstrafe von sechs Monaten bis zu einem Jahr ist zur Verteidigung der Rechtsordnung nur geboten, wenn die Aussetzung wegen der Besonderheit des Falles dem allgemeinen Rechtsempfinden schlechthin unverständlich erscheinen müsste und das Vertrauen in die Rechtsordnung dadurch erschüttert werden könnte. Von erheblicher Bedeutung für die Prognose sind einschlägige Vorstrafen. Diese sind zwar von wesentlicher Bedeutung für die Prognose, schließen aber nicht schlechthin die Aussetzung zur Bewährung aus.[72] Zu berücksichtigen sind Anzahl, zeitlicher Abstand der Vorstrafen sowie die Umstände der früheren Taten und der jetzt abzuurteilenden Tat. 26

Auch die Möglichkeit **erschwerter Bewährungsauflagen** ist bei Wiederholungstätern in Betracht zu ziehen. Schließlich ist bei der Prognose auch die Wirkung der gleichzeitig verhängten Entziehung der Fahrerlaubnis zu berücksichtigen. Diese ist oft wirkungsvoller als kurze Freiheitsstrafe. 27

Hat der Täter schon eine Freiheitsstrafe wegen Trunkenheit im Verkehr verbüßt, so werden nur ganz besondere Gründe eine günstige Prognose rechtfertigen können.[73] Eine einschlägige Straftat innerhalb laufender Bewährungszeit nach Verurteilung wegen Trunkenheit im Verkehr deutet auf eine schlechte Prognose hin und wird nur unter besonderen Umständen eine nochmalige Strafaussetzung zur Bewährung rechtfertigen.[74] Liegt z.B. die dritte Fahrt bei Fahrunsicherheit in der Bewährungsfrist nach der zweiten Verurteilung, ist die Aussetzung nur unter ganz besonderen darzulegenden Umständen zulässig.[75] Jedoch schließt die Tatbegehung innerhalb der Be- 28

---

71 OLG Düsseldorf NZV 1997, 46; OLG Frankfurt DAR 1972, 49 (Vorstrafe 2 Promille BAK auf der Autobahn); OLG Köln VRS 39, 418; BayObLG DAR 1992, 184.
72 BayObLG DAR 1970, 263; OLG Koblenz VRS 70, 145; OLG Köln MDR 1970, 1026; OLG Hamm DAR 1972, 245; OLG Karlsruhe VRS 38, 331; OLG Frankfurt NJW 1977, 2175.
73 OLG Stuttgart DAR 1971, 270; a.M. OLG Frankfurt NJW 1970, 956.
74 BayObLG DAR 1970, 263; OLG Hamm DAR 1972, 245; OLG Saarbrücken VRS 49, 351; OLG Koblenz MDR 1971, 235.
75 OLG Hamburg VRS 54, 28; OLG Koblenz VRS 60, 33.

währungszeit eine erneute Strafaussetzung zur Bewährung nicht grundsätzlich aus.[76]

> *Beispiel*
> Fahrlässige Trunkenheit im Straßenverkehr in Tateinheit mit vorsätzlichem Fahren ohne Fahrerlaubnis: Freiheitsstrafe von sechs Monaten, Sperrfrist von vier Jahren (Wiederholungsfall).[77]

■ **§ 21 StVG – Fahren ohne Fahrerlaubnis**

29 **Strafrahmen:** Freiheitsstrafe von einem Monat bis zu einem Jahr oder Geldstrafe, bei **Fahrlässigkeit** Freiheitsstrafe von einem Monat bis zu sechs Monaten oder Geldstrafe, in **einfachen Fällen** Freiheitsstrafe von einem Monat bis zu sechs Monaten oder Geldstrafe.

30 **Einfacher Fall:** Fahren eines Kraftfahrzeuges oder Ermächtigen zum Fahren eines Kraftfahrzeuges, obwohl der Führerschein des Fahrers nach § 94 StPO beschlagnahmt wurde. Für Vorsatz und Fahrlässigkeit sieht das Gesetz denselben Strafrahmen vor; Fahrlässigkeit ist jedoch ein erheblicher Minderungsgrund.

> *Beispiele*
> **Gesamtfreiheitsstrafe von einem Jahr und sechs Monaten:** Fahren ohne Fahrerlaubnis in sieben Fällen, davon in sechs Fällen jeweils in Tateinheit mit Urkundenfälschung und Vergehen gegen das PflVG, in zwei Fällen in Tateinheit mit fahrlässiger Trunkenheit im Verkehr und in einem Fall in Tateinheit mit Diebstahl begangen, sowie ein weiteres Vergehen des Diebstahls. Der Angeklagte brachte an einem Pkw falsche Kennzeichen an. Für das von ihm benutzte Fahrzeug bestand kein Versicherungsschutz.[78]
> **Gesamtfreiheitsstrafe von einem Jahr auf Bewährung:** Fahren ohne Fahrerlaubnis und Betrug in zwei Fällen. Der neunfach vorbestrafte Angeklagte mietete eine Lagerhalle an, obgleich zu diesem Zeitpunkt bereits zahlreiche Zwangsvollstreckungsverfahren gegen ihn eingeleitet waren.[79]

---

76 BGH NStZ-RR 1997, 68; OLG Köln MDR 1970, 1026.
77 BayObLG, Beschl. v. 30. 7. 2002 – 1 StRR 71/02.
78 AG Frankfurt, Urt. v. 2. 8. 2001 – 914 ALS – 58 Js 24878.4/00 – 3009.
79 AG Rastatt, Urt. v. 22. 3. 2000 – 8 Ds 202 Js 857/97.

I. Steuerdelikte

§ 370 AO – Steuerhinterziehung

Strafrahmen: Freiheitsstrafe bis zu fünf Jahren oder Geldstrafe, in **besonders schweren Fällen** Freiheitsstrafe von sechs Monaten bis zu zehn Jahren, in qualifizierten Fällen des § 375 AO Freiheitsstrafe von drei Monaten bis zu fünf Jahren oder Geldstrafe.

Strafmilderung: Als Strafmilderungsgründe in Betracht kommen das Alter des nicht vorbestraften Täters, sein strafloses Verhalten nach der Tat, die Beendigung der Tat aus eigenem Antrieb, ferner dass er die zur Begleichung der Steuerschulden erforderlichen Mittel zur Verfügung gehalten und die Steuern nachbezahlt hat, dass er die Tat zugegeben und sein Verhalten bereut hat, dass ab Zeitpunkt der Tat längere Zeit vergangen ist und der Täter lange Zeit unter dem Druck der drohenden Verurteilung gestanden hat. Diese Punkte sind auch bei der Frage der **Strafaussetzung zur Bewährung** maßgeblich. Es ist zu prüfen, ob die Gesamtheit der Strafmilderungsgründe ein solches Gewicht hat, dass eine Strafaussetzung gerechtfertigt ist.[1] Wenn dem Mandanten sein verkürzendes Vorgehen durch sorgloses und nachlässiges Verhalten des Finanzamtes erleichtert worden ist, kann dies bei der Strafzumessung berücksichtigt werden.[2] Gemäß § 46 Abs. 2 StGB müssen auch die Beweggründe und die Ziele des Täters bei der Strafzumessung berücksichtigt werden, also z.B. die wirtschaftliche Not des Täters, der Versuch, sein Unternehmen vor dem Konkurs zu retten oder sein Wunsch, „schnell reich zu werden".

Trotz der Alternativfassung ist es zulässig, **neben der Freiheitsstrafe eine Geldstrafe** zu verhängen, wenn sich der Täter durch die Tat bereichert oder zu bereichern versucht hat und die Verhängung einer Geldstrafe auch unter Berücksichtigung der persönlichen und wirtschaftlichen Verhältnisse des Täters angebracht ist. Nach § 41 StGB ist für die zusätzliche Verhängung einer Geldstrafe neben einer Freiheitsstrafe – außer der Bereicherung – Voraussetzung, dass dies unter Berücksichtigung der persönlichen und wirtschaft-

---

1 BGH wistra 1982, 228.
2 BGH wistra 1983, 145.

lichen Verhältnisse des Täters angebracht ist. Eine Bereicherung im Sinne von § 41 StGB liegt auch dann vor, wenn die aus der Tat unmittelbar erlangten Vermögensvorteile nicht dem Täter, sondern einem Dritten zufließen, der Täter hierfür aber einen anderweitigen Vermögensvorteil erhält.[3]

4 **Nicht strafschärfend** darf berücksichtigt werden, wenn der bestreitende Mandant hinterzogene Steuern nicht nachgezahlt hat. Denn wenn ein leugnender Beschuldigter den Schaden wieder gutmacht oder sich dazu bereit erklärt, so kann dies als Schuldeingeständnis gewertet werden und damit seine Verteidigungsposition gefährden. Ein solches Verhalten nach der Tat kann von ihm nicht mit der Folge erwartet werden, dass ihm schon deswegen bloßes Unterlassen der Nachzahlung zur Strafschärfung gereicht.[4]

5 **Strafzumessung im engeren Sinne:** Bei der Strafzumessung ist der Umfang des verursachten Schadens zu berücksichtigen.[5] Für die Höhe der schuldangemessenen Strafe ist die Höhe der Steuerverkürzung maßgebend, die ihren Niederschlag im Hinterziehungsgewinn findet. Hierbei ist – jedenfalls bei nur zeitlicher Verkürzung – nicht der Gesamtbetrag der verspätet entrichteten Steuer maßgebend, sondern der dem Fiskus erwachsene Verspätungsschaden. In den Urteilsgründen muss nicht nur die Summe der verkürzten Steuer, sondern auch deren Berechnung im Einzelnen enthalten sein.[6]

6 Es kommt auch darauf an, ob der Mandant die Verkürzung, z.B. der Einkommensteuer, auf Dauer erreichen wollte oder den Zahlungstermin für die Umsatzsteuer durch die Abgabe einer unrichtigen Voranmeldung vorläufig verschieben wollte und damit nur den Zinsvorteil des vorübergehend entzogenen Betrages im Auge hatte. Es muss zudem geprüft werden, welche Beweggründe den Täter zu der Hinterziehung veranlasst haben, ob ihn die Konkurrenz oder die marktwirtschaftlichen Gegebenheiten aus seiner Sicht gedrängt haben, die Steuerhinterziehung zu wagen. Es spielt auch eine Rolle, ob die Tat von langer Hand vorbereitet und gut durchdacht durchgeführt wurde oder der Täter einer plötzlichen Versuchung erlegen ist. Auch ist zu fragen, wie stark der bei der Tat aufgewendete Wille war, wie hartnäckig der Täter sein Vorhaben durchsetzte und welchen Umfang der Tatzeitraum hatte.

---

3 BGH wistra 1983, 252.
4 BGH NStZ 1981, 343; wistra 1987, 251.
5 BGH HFR 1979, 110.
6 BGH BB 1980, 1090; BGH wistra 1986, 23.

Qualifikation: Ein **besonders schwerer Fall** liegt in der Regel vor, wenn 7
der Täter

1. aus grobem Eigennutz in großem Ausmaß Steuern verkürzt oder nicht gerechtfertigte Steuervorteile erlangt,
2. seine Befugnisse oder seine Stellung als Amtsträger missbraucht,
3. die Mithilfe eines Amtsträgers ausnutzt, der seine Befugnisse oder seine Stellung missbraucht, oder
4. unter Verwendung nachgemachter oder verfälschter Belege fortgesetzt Steuern verkürzt oder nicht gerechtfertige Steuervorteile erlangt.

Der Tatbestand der Steuerhinterziehung sieht eine Strafverschärfung für 8
besonders schwere Fälle vor, für die die Freiheitsstrafe sechs Monate bis zu zehn Jahre beträgt. Nach § 370 Abs. 3 Nr. 1 AO liegt in der Regel ein besonders schwerer Fall vor, wenn der Täter in großem Ausmaß und aus grobem Eigennutz Steuern verkürzt oder nicht gerechtfertigte Steuervorteile erlangt. Die Rechtsprechung hat bei der Größenordnung auf eine sechsstellige Zahl (DM) abgestellt.[7]

Hinzu kommen muss (als zusätzliches Tatmotiv), dass die Steuerhinterzie- 9
hung **aus grobem Eigennutz** vorgenommen worden ist. Dabei stehen das Ausmaß der Steuerverkürzung und die Eigennützigkeit in einem gegenseitigen Abhängigkeitsverhältnis, sodass dem Unfang der Steuerverkürzung indizielle Wirkung für die grobe Eigennützigkeit zukommt.[8] Aus grobem Eigennutz handelt, wer seinen Vorteil in besonders anstößiger Weise erstrebt,[9] also ein deutlich über den normalen kaufmännischen Gebräuchen liegendes Gewinnstreben aufzeigt. Dabei sind unter anderem die Art und die Häufigkeit der Begehung, das Ausmaß des rechtsbrecherischen Entschlusses, der Grad der zu Tage getretenen Gewinnsucht sowie der Zweck der Vereinnahmung der erlangten Vorteile bedeutsam.[10]

Ein **besonders schwerer Fall** von Steuerhinterziehung liegt nach § 370 10
Abs. 3 Nr. 2 AO auch dann vor, wenn ein **Amtsträger** der Finanzbehörde die „Stellung als Amtsträger oder amtliche Befugnisse missbraucht". Nach

---

7 BGH wistra 1984, 27.
8 BGH HFR 1993, 672.
9 BGH wistra 1985, 228.
10 BGH HFR 1991, 437.

§ 370 Abs. 2 Nr. 3 AO liegt ferner besonders schwere Steuerhinterziehung vor, wenn ein Dritter bei seiner Steuerhinterziehung die Hilfe eines Amtsträgers ausnutzt, der hierbei seine Befugnisse oder seine Stellung missbraucht. Ausnutzen ist zu bejahen, wenn sich ein Täter der Beihilfe eines untreuen Amtsträgers bedient.

11 Als letztes Regelbeispiel führt § 370 Abs. 3 Nr. 4 AO die **fortgesetzte Verkürzung** von Steuern bzw. fortgesetzte Erlangung nicht gerechtfertigter Steuervorteile, begangen durch Verwendung nachgemachter oder verfälschter Belege an.

12 Als „fortgesetzt" ist ein zumindest zweimaliges Wiederholen zu verstehen. Wenn ein Steuerpflichtiger in seinen Steueranmeldungen ungerechtfertigt Vorsteuererstattungen beantragt, die sowohl wirkliche als auch erdachte Steuervorgänge (fingierte Exporte) betreffen, und wenn er die nachgemachten Ausfuhrbescheinigungen dem Steuerprüfer geschlossen vorlegt, liegt eine „einmalige" Verwendungshandlung vor; die Strafschärfung des § 370 Abs. 3 Nr. 4 AO findet keine Anwendung, es fehlt an dem Merkmal der „fortgesetzten" Verwendung nachgemachter oder verfälschter Belege.[11]

13 Der Tatbestand der Steuerhinterziehung durch Verwendung nachgemachter oder verfälschter Belege im Sinne des § 370 Abs. 3 Nr. 4 AO ist nach der BGH-Rechtsprechung erst erfüllt, wenn der Täter den unrichtigen Inhalt der Belege in seine Steuererklärung einfließen lässt und wenn der Steuererklärung solche Belege beigefügt sind. Der Tatbestand ist nicht schon dann erfüllt, wenn der Täter die Belege zurückhält, sie jedoch inhaltlich für die steuerschädlichen Angaben in der Steuererklärung „verwendet", mag auch der kriminelle Gehalt bei der Verhaltensweise der gleiche sein.[12]

■ § 371 AO – Selbstanzeige bei Steuerhinterziehung

„Wer in den Fällen des § 370 AO unrichtige oder unvollständige Angaben bei der Finanzbehörde berichtigt oder ergänzt oder unterlassene Angaben nachholt, wird insoweit straffrei."

14 Sind Steuerverkürzungen bereits eingetreten oder Steuervorteile erlangt, so tritt für einen an der Tat Beteiligten Straffreiheit nur ein, soweit er die zu sei-

---

11 BGH MDR 1980, 107.
12 BGH wistra 1983, 116.

nen Gunsten hinterzogenen Steuern innerhalb der ihm bestimmten angemessenen Frist nachzahlt.

Nach § 371 Abs. 2 AO tritt die Straffreiheit nicht ein, wenn **15**
1. vor der Berichtigung, Ergänzung oder Nachholung
   a) ein Amtsträger der Finanzbehörde zur steuerlichen Prüfung oder zur Ermittlung einer Steuerstraftat oder einer Steuerordnungswidrigkcit erschienen ist oder
   b) dem Täter oder seinem Vertreter die Einleitung des Straf- oder Bußgeldverfahrens wegen der Tat bekannt gegeben worden ist oder
2. die Tat im Zeitpunkt der Berichtigung, Ergänzung oder Nachholung ganz oder zum Teil bereits entdeckt war und der Täter dies wusste oder bei verständiger Würdigung der Sachlage damit rechnen musste.

§ 373 AO – Gewerbsmäßiger, gewaltsamer und bandenmäßiger Schmuggel

Strafrahmen: Freiheitsstrafe von drei Monaten bis zu fünf Jahren oder **16**
Geldstrafe.

Besondere Qualifikation: Gewerbsmäßiges Handeln oder wenn der Täter **17**

1. eine Hinterziehung von Eingangsabgaben oder einen Bannbruch begeht, bei denen er oder ein anderer Beteiligter eine **Schusswaffe** bei sich führt,
2. eine Hinterziehung von Eingangsabgaben oder einen Bannbruch begeht, bei denen er oder ein anderer Beteiligter eine **Waffe** oder sonst ein Werkzeug oder Mittel bei sich führt, um den Widerstand eines anderen durch Gewalt oder Drogen mit Gewalt zu verhindern oder zu überwinden,
3. als **Mitglied einer Bande**, die sich zur fortgesetzten Begehung der Hinterziehung von Eingangsabgaben oder des Bannbruchs verbunden hat, unter Mitwirkung eines anderen Bandenmitglieds die Tat ausführt.

Gewerbsmäßig handelt nicht nur derjenige, der berufsmäßig um des Er- **18**
werbswillens tätig wird, sondern nach der Rechtsprechung auch derjenige, der die Absicht hat, sich durch wiederholte Begehung eine fortlaufende Einnahme für mindestens von einiger Dauer zu verschaffen.[13] Gewerbsmäßigkeit setzt **eigennütziges Handeln** voraus, anderenfalls kann Beihilfe zur fremden Tat vorliegen. Geldwerte Vermögensvorteile reichen allerdings aus.

---

13 BGHSt 10, 217.

J. Betäubungsmitteldelikte

Die verschiedenen Arten von Betäubungsmitteln: Die Strafrahmen gelten für alle in den drei Anlagen zu dem BtMG genannten Betäubungsmittel in gleicher Weise und unterscheiden nicht nach der Gefährlichkeit und dem Suchtpotenzial der in Verkehr gebrachten Betäubungsmittel. Der Gesetzgeber hat bewusst wegen der Wandlungsfähigkeit der Drogenszene auf eine Unterscheidung zwischen weichen und harten Drogen und auf eine strafschärfende Hervorhebung der harten Droge Heroin verzichtet. Der Gesetzgeber hat es den Gerichten überlassen, im Rahmen der Strafzumessungserwägungen die Gefährlichkeit und das Suchtpotenzial einzelner Drogen zu berücksichtigen, zwischen weichen und harten Drogen zu differenzieren und die umfassenden Strafrahmen nach oben und unten auszuschöpfen. 1

Die nicht geringe Menge: Für die Strafzumessung ist der Wirkstoffgehalt der einzelnen Betäubungsmittel von entscheidender Bedeutung. Für die Strafrahmenwahl ist die Einordnung in die nicht geringe Menge wesentl... Die Grenze wird von der Rechtsprechung derzeit angenommen: 2

für Cannabis	bei 7,5 g THC
für Kokain	bei 5 g Kokainbase
für LSD	bei 6 mg Wirkstoff
für Heroin	bei 1,5 g HCl
für Morphin	bei 3 g HCl
für Opium	bei 3 g Morphin HCl
für Pethidin	bei 20–25 g Pethidin HCl
für Methadon	bei 1,5 g HCl
für Kodein	bei 15 g Kodeinphosphat/HCl
für Methaqualon	bei 60 g Wirkstoff
für Amphetamin	bei 10 g Amphetaminbase
für ICE	bei 10 g Base
für MDA und MDMA	bei 30 g Base
für MDMA	bei 30 g Base
für MDE/MDEA	bei 30 g Base
für DOM	bei 600 mg Base
für DOB	bei 300 mg Base

(handschriftliche Notiz: Ecstasy – bezieht sich auf MDA/MDMA/MDE)

für Phenetylin bei 40 g Base
für Kath/Cathin bei 18 g Cathin HCl

■ § 29 BtMG – Straftaten

I. Die Strafrahmen

3 § 29 BtMG enthält die Vergehenstatbestände durchschnittlicher Schwere. Diese Grundtatbestände sind mit Geldstrafe oder Freiheitsstrafe von einem Monat bis zu fünf Jahren bedroht, bei **Fahrlässigkeit** Freiheitsstrafe von einem Monat bis zu einem Jahr oder Geldstrafe, in besonders schweren Fällen Freiheitsstrafe von einem Jahr bis zu 15 Jahren.

II. Strafmilderung

4 **Strafmilderungsgründe können sein:**

- Betäubungsmittel-Anbau zu botanischen, religiösen, medizinischen oder wissenschaftlichen Zwecken, um politisch zu provozieren, um bei den Medien Aufsehen zu erregen oder zu Eigenkonsumzwecken Der **Zweck des Anbaus** kann also im Einzelfall strafmildernd wirken. Ähnlich ist auch der Anbau zu Dekorationszwecken zu beurteilen.
- **Geringer Wirkstoffgehalt** der aufgezogenen Rauschpflanzen, wie z.B. der THC-Gehalt von weniger als 0,3 % beim Nutzhanf.
- **Geringer Umfang des Anbaus** (einzelne Blumentöpfe und Pilzkulturschalen).
- **Geringe Gewichtsmenge oder geringe Wirkstoffmenge** der Betäubungsmittel-Pflanzen. Diese gibt auch Anlass zur Prüfung einer Verfahrenseinstellung.
- **Laienhafter Anbau** von Betäubungsmittel-Pflanzen, der zu geringem Ertrag und zu hohen Aufwendungen an Zeit und Geld führte.
- **Vertrocknen und Verderben der Pflanzen** durch falsche Pflege oder Wettereinflüsse oder die eigenhändige Vernichtung der Pflanzen.
- Daneben können ein **Geständnis**, eine **Aufklärungshilfe** beim Auffinden weiterer Betäubungsmittelkulturen und bei der Ermittlung von Auftraggebern (§ 31 BtMG) die Strafe mildern.

■ **Schadenwiedergutmachung** 5
Das Landgericht Gießen bewertete es als erheblich strafmildernd, dass ein Angeklagter von seinem Gesamterlös von 100.000 DM freiwillig 27.500 DM zurückgab, die Polizei zu verborgenen Erdbunkern mit 600 Kilogramm Chemikalien für die Amphetaminproduktion führte.[1]

■ **Sicherstellung, Verlust und Vernichtung von Drogenvorräten** 6
Soweit durch Ermittlungsmaßnahmen, unzuverlässige Mitarbeiter bei dem Drogenschmuggel und bei dem Verkauf hergestellter Drogen Mengen verloren gingen, vernichtet wurden oder sonst wie nicht den Verbraucher erreichten, wirkt sich dies strafmildernd aus.[2]

■ **Einfluss verdeckter Ermittler und V-Leute** 7
Das Bundesverfassungsgericht hat den Einsatz polizeilicher Lockspitzel zur Aushebung eines mit der unerlaubten Herstellung von Betäubungsmitteln erfassten Labors ausdrücklich gebilligt. Wurde eine ursprünglich nicht tatbereite Person durch Lieferung von Grundstoffen und Laborgerätschaften eines Agent-Provokateur zur Herstellung gedrängt und dadurch in Unrecht und Schuld verstrickt, um eine effektive Bekämpfung der Betäubungsmittelkriminalität zu ermöglichen, so kann sich nach dem Ergebnis einer Gesamtwürdigung aller maßgeblichen Umstände ein schon bei der Strafrahmenwahl zu berücksichtigender Strafmilderungsgrund ergeben, wenn die Strafverfolgungsbehörden bei der Herstellung quasi Regie führten.[3]

Stand am Anfang der Unternehmung der Entschluss des Angeklagten und seines Mittäters zum Aufbau des Labors sowie zur Herstellung von Drogen und ihrer Vermarktung, verfolgte der Angeklagte dieses Ziel mit großer Energie, unter Einsatz eines eigenen Labors, eigener Syntheseanleitung, eigener Tätigkeit und Geldmittel sowie durch eigene erfolgreiche, teils erfolglose Einwirkung auf ursprünglich nicht tatbereite Apotheker und Chemiker, so stellt auch dann noch die Lieferung von Grund-

---

1 LG Gießen, Urt. v. 1.11.1991 – 3 Js 171431/90 – 7 KLs.
2 LG Offenburg, Urt. v. 18.12.1990 – 7 KLs 3/90.
3 BGH StV 1985, 309 ff.; BGH StV 1986, 100 ff.; BGH StV 1988, 296 ff.; BGH NStZ 1988, 550 ff.

stoffen und Gerätschaften durch einen verdeckten Ermittler einen Strafmilderungsgrund dar.[4]

■ **Drogenabhängigkeit des Angeklagten**

8 Die Drogensucht als ungünstige Dauerdisposition des Täters wirkt sich strafmildernd aus. Nicht jede Abhängigkeit von Betäubungsmitteln begründet für sich allein schon eine erhebliche Verminderung der Schuldfähigkeit. Nur ausnahmsweise ist bei einem Rauschgiftsüchtigen von einer verminderten Schuldfähigkeit auszugehen, so etwa wenn

- langjähriger Betäubungsmittelgenuss zu schwersten Persönlichkeitsveränderungen geführt hat,
- der Täter unter starken Entzugserscheinungen litt und durch sie dazu getrieben wurde, sich mittels einer Straftat Drogen zu beschaffen,
- und ferner unter Umständen dann, wenn das Delikt im Zustand eines akuten Rausches verübt wurde.

Hat der Angeklagte eine längere Drogenkarriere und mehrere Entziehungskuren hinter sich, so bedarf es einer eingehenden Prüfung, ob ein Sachverständiger hinzuzuziehen ist oder die eigene Sachkunde der Strafkammer ausreicht. Bei der Erörterung der Schuldfähigkeit reichen formelhafte Ausführungen nicht aus. Vielmehr bedarf es einer Auseinandersetzung mit der Drogenabhängigkeit des Angeklagten. Die bloße Behauptung eines Heroinhändlers, er habe von einer größeren Heroinmenge selbst einige Gramm verbraucht, sei drogenabhängig und konsumiere seit längerer Zeit Heroin, genügt für sich allein nicht zur Annahme verminderter Schuldfähigkeit.

■ **Beschaffungsdelikte des Angeklagten**

9 Direkte Beschaffungsdelikte wie Apothekeneinbrüche oder Raub von Rauschmitteln mit anschließendem Konsum durch einen unter akuten Entzugserscheinungen leidenden Drogenabhängigen legen ebenso wie akute toxische Bewusstseinsstörungen (akuter Rausch oder Delirium) die Prüfung des § 20 StGB nahe.

Bei indirekten Beschaffungsdelikten (Diebstahl mit anschließendem Verkauf oder Tausch der Beute gegen Betäubungsmittel, Kommissionsgeschäfte)

---

4 BGH NStZ 1982, 326.

kommt bei lang andauernder Drogenkarriere meistens nur der § 21 StGB bei chronisch intoxiertem Zustand in Betracht. Vielfach sind nicht einmal die Voraussetzungen des § 21 StGB gegeben.

Handelt jemand nicht aus Gewinnsucht, sondern zur Finanzierung seiner Betäubungsmittelsucht, so kann sich dieser Umstand strafmildernd auswirken. Für die Strafzumessung ist von Bedeutung, wo der Schwerpunkt des Verhaltens liegt, bei der Gewinnsucht oder bei der Betäubungsmittelsucht und deren Finanzierung.

■ **Fragen der Tatprovokation durch Polizeispitzel**

Die Tatprovokation durch eine polizeiliche V-Person oder einen verdeckten Ermittler ist ein wesentlicher **Strafmilderungsgrund**. Der BGH entwickelte seit 1975 eine Serie von Bewertungskriterien, wie der Einsatz von V-Leuten und verdeckten Ermittlern bei der Strafrahmenprüfung und bei der Strafzumessung im engeren Sinn vom Tatrichter zu berücksichtigen ist. Um das Gewicht der Tatprovokation im Rahmen einer Gesamtabwägung zu bewerten, hat der BGH folgende wesentliche **Bewertungskriterien** herausgearbeitet:

- Grundlage und Ausmaß des gegen den Angeklagten bestehenden Verdachts (Hinweise, Aussagen, TÜ-Protokolle, Vorstrafen)
- Art und Intensität der Einflussnahme (Zahl der Provokationen, Zahl der Betäubungsmittelgeschäfte, Zusammenarbeit mit anderen V-Leuten und verdeckten Ermittlern)
- Zweck der Einflussnahme (Ausfindigmachen von Mittätern, Hinterleuten, Rauschgiftdepots)
- Eigene, nicht versteuerte Aktivitäten des Angeklagten (Tatprovokation als Antwort auf frühere Angebote des Angeklagten).[5]

Bei der Gesamtabwägung ist auf Grund der Besonderheiten des Einzelfalles festzustellen, ob das tatprovozierende Verhalten polizeilicher Lockspitzel (Agent-Provokateur) in Gestalt von V-Personen oder verdeckten Ermittlern sich innerhalb der durch das Rechtsstaatprinzip gesetzten Grenzen bewegte.[6] Werden bei Lockspitzeleinsätzen gegen Tatverdächtige bzw. tat-

---

5 Z.B. BGH NStZ 1988, 55.
6 BGH NStZ 1992, 488.

geneigte Personen die zulässigen Grenzen der Tatprovokation eingehalten und auch die MRK beachtet, so stellt die Tatprovokation einen normalen Strafzumessungsgrund dar. Je intensiver die Tatprovokation, umso gewichtiger die Strafmilderung, je unbedeutender die Tatprovokation, umso weniger ist sie bei der Strafzumessung zu berücksichtigen.[7]

■ **Überschreitung der zulässigen Grenzen der Tatprovokation**

12   Erlangt die Tatprovokation durch einen staatlichen Lockspitzel im Vergleich zu der Schuld einer nicht schon von vornherein tatbereiten Person ein derartiges Übergewicht, so kann sie bereits im Rahmen der Prüfung des Strafrahmens Anlass für eine Verneinung eines besonders schweren Falls sein.[8] Überschreiten staatliche Lockspitzel die zulässige Grenze der Tatprovokation derart, dass eine nicht von vornherein tatbereite Person zum Spielball staatlicher Agenten wird, so bedarf es sorgfältiger Prüfung, in welcher Absicht die provozierenden Stellen und Polizeispitzel handelten und in welchem Verdacht die angestiftete Person stand, ob den Betroffenen die Verstrickung in Schuld und Strafe zugemutet werden durfte, in der Erwartung, durch die Provokation in einen Händlerring einzudringen oder ihn selbst zu überführen.[9]

■ **Provokation unbescholtener Bürger**

13   Wird ein nicht vorbestrafter, unbescholtener und des Handels mit Betäubungsmitteln bis dahin nicht verdächtiger und nicht tatgeneigter Angeklagter von einem polizeilichen Lockspitzel, dem die Polizei finanzielle Zuwendungen für die Überführung von Rauschgifthändlern versprochen hatte und der sich Vorteile in einem gegen ihn anhängigen Strafverfahren erhoffte, auf gut Glück angesprochen und gefragt, ob er eine größere Menge Heroin liefern könne, so befreit ihn kein Verfahrenshindernis vor der Bestrafung wegen Heroinhandels, wenn er auf diese Anstiftung reagiert, verhandelt, Betäubungsmittel zu beschaffen, oder liefert.

Bei der Strafzumessung muss den Fragen nachgegangen werden, welchen Anlass die Kriminalpolizei hatte, diesen bislang unbescholtenen Bürger ei-

---

7 BGH NStZ 1999, 501.
8 BGH StV 1988, 296.
9 Z.B. BGH NStZ 1999, 501 = StV 1999, 631.

ner Kontrolle zu unterziehen und einer Tatprovokation auszusetzen, ob den Betroffenen die Verstrickung in Schuld und Strafe zugemutet werden dürfe in der Erwartung, dadurch weitere Straftaten aufzuklären bzw. zu verhindern, Hinweise auf illegale Handelsstrukturen oder illegale Depots zu erlangen oder nur, um ihn selbst zu überführen.[10] Der Europäische Gerichtshof für Menschenrechte hat in der polizeilichen Tatprovokation eines bis dahin unbestraften Bürgers einen Verstoß gegen den durch Art. 6 Abs. 1 MRK geschützten Grundsatz des fairen Verfahrens erkannt und ein Verfahrenshindernis angenommen, auch wenn die Zulässigkeit von Beweismitteln sich nach nationalem Recht regelt.

■ Intensive und hartnäckige Tatprovokation

Beschränkte sich die Einwirkung des Lockspitzels auf wiederholte verlockende Angebote und war der Angeklagte von Anfang an zu Verhandlungen und später zu Lieferungen von Rauschgift bereit, so erscheint das Drängen des Agenten im Vergleich zum wachsenden Geschäftsinteresse und den Absatzbemühungen des Angeklagten nicht dermaßen unvertretbar und übergewichtig. Es ist deshalb nicht besonders strafmildernd zu bewerten.

14

Gelingt es einem polizeilichen Spitzel erst nach wochenlangem Widerstand und wiederholten Weigerungen eines Angeklagten durch ständige länger andauernde Überredungsversuche, durch Vorwürfe und durch Versprechen hoher Geldsummen, die Hemmschwelle des bislang nicht tatgeneigten Mandanten abzubauen und für die Abwicklung von Rauschgiftgeschäften zu interessieren, so erlangt eine den Verhältnismäßigkeitsgrundsatz missachtende Tatprovokation im Rahmen der Strafzumessung ein hohes Gewicht.[11]

Provoziert der Agent durch mündliche, telefonische oder schriftliche Drohungen mit Worten, Waffen oder Gewalt, er werde bei Nichtlieferung der Betäubungsmittel

- ■ offen stehende Spielschulden eintreiben,
- ■ den Arbeitgeber von Vorstrafen unterrichten,
- ■ die Ehefrau von Liebesverhältnissen benachrichtigen,
- ■ seine Homosexualität bekannt machen,

---

10 Z.B. BGH NStZ 1995, 506 = StV 1995, 364.
11 BGH StV 1984, 321.

- ihn bei der Polizei anzeigen,
- ihn der Rauschgiftmafia ausliefern,
- den Angeklagten krankenhausreif schlagen oder totschlagen,

so kann eine derartige unzulässige Tatprovokation nicht nur strafbar, sondern auch im Rahmen der Strafzumessung derart übergewichtig sein, dass der Verstoß gegen das BtMG zurücktritt.[12]

■ Intensive Tatvorbereitung und Tatsteuerung durch den Agent-Provokateur

15 Das Vorgehen eines mit Billigung der Polizeibehörden handelnden Spitzels überschreitet die Grenze der zulässigen Tatprovokation und wirkt sich deshalb erheblich strafmildernd aus, wenn er kein vorhandenes Bezugs-, Betriebs- oder Produktionssystem aufzudecken versucht, sondern einen zweifelsfrei nachweisbaren strafbaren Sachverhalt zu inszenieren versucht, in dem er einen anderen, der von einem Rauschgiftgeschäft, einem Rauschgiftschmuggel, von Rauschgiftanbau oder Rauschgiftherstellung bereits Abstand genommen hat, durch Bereitstellung optimaler Tatbedingungen zur Tat zu provozieren sucht.[13]

■ Das Locken in eine Falle und die Beweismittelmanipulation durch Tatprovokation

16 Die zulässigen Grenzen der Tatprovokation sind überschritten, wenn unverdächtige Personen künstlich in Tatverdacht oder Tatverdächtige in einen unerwünschten Besitz von Betäubungsmitteln gebracht werden. Ein solches arglistiges Verhalten des Agenten, das den Angeklagten mit zweifelhaften Mitteln in eine Straftat lockte oder eine Straftat fingierte, führt je nach Fallgestaltung entweder zum Freispruch oder zu einer besonders niedrigen Strafe.

■ Das Eindringen in die Intimsphäre durch Tatprovokation

17 Nutzt eine Agentin der Polizei ihre Attraktivität dahin gehend, dass sie mit dem Angeklagten nur zu Sexualkontakten bereit ist, wenn dieser eine größere

---

12 BGH MDR 1983, 450; BGH StV 1984, 406; BGH StV 1988, 295; BGH StV 1991, 469.
13 LG Verden StV 1982, 364; LG Frankfurt StV 1984, 415; LG Berlin StV 1984, 457.

Menge Kokain beschafft, so sind die zulässigen Grenzen der Tatprovokation überschritten. Baut ein Agent-Provokateur zu einem Mädchen eine Liebesbeziehung auf, nicht um eine bei dem Mädchen selbst nicht vorhandene Tatumschlossenheit zum Rauschgifthandel zu erreichen, sondern sie als Werkzeug für Ermittlungen und zur Überführung von Rauschgifthändlern zu benutzen, um sie schließlich selbst wegen Beihilfe zum Handeltreiben festzunehmen, so sind die Grenzen zulässiger Tatprovokation überschritten.[14]

Wird ein Angeklagter nur durch intensive Bitten seiner als Polizeispitzel tätigen Ehefrau, Verlobten, Geliebten, Schwester, Tochter oder im Rahmen einer sexuellen Beziehung mit einer als Spitzel tätigen Prostituierten entgegen anfänglicher Weigerung zu Rauschgiftgeschäften veranlasst, so kommt diesem Eindringen in die Privat- und Familiensphäre unter Ausnutzung von Zuneigung und sexueller Erregung strafmildernde Bedeutung zu.[15]

■ Das Heranführen eines Polizeispitzels an inhaftierte Beschuldigte

Es ist nicht zulässig, einen Informanten an einen Untersuchungsgefangenen heranzuführen, um diesen auszuhorchen und auszuforschen.[16]   18

■ Beidseitige Tatprovokation und das Umzingeln des Angeklagten mit Spitzeln   19

Es ist zwar unbedenklich, wenn auf der Käuferseite zum Schein ein polizeilicher Spitzel und ein polizeilicher verdeckter Ermittler als Kaufinteressenten mit dem Verkäufer verhandelt haben. Ein Angeklagter wird aber durch eine Tatprovokation zum bloßen Objekt staatlichen Handelns herabgewürdigt, wenn er sowohl von einem Scheinaufkäufer der Polizei als auch von einem Scheinverkäufer der Polizei, also von beiden Seiten gleichzeitig solange gedrängt wird, bis er die beiden Lockspitzel als Vermittler zu einem Scheingeschäft zusammenführt, das ihm dann später alleine zur Last gelegt wird.

---

14 AG Heidenheim NJW 1981, 1628; LG Münster NStZ 1981, 474.
15 BGH StV 1983, 148.
16 BGH NJW 1987, 2525 = StV 1987, 283.

III. Absehen von Strafe

20 Das Gericht kann bei geringfügigen Verstößen gem. § 29 Abs. 5 oder gem. § 31 a BtMG von der Strafe absehen, wenn die Straftat nur dem Eigenverbrauch einer geringen Menge dient; es kann die Strafe mildern oder von Strafe absehen gem. § 31 BtMG, wenn der Täter durch freiwillige Offenbarung der Tataufklärung oder der Verhinderung von Straftaten dient, oder gem. § 37 BtMG von einer Verurteilung absehen, wenn der drogenabhängige Täter sich freiwillig in Therapie begeben hat.

IV. Strafschärfung

21 Im Rahmen der Strafzumessungserwägungen kann sich strafschärfend im Urteil niederschlagen:

- die besondere Gefährlichkeit der Betäubungsmittel-Pflanze, wenn Schlafmohnpflanzen über einen hohen Wirkstoffgehalt verfügen, Cannabisstauden mit starkem THC-Gehalt hochgezüchtet wurden.
- der besondere Umfang des Anbaus (Felderwirtschaft von Rauschpflanzen, umfangreiche Gewächshäuser mit Betäubungsmittel-Kulturen).
- eine lange Dauer des Anbauprogramms und damit die Tatintensität.
- besondere Begleitumstände des Anbaus (Anbau von Rauschpflanzen in der Nähe von Schulen, Betäubungsmittel-Pflanzen im Strafvollzug).
- eine große Gewichtsmenge von Rauschpflanzen, erst recht eine große Wirkstoffmenge der Rauschpflanzen als hoher Anbauertrag.
- die besondere Ausstattung mit Beleuchtungs-, Bewässerungs- und Belichtungsanlagen als Ausdruck professionellen Anbaus.
  Die Erwägung, der Angeklagte habe Cannabispflanzen in außergewöhnlich professioneller Weise angebaut, verstößt dann aber gegen das **Doppelverwertungsverbot**, wenn zuvor schon der hohe Ertrag des Anbaus strafschärfend berücksichtigt wurde.
- Erfolgte der unerlaubte Anbau zur unerlaubten gewerblichen Gewinnung, Verarbeitung bzw. Vertrieb von Betäubungsmittel, so tritt der Anbau zwar hinter der Herstellung bzw. dem Handeltreiben zurück, das Aufeinanderfolgen mehrerer Akte eines Tatgeschehens kann sich aber als straferhöhend auswirken.
- Herstellung trotz Vorstrafen oder früherer Verfahren.

Wurde ein Angeklagter bereits früher unter dem Verdacht der Betäubungsmittel-Herstellung festgenommen und inhaftiert, weil in seinem Labor umfangreiche Grundstoffe vorgefunden wurden, später jedoch mangels ausreichenden Nachweises einer Herstellung entlassen, und nahm er nach der Haftentlassung die Produktion von Amphetaminen wieder auf, so kann sich bei der Strafzumessung die Missachtung der Warnfunktion durch die Festnahme in der früheren Sache straferhöhend auswirken.[17]

V. Geldstrafe

Bei Konsumdelikten wie Erwerb und Besitz von Betäubungsmitteln in kleinen Mengen ist vom Verteidiger in erster Linie an die diversen Einstellungsmöglichkeiten mit oder ohne Auflage zu denken. Kann in der Hauptverhandlung eine Strafe nicht vermieden werden, so ist bei geringfügigen Vorwürfen zunächst eine Geldstrafe anzuregen, insbesondere wenn damit wirksam auf den Angeklagten eingewirkt werden kann. Verfügt der Angeklagte über keinerlei Geldmittel, so kann eine Geldstrafe unsinnig sein.

Bei einem geständigen, nicht vorbestraften Angeklagten, der eine kleine Menge Haschisch erwarb, kann die Geldstrafe vorbehalten bleiben. Gemäß § 59 StGB kann bei einem nicht vorbestraften, geständigen Angeklagten neben Schuldspruch und Verwarnung die Geldstrafe vorbehalten bleiben, wenn eine spannungsreiche Beziehung zu einem einmaligen Kokainerwerb führte.

VI. Die kurzfristige Freiheitsstrafe

Bei Ersttätern mit geringfügigem Vorwurf kann nicht aus generalpräventiven Erwägungen grundsätzlich auf Freiheitsstrafe erkannt werden. Eine Freiheitsstrafe bedarf stets besonderer Begründung. Nach § 47 Abs. 1 StGB setzt eine kurzfristige Freiheitsstrafe voraus, dass besondere Umstände, die in der Tat oder der Persönlichkeit des Täters liegen, die Verhängung einer Freiheitsstrafe zur Einwirkung auf den Täter oder zur Verteidigung der Rechtsordnung unerlässlich machen. Die Unerlässlichkeit bedeutet mehr als die Erforderlichkeit und stellt höhere Anforderungen an das Gebotensein.

---

17 BGH NStZ 1982, 326.

25 Der Verhängung einer kurzfristigen Freiheitsstrafe zur Einwirkung auf den Täter bedarf es dann nicht, wenn eine positive Veränderung der persönlichen Verhältnisse die Erwartung begründet, dass der Angeklagte keine weiteren Straftaten begehen wird. Auch wenn sich der Erwerb einer Konsumeinheit zum Eigenverbrauch auf das besonders gefährliche, stark suchterzeugende Rauschgift Heroin bezog, so liegen deshalb keine besonderen Umstände in der Tat vor. Im Gegenteil, auch der Umgang mit Heroin ist so weit verbreitet, dass er nicht mehr als ungewöhnlich bezeichnet werden kann.

26 Diente der Erwerb von Heroin dem Eigenverbrauch und bedeutete somit nur eine Selbstgefährdung, so spricht dieser Gesichtspunkt gegen die Verurteilung zu einer kurzen Freiheitsstrafe und legt eine Prüfung einer Einstellung gem. § 29 Abs. 5 BtMG nahe.

27 Allein der Tatbestand des **Handeltreibens** nötigt auch noch nicht zu einer Freiheitsstrafe. Insbesondere bei Haschisch- und Marihuanakleinhandel ist bei Ersttätern eine Geldstrafe vom Verteidiger zu Recht zu beantragen. Nur dann, wenn bei wiederholten Kleindelikten eine Geldstrafe nicht ausreicht, d.h. ihre spezialpräventive Funktion nicht mehr zu erfüllen vermag, kommt eine kurzfristige Freiheitsstrafe in Betracht. Bei Ersttätern von kleinen Handelsdelikten wird eine Freiheitsstrafe in der Regel nicht unerlässlich sein. Zumindest bedarf eine Freiheitsstrafe eingehender Begründung.

28 Eine Freiheitsstrafe kann auch bei **Ersttätern** und geringer Menge dann sinnvoll und geboten sein, wenn die Betäubungsmittelmenge zwar gering war, aber erkennbar eine Warenprobe für eine große Handelsmenge darstellt. Auch bei Haschischkleindealern, die auf der Szene laufend angetroffen werden und nur eine kleine Menge aus Gründen des Entdeckungsrisikos mit sich führen, kann eine geringe Bewährungsstrafe auch bei einer Erstverurteilung am Platze sein. Bei derartigen Serienstraftätern kann es angebracht sein, kleinere Handelsdelikte zu bündeln und wegen einer Vielzahl von Straftaten anzuklagen.

In besonders schwerwiegenden Fällen kann nicht nur entweder Freiheitsstrafe oder Geldstrafe, sondern Freiheitsstrafe und Geldstrafe notwendig sein (§ 41 StGB), wenn die persönlichen und wirtschaftlichen Verhältnisse (z.B. bei Profitgier eines sehr wohlhabenden Dealers) des Täters es angebracht erscheinen lassen.

VII. Regelfälle

Regelfälle liegen vor, wenn der Täter **gewerbsmäßig** handelt oder durch seine Handlungen die Gesundheit mehrerer Menschen gefährdet.   29

> *Beispiel*
> Das Amtsgericht Halle und das Landgericht Halle verurteilten einen Angeklagten, der während einer laufenden Bewährungszeit (von einer Gesamtfreiheitsstrafe von zwei Jahren wegen unerlaubten Handeltreibens mit Cannabis) in einer eigens für die Cannabisaufzucht angemieteten Wohnung eine Cannabis-Indooranlage mit automatischer Beleuchtung, Belichtung, Bewässerung und Belüftung aufgebaut und 84 junge Cannabispflanzen aufgezogen hatte, wegen gewerbsmäßigen unerlaubten Anbaus von Betäubungsmitteln zu einer Freiheitsstrafe von zwei Jahren und neun Monaten. Der Angeklagte hatte in einem Laden eine besondere THC-reiche und ertragsreiche unerlaubte Cannabissamensorte (Juicyfruit) ausgewählt, die nach 50 bis 60 Tagen blüht, zwei Ernten erbringt, bis 140 cm hoch wächst und jeweils bis zu 150 Gramm Ertrag bringen sollte. Bei einer Aufzucht im Glashaus sollte gar ein Ertrag von bis zu 750 Gramm pro Pflanze möglich sein. Der Angeklagte habe gewerbsmäßig gehandelt, da er sich durch den Anbau sowohl zum wiederholten Verkauf mit einem nicht unbeträchtlichen Gewinn eine fortlaufende Einnahmequelle von einiger Zeit und Dauer sich verschaffen wollte, als auch zum wiederholten Eigenkonsum mit der beträchtlichen Erntemenge eine fortlaufende Kostenersparnis bei der Beschaffung von Cannabiskonsummengen für den Eigenbedarf erreichen wollte.[18]

VIII. Unbenannte Regelbeispiele

Hat ein Cocaanbauer in seiner südamerikanischen Heimat zur Erzielung hoher Ernteerträge mit großen Mengen von Schädlingsvernichtungsmitteln und Wirkstoffsteigerungsmitteln die mit Cocasträuchern bepflanzten Böden großflächig gedüngt und verseucht, mit den Rückständen von Dünger und Pestiziden die Gewässer vergiftet, Pflanzen, Fische und sonstige Tiere vernichtet, die Gesundheit seiner Landarbeiter massiv geschädigt, so handelt es   30

---

18 AG Halle, Urt. v. 30. 9. 1999 – 300 Ls 561 Js 19916/99; LG Halle, Urt. v. 22. 12. 1999 – 29 Ns 208/99.

sich um einen ungeschriebenen besonders schweren Anbaufall, der erhöhte Strafe verdient.

Neben den aufgezählten Regelbeispielen können auch die besondere Dauer und der besondere Umfang des Betäubungsmittelanbaus im Rahmen einer Gesamtschau als ungeschriebener besonders schwerer Fall des § 29 Abs. 3 BtMG gewertet werden.

IX. Der Anbau geringer Mengen

31 Ein Absehen von der Strafverfolgung durch die Staatsanwaltschaft nach § 31 a BtMG bzw. ein Absehen von Strafen durch das Gericht gem. § 29 Abs. 5 bzw. 31 a BtMG wegen Anbaus geringer Mengen von Betäubungsmitteln ist nur möglich, wenn der Anbau zum **Eigenverbrauch** erfolgte.

Erfolgte der Anbau zu anderen Zwecken (z.B. aus botanischem, religiösem, medizinischem Interesse), so ist die Einstellung eines Verfahrens wegen Anbaus einer Betäubungsmittel-Pflanze nur nach den §§ 153, 153 a StPO möglich. Zwar ist regelmäßig beim Anbau von einer oder wenigen Cannabispflanzen zum Eigenverbrauch eine Einstellung als Ziel realistisch, aber auch bei einzelnen Pflanzen sind Größe, Gewicht und Wirkstoffgehalt entscheidend. Denn der THC-Gehalt von Cannabispflanzen ist unterschiedlich. Eine Cannabispflanze kann sehr hoch werden und im Extremfall bis zu drei Pfund hochwertiges Marihuana erbringen.

32 Hat ein Angeklagter in einem kleinen Treibhaus 14 Cannabispflanzen, deren Blätter 700 Gramm wogen und deren Blütenspitzen und Kopfblätter sich noch nicht zur Marihuana-Herstellung eigneten, angebaut, um nach Aufzucht der Pflanzen die Blätter zu trocknen und zu rauchen, so kommt noch eine Anwendung des § 29 Abs. 5 BtMG in Betracht.[19]

33 In Fällen, in denen das Gericht die Voraussetzungen der §§ 29 Abs. 5, 31 a BtMG bei 5,4 Gramm Cannabis zum Eigenverbrauch und 4 Hanfpflanzen von nur 30–40 cm Höhe feststellt, muss das Urteil erkennen lassen, dass das Gericht sich der Möglichkeit, von Strafe abzusehen, bewusst war, und die Gründe für eine Verurteilung verdeutlichen.[20] So betont das BayObLG, das Übermaßverbot zwinge nicht zur Einstellung des Verfahrens oder zum Ab-

---

[19] LG Hamburg StV 1997, 307 ff.
[20] OLG Koblenz StV 1998, 1982.

sehen von der Verfolgung, wenn der einschlägig vorbestrafte Täter nur zwei Cannabispflanzen angebaut und sich nur gelegentlich Cannabisprodukte beschafft hat, zur Tatzeit aber politoxikoman war.[21] Das Amtsgericht Saarbrücken hatte einen Jugendlichen zu zwei Freizeitarresten und 150 unentgeltlichen Arbeitsstunden für gemeinnützige Zwecke wegen unerlaubten Anbaus und Besitzes von Cannabis verurteilt. Der Jugendliche hatte im Pachtgarten seines Vaters 25 Cannabispflanzen zum Eigenverbrauch angebaut, 1 Gramm Haschisch und 36 Gramm Marihuana besessen.[22]

Hat ein Angeklagter zwecks Dekoration seines Hanfladens 120 Pflanzen THC-armen Nutzhanfes mit einem Wirkstoffgehalt von unter 0,3 % bezogen und die Pflanzen in seinem an den Hanfladen angrenzenden Piercing-Studio gepflegt, so kann nicht mehr von einer geringen Cannabismenge im Sinne von § 29 Abs. 5 BtMG die Rede sein, da diese bei 10 Konsumeinheiten à 1 Gramm Haschisch und einer Wirkstoffmenge von 0,15 Gramm THC überschritten ist.[23]

■ § 29 a BtMG – Straftaten

Strafrahmen: Freiheitsstrafe von einem Jahr bis zu 15 Jahren, in **besonders qualifizierten Fällen** Freiheitsstrafe von fünf Jahren bis zu 15 Jahren.

Qualifikation: Nicht geringe Menge von Betäubungsmittel.

Besondere Qualifikation: Bandenmäßiges Handeln.

Minder schwere Fälle: Hat der Angeklagte nur etwas mehr als die nicht geringe Menge von Betäubungsmittel-Pflanzen zum Eigenkonsum besessen, so kommt ein minder schwerer Fall nach § 29 a Abs. 2 BtMG in Betracht. Das Vorliegen eines minder schweren Falles im Sinne von § 29 a Abs. 2 BtMG kann nicht mit der Erwägung verneint werden, es habe auf Grund der auf einer Grünfläche von 50 m² mit 50 Cannabispflanzen gewonnenen Gesamtmenge von 5,4 Kilogramm rauchbarem Marihuana mit einer Wirkstoffmenge von 81 Gramm THC und auf Grund der Konsumgewohnheiten des Angeklagten die erhöhte Gefahr bestanden, dass der überwiegende Teil des gewonnenen Rauschgiftes an Dritte weitergegeben würde. Geht der Tat-

---

21 BayObLG NStZ 1994, 496 = MDR 1994, 1140.
22 BVerfG NStZ 1995, 37.
23 AG Worms, Urt. v. 17. 4. 1997 – 303 Js 21022/96.

richter davon aus, dass der Angeklagte Rauschgift zum Eigenverbrauch besessen hat, so darf die rein abstrakte Möglichkeit der Weitergabe an Dritte dann nicht straferschwerend berücksichtigt werden, wenn keinerlei Anhaltspunkte für einen Sinneswandel des Täters erkennbar sind.[24]

Beispiele
Ein Angeklagter, der auf seinem Anwesen ein Beet mit **acht großen Cannabispflanzen** duldete, wurde zu einer Geldstrafe von zehn Tagessätzen wegen Anbaus verurteilt.[25]

Das Erdulden der Aufzucht von **26 Cannabispflänzchen** in einer Höhe von 40 cm in einem speziellen mit Beleuchtungsanlage und Abluftanlage ausgestatteten Anbauzimmer durch den Lebensgefährten wurde mit einer Geldstrafe von 30 Tagessätzen à 15 DM bestraft.[26]

Ein Angeklagter, der zum Eigenkonsum zwei weibliche Cannabispflanzen bis zur Erntereife aufzog, wurde wegen unerlaubten Anbaus von Betäubungsmitteln zu vier Monaten Freiheitsstrafe verurteilt.[27]

Ein Angeklagter wurde wegen der Aussaat und Aufzucht von fünf 3,50 Meter hohen Cannabispflanzen mit 20 Kilogramm Blattmaterial und einer Wirkstoffmenge von 11,34 Gramm THC wegen Besitzes von nicht geringen Mengen von Cannabis zu sechs Monaten Freiheitsstrafe mit Bewährung verurteilt.[28]

Ein Angeklagter, der fünf Marihuanapflanzen in seinem Haus vorkultiviert und in seinen Garten gepflanzt hatte, wurde wegen dreier Pflanzen mit einem Gesamtgewicht von 3.007 Gramm und wegen Pflanzenmaterial von 137,2 Gramm wegen unerlaubten Anbaus zu sieben Monaten Freiheitsstrafe und wegen fortgesetzter unerlaubter Einfuhr von Betäubungsmittel zu sechs Monaten Freiheitsstrafe verurteilt, die zu einer Gesamtfreiheitsstrafe von zehn Monaten zusammengefasst und zur Bewährung ausgesetzt wurde.[29] Ein anderer Angeklagter wurde von einer

---

24 BayObLG NJW 1998, 769 = NStZ 1998, 261.
25 OLG Zweibrücken, Beschl. v. 3. 7. 1985 – 1Ss 123/85.
26 OLG Karlsruhe StV 1998, 80.
27 BayObLG MDR 1994, 1140 = NJW 1994, 3021 = NStZ 1994, 496.
28 OLG Düsseldorf NStZ 1999, 88.
29 OLG Frankfurt, Urt. vom 22. 4. 1988 – 2 Ss 51/88.

Strafkammer wegen Anbaus von mehreren Cannabispflanzen zum Eigenverbrauch mit einer Gesamtwirkstoffmenge von 16,95 Gramm THC zu einer Freiheitsstrafe von einem Jahr mit Bewährung verurteilt.[30] In einem bayerischen Fall wurde ein Angeklagter, der auf einer Grünfläche von 50 m² 50 Cannabispflanzen anbaute, deren Gesamtmenge ein Gewicht von 5,4 Kilogramm rauchbarem Marihuana mit einer THC-Wirkstoffmenge von 81 Gramm ergab, wegen Besitzes von Betäubungsmittel in nicht geringen Mengen zu einer Freiheitsstrafe von einem Jahr und sechs Monaten mit Bewährung verurteilt.[31] Ein Angeklagter, der sechs Cannabispflanzen mit 3,2 Kilogramm Pflanzenmaterial und einer Wirkstoffmenge von 87,2 Gramm und 40 Gramm THC in einem Gewächshaus aufzog, wurde von der Strafkammer zu einer Freiheitsstrafe von einem Jahr mit Bewährung verurteilt.[32]

§ 31 BtMG – Strafmilderung oder Absehen von Strafe

I. Voraussetzungen

Das Gericht kann die Strafe nach seinem Ermessen mildern (§ 49 Abs. 2 StGB) oder von einer Bestrafung nach § 29 Abs. 1, 2, 4 oder 6 BtMG absehen, wenn der Täter 37

- durch freiwillige Offenbarung seines Wissens wesentlich dazu beigetragen hat, dass die Tat über seinen eigenen Tatbeitrag hinaus aufgedeckt werden konnte, oder
- freiwillig sein Wissen so rechtzeitig einer Dienststelle offenbart, dass Straftaten nach §§ 29 Abs. 3, 29a Abs. 1, 30 Abs. 1, 30a Abs. 1 BtMG, von deren Planung er weiß, noch verhindert werden können.

§ 31 BtMG soll dem Rauschgifttäter, der über ein Geständnis eigener Taten hinaus sein Wissen über Auftraggeber und kriminelle Organisationen offenbart, besondere Vergünstigungen gewähren. Die Vorschrift des § 31 BtMG gilt primär für Straftäter, die eine erweiterte tätige Reue gezeigt haben. 38

---

30 BGH StV 1990, 263.
31 BayObLG NStZ 1998, 261.
32 OLG Dresden NStZ-RR 1999, 372.

II. Die Offenbarung

39 Die Offenbarung bedeutet die Mitteilung von Fakten, die den Adressaten (hier den Strafverfolgungsbehörden: Kriminalpolizei, Zollfahndung, Staatsanwaltschaft etc.) ganz oder teilweise noch unbekannt sind. Wiederholt ein Täter die Angaben eines Mittäters oder berichtet er über polizeiliche Erkenntnisse, von denen er in den Akten oder in der Presse gehört hat, so offenbart er nicht, sondern bestätigt nur den Ermittlungsbehörden bereits bekannte Erkenntnisse.

■ Freiwilligkeit der Offenbarung

40 Freiwilligkeit ist dann gegeben, wenn sich der Beschuldigte frei zur Offenbarung entscheiden kann. Freiwilligkeit ist nicht schon deshalb ausgeschlossen, weil der Täter

- aus Angst oder
- unter dem Eindruck der Festnahme bzw. der Untersuchungshaft bzw. der Straferwartung oder
- nach Belehrung durch einen Vernehmungsbeamten oder
- unter dem Eindruck oder in Erwartung von Angaben festgenommener Beschuldigter oder
- nach anwaltlicher Beratung

sich zu einem Geständnis entschließt. Sobald er sich nur frei entscheiden kann, sind die Motive unbeachtlich.

41 **Unfreiwillig** ist die Offenbarung des Beschuldigten, wenn

- sein Hintergrundwissen durch Aussagen von Komplizen oder Zellengenossen bekannt wird,
- Gefangenenbriefe bzw. Kassiber mit tataufklärendem Inhalt beschlagnahmt werden und
- der Angeklagte sich zu diesen Angaben nicht bekennt, sondern sie bestreitet.

Unfreiwillig sind ferner den Hintergrund erhellende Angaben, die durch unzutreffende Vorhalte oder Täuschungen im Rahmen von Vernehmungen oder sonstigen unzulässigen Vernehmungsmethoden (§ 136 a StPO) hervorgerufen wurden.

■ Motive der Offenbarung

Gute Absichten des Täters rechtfertigen alleine nicht die Anwendung des § 31 BtMG, können aber gem. § 46 StGB bei der Strafzumessung berücksichtigt werden.[33] **42**

Im Rahmen des § 31 BtMG spielen im Gegensatz zum § 46 StGB nicht die Motive, sondern der **Aufklärungserfolg** die entscheidende Rolle. Es müssen keine ethisch anzuerkennenden Motive sein, die den Täter zur Aussagebereitschaft bewegten. Ehrenwerte Motive wie das Aussteigen aus einer kriminellen Organisation oder die Befreiung von gefährdeten Bandenmitgliedern aus der Abhängigkeit der Organisation können sich jedoch im Rahmen der Strafzumessung im engeren Sinne nach § 46 Abs. 2 StGB auswirken. **43**

Hat ein Angeklagter an der weiteren Tataufklärung mitgewirkt, ohne sich innerlich von der Rauschgiftszene zu lösen, ohne seine Lieferanten und Abnehmer zu nennen, ohne seine Tat zu bereuen und zu einer Lebensumkehr bereit zu sein, so ist gleichwohl § 31 BtMG entsprechend seinem Aufklärungsbeitrag anwendbar.[34]

■ Form der Offenbarung

Der Täter muss sich eindeutig zu seinen Angaben bekennen, wenn er die Vergünstigungen des § 31 BtMG erlangen will. **44**

Anonyme Hinweise, anonyme Briefe und verdeckte Vernehmungen sind jedenfalls keine Offenbarungen im Sinne des § 31 BtMG, wenn sie dem Angeklagten nicht eindeutig zugeordnet werden können. Er muss aber nicht in seiner Hauptverhandlung seine mündlichen, brieflichen oder telefonischen Angaben gegenüber der Polizei wiederholen.

■ Inhalt der Offenbarung

Eine Offenbarung setzt Wissen voraus. Bloße Vermutungen oder Verdächtigungen ohne konkreten Hintergrund stellen keine Offenbarung von Wissen dar. Gibt ein Beschuldigter geheimnisvolle und vieldeutige Hinweise auf eine Person vom Hörensagen, ohne diese konkret zu belasten, so ist diese Personenbeschreibung keine Offenbarung von Wissen, auch wenn die be- **45**

---

33 BGH StV 1987, 487.
34 BGH NStZ 1989, 326 ff. = StV 1990, 455; StV 1991, 67.

schriebene Person der Kriminalpolizei aus der Betäubungsmittelszene bekannt ist.[35]

46 Die Privilegierungsmöglichkeiten des § 31 BtMG beziehen sich nur auf Fälle tatsächlich begangener oder tatsächlicher geplanter Straftaten, denn sie sollen der Verbesserung der Möglichkeiten der Verfolgung begangener und der Verhinderung geplanter Straftaten dienen. Die Ausdehnung der Privilegierungsmöglichkeiten nach § 31 BtMG auf Täter, die einen unbewiesenen, andererseits aber auch nicht zu widerlegenden Sachverhalt schildern, würde diese Möglichkeiten, insbesondere wenn man die Gesamtbelastung der für die Strafverfolgung und Prävention zuständigen Behörde ins Auge fasst, eher verschlechtern. Zudem würde bei solcher Auslegung die Neigung von Straftätern zur grundlosen Belastung anderer wachsen.

■ Wahrheitsgehalt der Offenbarung

47 Der eigentlich erforderliche Aufklärungserfolg braucht nur in einer konkreten Eignung zur Aufklärung zu bestehen. Vielfach ist das Gericht nicht in der Lage, im strengen Beweisverfahren die Richtigkeit der angeblich aufklärenden Angaben zu überprüfen. Der BGH erlaubt dem Tatrichter, unter Missachtung des Amtsaufklärungsgrundsatzes und des Strengbeweises seine Überzeugungsbildung über einen Aufklärungserfolg auf eine reduzierte Beweisgrundlage zu stützen, nämlich einer Aussage des Angeklagten Glauben zu schenken ohne entsprechende absichernde Beweiserhebungen.

■ Der Tatbegriff

48 Bei dem Begriff der Tat ist nicht von dem strafprozessualen Tatbegriff des § 264 StPO auszugehen. Es muss sich um strafrechtlich relevante Beiträge anderer Personen handeln.[36] Im Vergleich zu der dem Angeklagten angelasteten Tat darf der Aufklärungserfolg nicht ohne Gewicht sein.[37] Berichtet der Täter von zukünftigen, also noch nicht begangenen Betäubungsmittel-Delikten, so findet § 31 Nr. 2 BtMG nur Anwendung, wenn die Straftaten besonders schwerwiegend sind. Die Anwendung des § 31 Nr. 1 BtMG setzt hingegen nicht die Aufdeckung einer besonders umfangreichen oder besonders schwer-

---

35 BGH, Urt. v. 13. 5. 1986 – 5 StR 143/86.
36 BGH StV 1991, 262.
37 BGH NStZ 1988, 505 = StV 1987, 345.

wiegenden Rauschgiftkriminalität voraus, sondern lediglich, dass der Täter durch die freiwillige Offenbarung seines Wissens einen wesentlichen Beitrag zur Aufdeckung der Tat über seinen eigenen Beitrag hinaus leisten muss.[38]

■ Der eigene Tatbeitrag

Der Täter kann die Vergünstigungen nach § 31 Nr. 1 BtMG geltend machen, wenn er durch Offenbarung seines Wissens   49

- Taten erhellt, zu denen er selbst einen eigenen Tatbeitrag geleistet hat und
- wenn er das Tatgeschehen über seinen Tatbeitrag hinaus aufklärt.

Dies bedeutet, dass nach dem Wortlaut des Gesetzes der Täter, der zwar seinen eigenen Tatbeitrag eingesteht, aber seine Hinterleute, Auftraggeber und Komplizen verschweigt, keine Strafmilderung nach § 31 Nr. 1 BtMG beanspruchen kann.[39] Ein Angeklagter kann den Vorteil des § 31 BtMG jedoch auch erlangen, wenn er wesentlich dazu beiträgt, dass Teile der Tat oder weitere selbstständige Taten anderer Personen aufgedeckt werden, an denen er selbst nicht in strafbarer Weise beteiligt war bzw. an denen er mitwirkte, auch wenn sie nicht Gegenstand der Anklage sind, sofern diese Taten anderer Personen aber mit eigenen Taten des Mandanten in Zusammenhang standen. Für einen Gesamtzusammenhang reicht es aus, wenn die aufgedeckten Taten zwar als rechtlich selbstständige Taten zu bewerten sind, aber mit der strafbaren Handels- oder Einfuhrtätigkeit des Angeklagten in Verbindung stehen. Besteht ein derartiger Zusammenhang nicht, so können die Angaben nur allgemein bei der Strafzumessung berücksichtigt werden.   50

■ Offenbarung mehrerer Taten

Werden einem Täter mehrere selbstständige Einzeltaten oder Fortsetzungstaten zum Vorwurf gemacht, müssen die Voraussetzungen des § 31 Nr. 1 BtMG für jede Tat gesondert geprüft werden; so kann der Täter bezüglich des einen Vorwurfs aufklärungsbereit sein, bezüglich eines anderen Vorwurfs aber die Aufklärung verweigern (weil er unschuldig ist, sich unschuldig fühlt oder auf einen Freispruch hofft). Das Bestreiten einzelner Anklagevorwürfe schließt die Anwendung des § 31 BtMG nicht aus.[40]   51

---

38 OLG Düsseldorf StV 1983, 67.
39 BGH NJW 1985, 691 = StV 1985, 59.
40 BGH StV 1985, 415.

52 Wenn ein Angeklagter mit seiner Handelstätigkeit im Zusammenhang stehende Bezugsquellen, Vertriebswege, Mittäter usw. aufdeckt, scheitert die Anwendung des § 31 BtMG nicht daran, dass die von ihm aufgedeckten Taten als rechtlich selbstständige Taten bewertet, gem. § 154 oder § 154 a StPO aus dem Verfahren ausgeschieden wurden, nicht Gegenstand des anhängigen Verfahrens, sondern eines ausländischen Verfahrens waren.[41]

■ Umfang der Offenbarung

53 Der Angeklagte muss mit seiner Wissensoffenbarung nicht das gesamte Tatgeschehen erhellen. Er muss lediglich einen wesentlichen Beitrag zur Aufklärung des Tatgeschehens leisten. Dieser wesentliche Beitrag muss einerseits über die Aufklärung seines eigenen Tatbeitrags hinausgehen, andererseits jedoch den eigenen Tatbeitrag nicht vollständig offenbaren.

54 Der Täter, der seinen objektiven Tatbeitrag, sein Wissen sowohl über den eigenen Tatbeitrag als auch über die Tatbeiträge seiner Auftraggeber, Komplizen und Abnehmer schildert, kommt in den Genuss des § 31 BtMG. Allerdings muss der Beschuldigte mehr tun, als seinen eigenen objektiven Tatbeitrag lediglich pauschal einzuräumen.[42]

Der BGH verlangt weder, dass der Beschuldigte/Angeklagte sein gesamtes Wissen, noch dass er die Tat schonungslos (also ohne Rücksichten auf Dritte und seine eigene Person) offenbart.[43] Er muss kein umfassendes Geständnis bezüglich seines eigenen Tatbeitrages und bezüglich sämtlicher Tatbeteiligter ablegen.[44] Der Täter muss nicht unbedingt einen wesentlichen Beitrag zur Aufdeckung seiner eigenen Tatbeteiligung leisten, wenn seine überprüfbaren Angaben nur zur Aufdeckung des gesamten Tatgeschehens über seinen Tatbeitrag hinaus wesentlich beigetragen haben.[45] So stellt es eine Aufklärungshilfe dar, wenn der Täter lediglich seine Abnehmer, nicht aber seinen Lieferanten preisgibt.[46]

---

41 BGH NStZ 1985, 361 = StV 1985, 415; StV 1987, 345; StV 1994, 84.
42 OLG Düsseldorf StV 1983, 67; BGH StV 1985, 59.
43 BGH StV 1985, 59; StV 1986, 436; StV 1987, 20.
44 BGH StV 1986, 436; StV 1994, 544.
45 BGH NJW 1985, 691 = StV 1985, 59; NStZ 1984, 414 = StV 1984, 287; StV 1990, 455; NStZ-RR 1996, 181; StV 1999, 436.
46 BGH NStZ-RR 1996, 181.

Literatur

Barton, Die Revisionsrechtsprechung des BGH in Strafsachen, 1999
Bockemühl (Hrsg.), Handbuch des Fachanwaltes für Strafrecht, 2002
Dahs, Handbuch des Strafverteidigers, 6. Auflage 1999
Gebhardt, Das verkehrsrechtliche Mandat, Band 1: Verteidigung in Verkehrsstraf- und Ordnungswidrigkeitenverfahren, 2. Auflage 1998
Hamm u.a. (Hrsg.), Beck'sches Formularbuch für den Strafverteidiger, 4. Auflage 2002
Hentschel, Trunkenheit, Fahrerlaubnisentziehung, Fahrverbot, 8. Auflage 2000
Janker, Straßenverkehrsdelikte, 2002
Kindhäuser, Strafgesetzbuch, Kommentar, 2002
Kleinknecht/Meyer-Goßner, Strafprozessordnung, 45. Auflage 2001
Lackner/Kühl, Strafgesetzbuch, Kommentar, 24. Auflage 2001
Lemke-Küch, Verteidigung in Straf- und Ordnungswidrigkeiten, 2002
Schäfer, Praxis der Strafzumessung, 3. Auflage 2001
Schlothauer, Vorbereitung der Hauptverhandlung durch den Verteidiger, 1998
Schmidhäuser, Lehrbuch Strafrecht, Allgemeiner Teil, 1984
Tröndle/Fischer, Strafgesetzbuch und Nebengesetze, Kommentar, 50. Auflage 2001
Xanke, Straßenverkehrsrecht, 2001

Stichwortverzeichnis

Die Buchstaben bezeichnen die Kapitel, die Zahlen bezeichnen die Randnummern.

Abschiebung **B** 48
Abschreibungen **B** 6
Adoptionsvermittlung **G** 177
Agententätigkeit **G** 14, 22, 24
Agent-Provokateur **J** 7, 15
Alkoholisierung **C** 18
Amtsträger **I** 10
Angaben, falsche **G** 67
Angehöriger **G** 56
Angriffe auf den Luftverkehr **G** 346
Angriffe auf den Seeverkehr **G** 346
Angriffskrieg **G** 10
Anstiftung, versuchte **G** 2
Arzt **C** 22
Aufbauseminar **B** 15
Aufklärungserfolg **J** 48
Aufklärungshilfe **C** 16; **J** 4
Aufsichtspflicht **G** 246
Aussageerpressung **G** 404
Aussagenotstand **G** 66
Aussetzen **G** 150, 181
Ausweis, amtlicher **G** 259, 261
Ausweisung **B** 48

BAK **H** 3
Bande **I** 17
Bandendiebstahl **G** 207, 210, 214
Bandenhehlerei **G** 231, 233
Bankrott **G** 262
Baugefährdung **G** 359
Bedrohung **G** 185
Bedrohungspotenzial **G** 7
Beleidigung **G** 121
Berufsverbot **B** 29
Beschädigung wichtiger Anlagen **G** 353
Beschaffungsdelikte **J** 9
Beschleunigungsverbote **F** 8
Beschuldigte, inhaftierte **J** 18
Bestechlichkeit **G** 276, 396
Bestechung **G** 276, 400
Betäubungsmitteldelikte **B** 33; **J** 1
Betrug **G** 240
Bewährung **B** 16, 69, 43; **H** 17, 26; **I** 2

Bewährungsauflage **H** 27
Beweisantrag **B** 51
Bodenverunreinigung **G** 366
Brandgefahr **G** 289
Brandstiftung **G** 280, 288
Buchführungspflicht **G** 265
Bundespräsident **G** 16, 31

Computerbetrug **G** 243

DDR-Richter **G** 137
Diebstahl **G** 187
Diebstahl, besonders schwerer Fall **G** 187
Dienstgeheimnis **G** 407
Disziplinarmaßnahme **C** 18
Doppelverwertungsverbot **B** 50; **C** 6
Drogen **J** 1
Drogenabhängigkeit **J** 8
Drohung **G** 217

eidesstattliche Versicherung **G** 73
Eigennutz, grober **I** 9
Eignung **B** 32
Eignung, fehlende **B** 37
Eignungsmangel **C** 22
Einwirkung **B** 13
Einzelstrafe **B** 54, 60, 62, 64
Einziehung **B** 28, 53
elektrische Energie **G** 216
Entwicklungskräfte **D** 5
Entziehung **B** 35, 39
Entziehung der Fahrerlaubnis **B** 10
Entziehung Minderjähriger **G** 170
Ermittlungsverfahren **A** 11
Erörterungsmängel **F** 8
Erpressung **G** 223
Ersatzfreiheitsstrafe **B** 5
exhibitionistische Handlung **G** 113
Explosion **G** 290

Fahrerlaubnis **B** 30, 31, 48; **H** 10, 29
Fahrlässigkeitsdelikte **C** 10

211

Stichwortverzeichnis

Fahrverbot **B** 37, 41, 53
Falschbeurkundung **G** 257
Falscheid, fahrlässiger **G** 70
Fälschung **G** 62, 256
Fälschung von Geld **G** 60
Fluchtversuch **G** 179
Förderung sexueller Handlungen **G** 105
fortgesetzte Tat **B** 67
Fortsetzungszusammenhang **B** 67
Freiheitsberaubung **G** 178
Freiheitsstrafe **B** 11, 23, 52
Freiheitsstrafe, kurze **B** 11; **H** 17, 25; **J** 24
Freisetzen von Gift **G** 390
Freispruch **E** 5

Gefährdung des Bahnverkehrs **G** 332
Gefährdung des Luftverkehrs **G** 332
Gefährdung des Schiffsverkehrs **G** 332
Gefährdung des Straßenverkehrs **G** 338; **H** 6
Gefährdung schutzbedürftiger Gebiete **G** 387
Gefährdungsdelikt **G** 157
gefährliche Werkzeuge **G** 157, 208
gefährlicher Eingriff **G** 327
gefährlicher Eingriff in den Straßenverkehr **G** 333
Gefangenenbefreiung **G** 41
Gefangenenmeuterei **G** 42
Gegenstände, gefährliche **G** 194
Geheimhaltungspflicht **G** 407
Geiselnahme **G** 180
Geistlicher **G** 56
Geldfälschung **G** 58
Geldstrafe **B** 5; **J** 22
Geldstrafe, zusätzliche (§ 41 StGB) **B** 24
Geldwäsche **G** 234
Gesamtfreiheitsstrafe **B** 64
Gesamtschau **B** 68
Gesamtstrafe **B** 53, 54, 55, 56; 58, 60, 62, 63, 64, 65, 67, 68; **F** 5
Gesamtstrafe, fiktive **B** 59
Gesamtstrafe, nachträgliche **B** 60
Gesamtübel **C** 14
Geschlechtsverkehr **G** 160

Gesinnung **C** 8
Gewahrsamssicherung **G** 189
Gewaltanwendung **G** 81
Gewässerverunreinigung **G** 363
Gewerbsmäßigkeit **G** 232
Gläubigerbegünstigung **G** 266
Glücksspiel **G** 269

Handeltreiben **J** 27
Handfeuerwaffe **G** 194
Härteausgleich **B** 53, 58, 60, 67
Hauptstrafen **B** 1
Hauptverhandlung **A** 13, 14; **B** 56
Hehlerei **G** 231
Hehlerei, gewerbsmäßige **G** 231
Heranwachsender **D** 1, 4
Hilflosigkeit **G** 193
Hilfserwägung **E** 5
HIV-Infizierte **G** 160
Hochverrat **G** 11
Horrorvideo **D** 7

in dubio pro reo **B** 18
Intimsphäre **J** 17
ionisierende Strahlen **G** 300, 309

Jagdwilderei **G** 274
Jugendstrafe **D** 3
Jugendstrafrecht **D** 1, 5
Jugendverfehlung **D** 6

Kennzeichen **G** 12
kerntechnische Anlage **G** 311
Kinderhandel **G** 174
Körperverletzung **G** 153, 162, 164, 403
Kriminalkommissar **H** 9
kriminelle Vereinigung **G** 49
krimineller Energie **C** 9
Kurpfuscherklausel **G** 146

Landesverrat **G** 19
Landfriedensbruch **G** 44, 46
Lebenserwartung **C** 18
Lebensphase **C** 16
Leichtfertigkeit **G** 238
Lockspitzel **J** 13
Luftverunreinigung **G** 368

Maßregeln der Besserung und
   Sicherung **B** 4
Mauerschützen-Fälle **G** 137
Menschenhandel **G** 106
Menschenraub **G** 168
Menschenraub, erpresserischer **G** 180
mildernde Umstände **B** 50
Milderungsgrund **G** 8
minder schweren Fälle **B** 48
Mindestsatz **B** 6
Mindeststrafe **B** 59
Misshandlung **G** 161
Mitverschulden **C** 18; **H** 8
Mord **G** 130
Museum **G** 192

Nachtatverhalten **C** 17
Nebenentscheidung **B** 53, 68
Nebenfolge **B** 3
Nebenstrafe **B** 2, 41
Nichtanzeige **G** 54, 55
Nötigung **G** 182
Notlage **G** 177

Offenbarung **J** 39
öffentliche Aufforderung **G** 35
Opfer, betrunkene **G** 103

Parteiverrat **G** 408
Partnerschaft **C** 16
persönliche Verhältnisse **C** 14
Pfefferspray **G** 197
Pflichtverletzung, ärztliche **G** 147
Pflichtwidrigkeit **C** 10
Plädoyer **B** 51; **C** 4; **E** 1, 5
Politiker **C** 22
politische Verdächtigung **G** 186
Polizeispitzel **B** 48; **G** 59; **J** 10
pornographische Schrift **G** 85, 115
Post- oder Fernmeldegeheimnis **G** 129
Privatgeheimnis **G** 128
Privatsammlung **G** 192
Prognose **B** 15
Prognose, günstige **B** 17, 20; **H** 18
Propagandamittel **G** 12
Prostitution **G** 119
Prostitutionsausübung **G** 110

Provokation **G** 131, 135, 136; **J** 13
Prüfungsreihenfolge **F** 5
Prüfungsschema **B** 69
Punktstrafe **B** 45

Raub **G** 217
Raub mit Todesfolge **G** 221
Räuberische Erpressung **G** 225
Räuberischer Angriff auf Kraftfahrer
   G 341
Rauschgiftkriminalität **J** 48
Rechtsanwalt **C** 22
Rechtsfehler **F** 1, 5
Rechtsgutgefährdung **G** 5
reformatio in peius **F** 5
Regelbeispiele **B** 48; **C** 11
Revision **F** 1
Revisionsrechtfertigung **F** 2
Richter **G** 397
Richtigkeitskontrolle **B** 59

Sabotagehandlung **G** 14, 34
Sachrüge **F** 3, 8
Schadenwiedergutmachung **C** 21
schädliche Neigung **D** 3
Schiedsrichter **G** 397
Schlussvortrag **E** 1
Schmuggel **I** 16
Schuldangemessenheit **B** 48
Schulden **B** 6
Schuldfähigkeit **B** 47
Schuldnerbegünstigung **G** 267
Schuldrahmen **B** 45
Schuldunfähigkeit **B** 31
Schusswaffe **I** 17
Schutzbefohlene **G** 77
Schwangerschaftsabbruch **G** 141
Schwere der Schuld **D** 4
schwere Gefährdung **G** 390
schwerer Raub **G** 218
Selbstanzeige **I** 13
Selbstmord des Opfers **G** 101
sexuelle Nötigung **G** 90, 100
sexueller Missbrauch **B** 67; **G** 76, 79,
   83, 88, 102, 111
Sicherheitsorgane **G** 15
soziales Verhalten **C** 16

Stichwortverzeichnis

Sozialhilfeempfänger **B** 7
Sozialprognose **B** 18, 22
Spielraum **B** 50, 53, 60; **C** 4
Spielraumtheorie **B** 44
Sprengstoffexplosion **G** 295
Staatsgeheimnis **G** 20, 21
Steuerdelikte **I** 1
Steuerhinterziehung **I** 1
Störung öffentlicher Betriebe **G** 344
Störung von Telekommunikations-
 anlagen **G** 351
Strafaussetzung **B** 43
Strafausspruch **D** 2
Strafe, individuelle **B** 50, 52
Strafempfindlichkeit **C** 18
Straffreiheit **G** 3
Strafmaßverteidigung **E** 8
Strafmilderungsgründe **E** 2
Strafrahmen **B** 43, 46, 47, 50; **C** 11; **G** 4
Strafrahmen, individueller **C** 4
Strafvereitelung **G** 228
Strafvereitelung im Amt **G** 229
Strafvollstreckung **F** 1
Strafzumessungstatsachen **B** 50; **C** 1
Strahlungsverbrechen **G** 307
Straßenverkehr **B** 36
Straßenverkehrsdelikte **H** 1
Straßenverkehrsgefährdung **H** 7
Subvention **G** 247
Subventionsbetrug **G** 244

Tagessatz **B** 6, 8, 52
Tatausführung **C** 11
Täter-Opfer-Ausgleich **A** 12; **C** 18;
 E 17
Täter-Opfer-Beziehung **G** 97
Täterpersönlichkeit **G** 4
tätige Reue **G** 181, 280, 361
Tatplanung **G** 4
Tatprovokation **J** 10, 12, 14, 16
terroristische Vereinigung **G** 51
Todesfolge **G** 288
Totschlag **G** 130
Tötung auf Verlangen **G** 139
Tötung, fahrlässige **G** 152; **H** 18
Treueverhältnis **G** 215
Trunkenheit **H** 20, 28; **G** 339

Trunkenheitsdelikte **B** 15
Trunkenheitsfahrt **B** 28; **H** 8

Überfall, hinterlistiger **G** 158
Überschwemmung **G** 316
üble Nachrede **G** 123, 125
Umstände, besondere **B** 12, 17
unerlaubter Umgang mit gefährlichen
 Abfällen **G** 376
unerlaubter Umgang mit radioaktiven
 Stoffen **G** 384
unerlaubtes Betreiben von Anlagen
 G 381
unerlaubtes Entfernen **G** 57; **H** 1
Unfall **H** 5
Unfallfolgen **H** 18
Ungeeignetheit **B** 31
ungünstige Prognose **B** 21
Unreife **D** 6
Unterhaltspflicht **G** 74
Unterhaltsverpflichtung **B** 6
Unterhaltszahlungen **B** 7
Unterschlagung **G** 215
Untreue **G** 249
Urkundenfälschung **G** 251

Verabredung **G** 3
Verabredung des Verbrechens **G** 6
verdeckter Ermittler **J** 7
Vereinigungsverbot **G** 12
Verfall **B** 26
Verfall des Wertersatzes **B** 26
Verfall, erweiterter **B** 26
Verfolgung **G** 405
Vergewaltigung **G** 90, 100
Vergiftung **G** 322
Verhalten **C** 15
Verhältnismäßigkeit **B** 62
Verkehr, fließender **H** 5
Verleumdung **G** 16, 124
Vermögen **B** 6
Vermögensstrafe **B** 2
Vermögensverlust **G** 241, 250
Vermögenswerte **G** 234
Verschiebung des individuellen
 Strafrahmens **B** 54
Verschleppung **G** 169

Verstrickungsbruch **G** 53
Verteidigung der Rechtsordnung **B** 14, 17
Verteidigungsstrategie **A** 7
Verteidigungsverhalten **C** 22
Verteidigungsziel **A** 4
Vertraulichkeit des Wortes **G** 127
Verursachung von Lärm **G** 371
Verwahrungsbruch **G** 52
Verwarnung mit Strafvorbehalt **B** 5
Vollrausch **G** 362
Vollstreckung **G** 406
Volltrunkenheit **H** 9
Vorbildfunktion **C** 22
Vorleben **C** 13
Vorstrafe **C** 13; **F** 6; **H** 19
Vorteile, unbare **B** 7
Vorteilsannahme **G** 394
Vorteilsgewährung **G** 398
Vorverurteilung **B** 61, 64
V-Person **J** 10, 7

Waffe **G** 156
Wählernötigung **G** 32
Wehrpflichtentziehung **G** 33
Werteverfall **B** 53
Wertvorstellung **E** 13
Widerstand **G** 36
Wiederholungstäter **B** 15
Wirkstoffgehalt **J** 2
Wohnungseinbruchdiebstahl **G** 213
Wucher **G** 271

Zahlungsunfähigkeit **B** 13
Zäsur **B** 61, 65, 67
Zäsurwirkung **B** 62, 63, 64
Zeugenaussagen **B** 51
Zeugnisverweigerungsrecht **G** 65
Zuhälterei **G** 109
Zumessungskriterien **C** 6
Zumessungstatsache **B** 51; **C** 11; **E** 13